처음 배우는 인공지능

처음 배우는 인공지능 개발자를 위한 인공지능 알고리즘과 인프라 기초

초판 1쇄 발행 2017년 6월 1일
초판 6쇄 발행 2021년 4월 13일

지은이 다다 사토시 / **옮긴이** 송교석 / **감수자** 이시 가즈오 / **펴낸이** 김태헌
펴낸곳 한빛미디어(주) / **주소** 서울시 서대문구 연희로2길 62 한빛미디어(주) IT출판부
전화 02-325-5544 / **팩스** 02-336-7124
등록 1999년 6월 24일 제25100-2017-000058호 / **ISBN** 978-89-6848-331-8 93000

총괄 전정아 / **책임편집** 홍성신 / **기획 · 편집** 이중민 / **진행** 이윤지
디자인 표지 · 내지 김연정 / **전산편집** 김현미
영업 김형진, 김진불, 조유미 / **마케팅** 박상용, 송경석, 조수현, 이행은, 고광일 / **제작** 박성우, 김정우

이 책에 대한 의견이나 오탈자 및 잘못된 내용에 대한 수정 정보는 한빛미디어(주)의 홈페이지나 아래 이메일로
알려주십시오. 잘못된 책은 구입하신 서점에서 교환해 드립니다. 책값은 뒤표지에 표시되어 있습니다.

한빛미디어 홈페이지 www.hanbit.co.kr / **이메일** ask@hanbit.co.kr

あたらしい人工知能の教科書
(Atarashii Jinkouchinou no Kyoukasho : 4560-0)
Copyright © 2016 by SATOSHI TADA, KAZUO ISHII.
Original Japanese edition published by SHOEISHA Co., Ltd.
Korean translation rights arranged with SHOEISHA Co., Ltd. through Botong Agency.
Korean translation copyright © 2017 by Hanbit Media, Inc.

이 책의 한국어판 저작권은 Botong Agency를 통한 저작권자와의 독점 계약으로 한빛미디어(주)가 소유합니다.
신 저작권법에 의하여 한국 내에서 보호를 받는 저작물이므로 무단 전재와 무단 복제를 금합니다.

지금 하지 않으면 할 수 없는 일이 있습니다.
책으로 펴내고 싶은 아이디어나 원고를 메일(writer@hanbit.co.kr)로 보내주세요.
한빛미디어(주)는 여러분의 소중한 경험과 지식을 기다리고 있습니다.

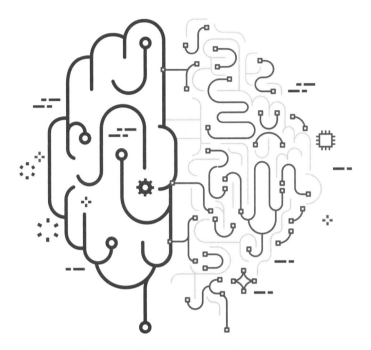

처음 배우는
인공지능

다다 사토시 지음
이시 가즈오 감수 송교석 옮김

HB 한빛미디어
Hanbit Media, Inc.

지은이 · 옮긴이 · 감수자 소개

지은이 **다다 사토시**

대학교에서 생물학을 전공하면서 프로그래밍을 취미로 시작한 이색 개발자다. 프로그래밍 지식을 살려 생물정보학 기업에 근무하면서 본격적인 인공지능 프로그래밍을 시작했다. 데이터 분석 프로그램과 웹 기반의 데이터베이스 시스템 개발에 인공지능 서비스를 도입하는 업무를 맡고 있다.

감수자 **이시 가즈오**

도쿄 농공 대학 특임 교수. 생물정보학, 데이터 마이닝, 계산 통계학, 머신러닝이 전공 분야다. 도쿄 대학 의과학 연구소 인간 게놈 분석 센터, 이화학 연구소 게놈 과학 종합 연구 센터 등을 거쳤다. 2015년도 정보처리학회 우수 교육상을 받았고, 일본 기술사회 펠로, APEC 엔지니어, IPEA 국제 엔지니어로 활동하고 있다.

옮긴이 **송교석** kyoseok@gmail.com

고려대학교 졸업 후 카네기 멜런 대학교에서 컴퓨터 과학 석사 학위를 받았다. 안랩에서 10년간 근무했으며 분사한 노리타운스튜디오의 대표이사를 역임했다. 최근에 인공지능 스타트업 메디픽셀을 설립해 대표를 맡고 있으며, CT 영상 분석을 통한 폐암의 조기 진단 등 의료 분야에 인공지능을 활용하는 개발 프로젝트를 진행하고 있다.

옮긴이의 말

작년에 구글 딥마인드의 알파고가 이세돌 9단에게 승리를 거둔 이후 인공지능은 갑자기 우리에게 다가왔습니다. 그러나 인공지능은 1~2년 전에 갑자기 생긴 분야가 아닙니다. 놀랍게도 1950년대부터 학문의 영역으로 들어선 바 있습니다. 마치 우리가 현대사만 떼어서 공부했다고 모든 역사를 이해할 수는 없듯이 현대의 인공지능을 더 깊이 있게 이해하려면 그간의 인공지능 역사와 흐름을 이해할 필요가 있습니다.

이 책은 바로 그런 흐름을 이해하기 원하는 분들을 위해 쓰인 책입니다. 인공지능의 역사는 모든 것을 해결해줄 것이라는 기대감을 가졌던 시기도 있었고 연구 성과가 없어 수십 년의 암흑기를 거치기도 했습니다. 따라서 인공지능의 역사를 살펴보면 오늘날 인공지능의 비약적 발전에 무조건 열광할 것이 아니며 차분히 미래를 준비해 나가야 한다는 교훈을 얻을 수 있을 것으로 생각합니다. 이 책은 인공지능의 거의 모든 것을 다루고자 했기에 인공지능이 연구되어온 맥락을 파악하고 숲을 보는 데는 최고의 책이라고 생각합니다.

부디 독자분들이 이 책을 통해 인공지능의 과거, 현재, 전체 흐름을 더 깊이 이해했으면 합니다. 그리고 인공지능의 미래를 만들어 나가는 데 도움이 되었으면 하는 바람입니다. 이에 조금이나마 도움이 되고자 텐서플로를 기반으로 둔 선형 회귀, 신경망, K-평균, 오토인코더, 합성곱 기반의 딥러닝, 최근에 주목받는 GAN 등의 실전 코드를 설명과 함께 담았습니다. 코드를 통해 이론과 구현에 대한 이해를 높이기 바랍니다.

마지막으로 이 책을 번역하는 과정에 큰 조언과 도움을 준 한빛미디어의 이중민 과장님, 언제나 가장 큰 힘이 되어주는 사랑하는 부모님과 아내 기정, 딸 서영, 동료 재한, 그리고 늘 옆에서 도와주는 많은 분께 감사의 말을 전합니다.

옮긴이_ 송교석

지은이의 말

2010년 이후 획기적인 이미지 인식 기술인 딥러닝의 등장을 계기로 일본에도 세 번째라 할 수 있는 인공지능 붐이 일어나고 있습니다. 이번 인공지능 붐은 이전 인공지능 붐과 비교했을 때 훨씬 더 큰 반향을 일으키고 있습니다. 빅데이터가 모이기 시작했고 컴퓨팅 기술이 이전보다 발전했기 때문입니다.

이 책은 인공지능과 관련한 제품 및 서비스를 개발하는 엔지니어(프로그래머, 데이터베이스 관리자, 임베디드 엔지니어 등)를 대상으로 썼습니다. 개발에 필요한 지식을 취사선택해 읽어 나갈 수 있도록 애플리케이션을 개발하는 분들에게 관심이 있을 법한 알고리즘이나 기술을 중심으로 다룹니다. 또한 머신러닝, 딥러닝, 사물인터넷, 빅데이터의 관계와 실제 사례 등을 알기 쉽게 설명했습니다.

전반부는 머신러닝/딥러닝 기반의 인공지능 시스템을 개발하는 데 기본이 되는 수학 이론을 다룹니다. 선형대수, 해석학, 통계학 중 머신러닝과 딥러닝에 필요한 이론을 소개하므로 기존 다른 책에서는 볼 수 없었던 넓은 범위를 다룹니다. 수학식을 이용한 설명도 있으므로 약간의 수학 지식도 필요합니다.

후반부에는 실제 인공지능 서비스를 개발하는 분야와 서비스 구축에 필요한 데이터베이스, 빅데이터 같은 기술도 간략히 소개했습니다.

데이터 과학자들이 원하는 증명 등의 설명은 거의 소개 수준으로 다룹니다. 향후 더 깊이 있는 내용의 책이나 기술 문서 등을 읽을 때나 데이터 분석을 시작할 때 많은 도움이 되면 좋겠습니다. 좀 더 자세한 증명이나 설명, 최신 정보를 원한다면 해당 분야를 전문적으로 다루는 책을 함께 읽기를 권합니다.

또한 지금 이 책을 집필하는 중에도 딥러닝 기술을 이용한 다양한 애플리케이션이 개발되고 있습니다. 따라서 미처 다루지 못한 정보도 있을 것입니다. 최신 정보를 원한다면 이 책보다 더 최근에 출간된 책을 함께 구입해 보길 권합니다.

끝으로 이 책을 감수한 이시 가즈오 선생님과 원고 초안에 의견을 주신 많은 분께 감사드립니다.

2016년 12월

지은이_ 다다 사토시

제가 데이터를 분석하기 시작한 것은 2003년 무렵입니다. 이 당시 신경망 등의 머신러닝을 사용해본 적이 있지만 "그다지 좋은 선택이 아니다"라는 인상을 받았습니다. 그 무렵에는 일본어로 된 R 문서가 거의 없었으므로 S-PLUS의 설명서를 읽으면서 R을 설치하고 자기조직화지도와 K-평균 등의 데이터 분석을 하던 시절이었으니 당연했을지도 모릅니다.

2012년부터 분산 파일 시스템과 병렬 분산 처리 등을 이용해 빅데이터를 제대로 활용할 수 있는 길이 열렸습니다. 또한 사물인터넷Internet of Things도 도입되기 시작했습니다. 이러한 기술들에 머신러닝과 딥러닝이 연결되면서 '데이터 과학자'라는 직업이 주목받게 되었습니다.

최근 언론에서 인공지능을 다루는 일이 매우 많아졌습니다. 딥러닝을 이용한 이미지 처리나 음성 인식, 자동차 자율 주행과 로봇 산업 적용 등이 인공지능을 쉽게 연상할 수 있는 흐름입니다. 특히 2016년 초 구글 딥마인드에서 만든 인공지능 바둑 프로그램 '알파고'가 이세돌 9단을 이겼다는 뉴스 때문에 인공지능에 대한 사람들의 인식이 단숨에 높아졌다고 생각됩니다. 레이 커즈와일이 말했던 '특이점singularity'이라는 말이 더욱 현실감 있게 들리는 시대가 되었다는 생각입니다.

2003년 당시와 비교하면 머신러닝, 딥러닝의 발전은 무서울 정도로 빠릅니다. 인공지능이나 데이터 과학의 최첨단 기술을 따라가는 데 상당한 어려움이 있을 정도입니다. 이럴 때는 일단 멈춰 서서 "인공지능 기술은 어디까지 발전해 있고 무엇을 만들 수 있는 것인가?"라는 숲을 봐야 한다고 생각합니다.

이 책은 이러한 요구에 부응하려고 기획한 책입니다. 최신 인공지능 기술과 관련된 다양한 지식을 담았고 사전 지식이 없더라도 읽어 나갈 수 있습니다. 다양한 관점에서 읽다 보면 새로운 시각을 발견할 것입니다. 이 책을 읽은 후 앞으로 더 깊게 인공지능 분야를 배울 수 있는 시작점과 이정표를 찾기 바랍니다.

2016년 12월
동경농공대학 농학부 특임 교수
정보 처리 학회 IT 포럼 '빅데이터 활용 실무 포럼' 대표
감수자_ 이시 가즈오

CONTENTS

Chapter **1** 인공지능의 과거, 현재, 미래

Chapter **2** 규칙 기반 모델의 발전

Chapter **3** 오토마톤과 인공 생명 프로그램

CONTENTS

Chapter **4** 가중치와 최적해 탐색

Chapter 5 가중치와 최적화 프로그램

CONTENTS

Chapter 6 통계 기반 머신러닝 1 – 확률분포와 모델링

Chapter **7** 통계 기반 머신러닝 2 − 자율 학습과 지도 학습

CONTENTS

Chapter **8** 강화 학습과 분산 인공지능

Chapter **9** 딥러닝

CONTENTS

Chapter 10 이미지와 음성 패턴 인식

Chapter **11** 자연어 처리와 머신러닝

CONTENTS

Chapter **14** 빅데이터와 사물인터넷의 관계

CONTENTS

## CHAPTER 1

인공지능의 과거, 현재, 미래

1장에서는 인공지능 연구의 과거와 현재를 살펴보고 앞으로 어떻게 진화해 나갈지를 다룹니다. 또한 이 책 전체를 이해할 수 있는 디딤돌 역할을 하는 이야기를 풀어갑니다.

01 인공지능이란

'인공지능'이라는 용어는 오늘날 다양한 분야에서 쓰입니다. 여기에서는 인공지능의 일반적인 의미를 설명합니다.

Point
- 인공지능 = 사람처럼 행동하도록 만들어진 장치(또는 소프트웨어)
- 개발자에게 맞는 인공지능의 정의

개발자에게 맞는 '인공지능'의 정의

최근 인공지능과 관련된 수많은 책이나 기사를 접할 수 있습니다. 그런데 인공지능의 정의는 분야마다 조금씩 다릅니다.

문제는 그 중 어느 것이 옳고 어느 것이 그르다고 말할 수 없다는 점입니다. 여러분의 삶에 따라 인공지능을 이해하는 방법이 다를 수 있기 때문입니다.

이 책을 보는 주 대상인 개발자라면 아마 다음 같은 질문을 할 수 있습니다.

"어디까지가 패턴 인식 프로그램이고, 어디부터가 지능을 갖는 프로그램이라고 할 수 있을까?"

이 질문에는 다양한 관점으로 답할 수 있습니다. 또한 시대에 따라 변화했고 앞으로도 계속해서 변화해 나갈 것입니다.

그렇다면 개발자 관점의 인공지능은 무엇일까요? 진리라고 할 수는 없지만 "사람처럼 행동하도록 만들어진 장치(또는 소프트웨어)"라고 할 수 있습니다. 즉, 장치가 프로그램을 통해 '판단'하고 '의사'가 있는 것처럼 행동한다면 인공지능입니다.

그림 1-1 개발자에게 맞는 인공지능의 정의

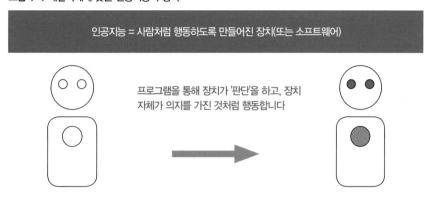

개발자 관점의 인공지능에 '생물학적' 의미는 없습니다. 실제로 과거의 인공지능 붐에는 생물학적 관점과는 다르게 '지능적인 행동'을 구현했습니다. 사람의 눈앞에 제공되는 것은 자동 제어의 결과물이었습니다.

그림 1-2 자동 제어의 대표적인 예

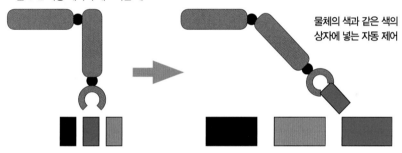

컴퓨터가 처음 등장했을 때는 단순한 조건 분기가 자동 제어의 큰 비중을 차지했습니다. 하지만 오늘날에는 복잡한 이론을 자동 제어에 적용하더라도 '인공지능'이라고 하지 않습니다.

그림 1-3 인공지능과 자동 제어의 연관성

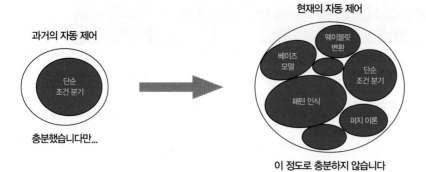

과거의 자동 제어

단순
조건 분기

충분했습니다만...

현재의 자동 제어

웨이블릿
변환

베이즈
모델

단순
조건 분기

패턴 인식

퍼지 이론

이 정도로 충분하지 않습니다

02 인공지능의 여명기

인공지능이 탄생하는 데는 어떤 시대적 배경이 있었을까요? 그리고 엔지니어들은 어떤 생각을 했을까요? 여기에서는 인공지능의 초기 역사를 살펴봅니다.

Point
- 튜링 테스트 = 기계인지 사람(생각하는 존재)인지를 판별하는 시험
- 시냅스 가소성

'인공지능'의 탄생

인공지능이라는 용어는 1956년 열렸던 다트머스 회의에서 처음 언급되었습니다. 하지만 그보다도 10년 전쯤부터 영국 등에서는 수학 및 컴퓨터 과학 이론과 생리학적 측면에서 인공지능 연구가 이뤄졌습니다.

수학·컴퓨터 과학 이론을 바탕으로 한 연구에는 기계와 지능을 고찰한 앨런 튜링Alan Mathison Turing이 크게 공헌했습니다. 튜링은 오늘날에도 사용하는 튜링 테스트와 튜링 머신의 개념을 고안했고, 인공지능 논의에 초점을 맞춘 최초의 논문인 「Computing Machinery and Intelligence」(1950년)를 발표했습니다.

생리학적 측면에서는 생리학, 기계 공학, 제어 공학을 융합해 다루는 분야인 사이버네틱스cybernetics[1]와 인공지능의 핵심 이론 중 하나인 '신경망Neural Network'을 연구했습니다. 특히 신경망 개념의 기초가 되는 생리학 분야 연구로는 실무율All-or-none law[2] 형태의 정보 전달 모델링에 관한 이론[3]과 헵Hebb의 법칙이라 불리는 시냅스 가소성이 있습니다.

---

1 사이버네틱스의 어원은 그리스어의 키베르네테스(Κυβερνήτης)로 '방향타를 잡는 사람'이라는 의미입니다. 사이버네틱스에서 사용한 접두사 '사이버'가 오늘날 '컴퓨터에서 이야기하는 인터넷'이라는 의미로 발전했습니다.

2 역자주_ 생체 조직에서 일정 세기(역치) 이상의 자극을 받으면 자극의 크기와 관계없이 반응을 보인다는 생리학적 원리입니다.

3 워렌 S. 매컬록(Warren S. McCulloch)과 월터 피츠(Walter Pitts) 「A logical calculus of the ideas immanent in nervous activity」(1943년, https://goo.gl/vg47jc).

시냅스 가소성

시냅스 가소성Synaptic Plasticity[4]은 시냅스[5]를 통해 신경 전달 물질을 많이 전달하면 관계가 강화되고, 적게 전달하면 관계가 약화하는 현상입니다. 아이가 성장하는 과정에서 기억력과 학습 능력을 형성하는 데 밀접한 관계가 있다고 알려져서 인공지능 연구에서도 주목하고 있습니다.

그림 1-4 시냅스 가소성

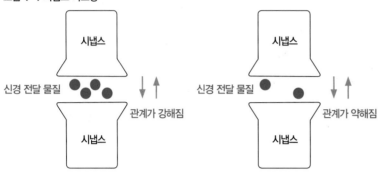

시냅스 가소성을 발표할 당시 막 등장한 전자계산기는 과학적 계산 외에 결과를 판정하는 기계로도 이용했습니다. 그런 이유로 전자계산기는 '사람을 보조하고 대신'할 것으로도 기대했습니다. 전자계산기를 이용해 결과를 판정하는 초기 프로그램에서는 결정 트리Decision Tree 기반의 2차원 분류를 축적해 자동으로 판정 결과를 출력하면 '인공지능'이라고 했습니다.

그림 1-5 결정 트리

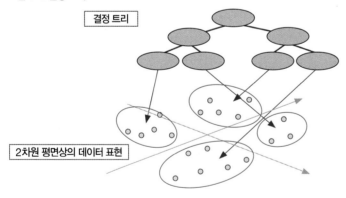

---

4 도널드 헵(Donald Olding Hebb) 「The Organization of Behavior」(1949년, https://goo.gl/fUK9lm).
5 역자주_ 신경계를 구성하는 주된 세포인 뉴런이 다른 세포로 신호를 전달할 때 이용하는 연결 지점입니다.

튜링 테스트와 인공지능

인공지능은 기계가 계산한 결과로 얻은 답이 '사람이 낸 답을 대신'할 수 있어야 합니다. 따라서 답을 살펴볼 때는 '사람이 낸 것인지', '기계가 낸 것인지'를 확인해야 합니다.

기계가 내는 답도 사람이 만든 판단 기준으로 작동하므로 실수할 수 있습니다. 물론 '기계가 한 판단은 옳은 것'으로 취급하는 사람도 일부 있지만, 이들도 "프로그램의 성능을 측정한 결과에 한정한다"라는 근거에 일치하는 것만 옳다고 주장합니다.

예를 들어 항공기의 자동 운항 시스템은 기본적으로 센서가 알려주는 정보를 판단해 운항합니다. 센서는 현재 시점에서 측정한 고도나 기상 상황(프로그램의 성능 측정과 동일) 등은 정확히 판단합니다. 그런데 전체 경로나 현재 비행기 상태 등의 정보를 파악할 수는 없으므로 사람이 중간중간 지시를 내려야 합니다. 이러한 지시가 없거나 사람이 잘못된 지시를 내린다면 사고로 이어지기도 합니다.

그림 1-6 사람과 자동 운항의 관계

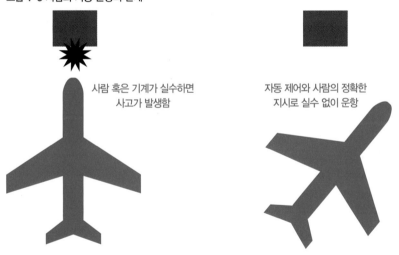

사람 혹은 기계가 실수하면
사고가 발생함

자동 제어와 사람의 정확한
지시로 실수 없이 운항

인공지능 연구 초기에는 기계가 내는 판정과 답변의 폭에 한계가 있었습니다. 하지만 튜링은 "사람을 대신하는 기계의 답변이 지능을 갖고 사람의 답변과 구별되지 않는 시대가 올 것"으로 생각했습니다. 이러한 생각을 지금부터 설명할 튜링 테스트에 반영했습니다.

튜링 테스트

튜링 테스트는 기계인지 사람(생각하는 존재)인지를 판별하는 시험입니다. [그림 1-7]처럼 사람인 판정자가 사람 1명, 기계 1대와 무작위로 대화한 후 판정자가 대화한 상대가 사람인지 기계인지를 확실하게 구별할 수 없어야 시험을 통과한 것입니다. 판정자는 여러 명을 두며 판정자 중 30% 이상이 사람으로 생각해야 합니다.

그림 1-7 튜링 테스트

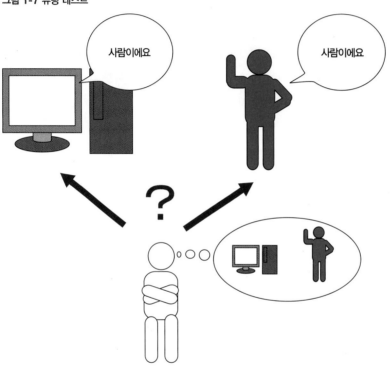

이때 판정자와 상대방을 격리해 기계라는 사실을 알 수 없도록 해야 합니다. 예를 들어 사람과 기계가 똑같이 기계 음성을 낸다든가, '키보드와 화면'만 이용해 대화하는 등입니다. 또한 욕을 하지 않는다거나 오타를 내지 않는 등으로 행동하면 '지능이 있다'고 해도 테스트에 합격할 수 없습니다.

인공지능의 역사에서 튜링 테스트의 통과에 가장 가까웠던 프로그램으로 ELIZA(1966년)와 PARRY(1972년)가 알려져 있습니다. ELIZA는 상담원, PARRY는 정신 분열증을 앓고 있는 사람과 같은 반응을 보이도록 작동했습니다. 2014년 런던에서 열린 튜링 테스트에서는 슈퍼컴퓨터 '유진Iugene'이 사상 처음으로 튜링 테스트를 통과[6]했습니다. 이 컴퓨터는 '13세의 소년'으로 참여했는데 심사위원 중 33%가 사람이라고 생각했습니다(논란의 여지는 있습니다).

단, 튜링 테스트는 지능을 측정하는 시험이 아니다는 점에 주의해야 합니다. 예를 들어 창의력을 요구하는 과제 해결 같은 지적 행동은 튜링 테스트로 측정할 수 없습니다.

---

6 역자주_ http://www.yonhapnews.co.kr/international/2014/06/09/0601330100AKR20140609020400091.HTML. 원서 링크 http://www.afpbb.com/articles/-/3017239.

03 인공지능의 발전 흐름

인공지능은 지금까지 몇 차례의 큰 변화를 통해 발전했습니다. 이번에는 인공지능의 발전 흐름을 살펴보겠습니다.

Point
- 인공지능의 발전 흐름
- 다양하게 활용하는 인공지능 연구

인공지능의 발전 흐름을 그림으로 살펴보면 다음과 같습니다.

그림 1-8 1960년 이후 인공지능의 발전 흐름

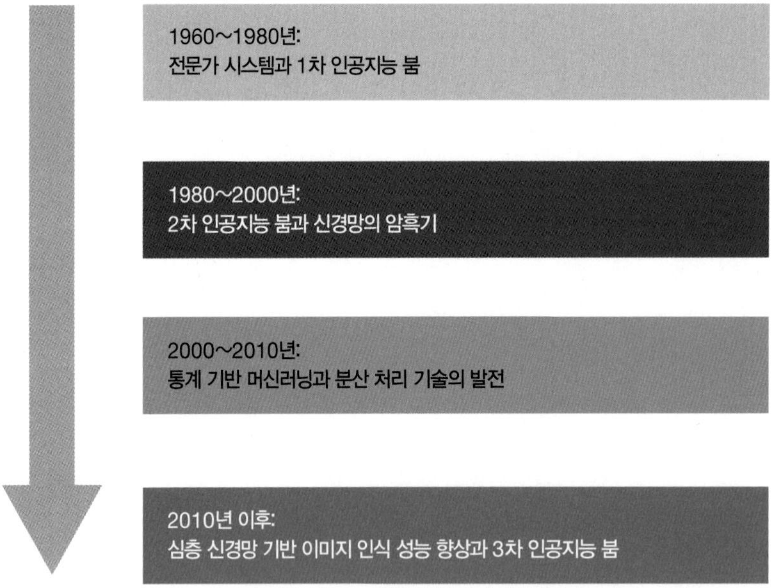

1960~1980년:
전문가 시스템과 1차 인공지능 붐

1980~2000년:
2차 인공지능 붐과 신경망의 암흑기

2000~2010년:
통계 기반 머신러닝과 분산 처리 기술의 발전

2010년 이후:
심층 신경망 기반 이미지 인식 성능 향상과 3차 인공지능 붐

1960~1980년: 전문가 시스템과 1차 인공지능 붐

1950년대 이후 다수의 조건 분기를 사용하는 규칙 기반 자동 판정 프로그램이 발전하기 시작했습니다(자동 판정 프로그램은 오늘날까지도 규칙 기반을 기본으로 발전해오고 있습니다).

그리고 이 프로그램의 규칙을 이용해 새로운 사실을 탐색하는 추론 엔진[7]과 이를 기반으로 일반인도 기계가 판단한 지식 탐구의 결과를 참고할 수 있도록 하는 전문가 시스템expert system[8]이 등장했습니다.

전문가 시스템은 전문가expert가 실행하는 조건 판단을 프로그램화해 문제를 처리하는 시스템으로 유명한 전문가 시스템으로는 Dendral이 있습니다. 또한 전문가 시스템은 상용 시스템에 통합되어 1970년대에는 의료 현장에서 사용하는 MYCIN[9] 같은 전문가 시스템이 시범적으로 운영되기도 했습니다.

이 시기부터 1차 인공지능 붐이 시작되었습니다.

> **NOTE_ Dendral**
>
> Dendral은 1965년 스탠퍼드 대학교의 에드워드 파이겐바움(Edward Feigenbaum) 등이 개발하기 시작한 인공지능 프로젝트입니다. 아직 알려지지 않은 유기화합물에 질량 분석법을 적용해 화합물의 구조를 파악해서 분석합니다. 원래 화학자가 할 일을 자동화한 세계 최초의 전문가 시스템으로 알려져 있습니다.

1차 인공지능 붐과 함께 인공지능이 풀어야 할 과제도 논의되기 시작했습니다. 이중 주목할만한 것으로 1969년 존 매카시John McCarthy와 패트릭 헤이즈Patrick John Hayes가 제기한 사고범위 문제frame problem[10]가 있습니다. 인공지능은 제한된 범위에서만 정보를 처리하므로 실제 발생하는 문제를 모두 처리할 수 없다는 것이 핵심이며, 이 책을 집필한 현재까지 현실적인 해결책을 얻을 수 없는 어려운 문제로 평가하고 있습니다.

---

7 **역자주_** https://ko.wikipedia.org/wiki/추론_엔진
8 **역자주_** 사람에게만 있는 특정 분야의 전문 지식을 정리하고 표현해 컴퓨터에 기억시켜 일반인도 전문 지식을 이용할 수 있도록 하는 시스템을 말합니다(https://ko.wikipedia.org/wiki/전문가_시스템).
9 1970년에 브루스 G. 뷰캐넌(Bruce G. Buchanan)과 에드워드 H. 쇼트리페(Edward H. Shortliffe) 등이 개발한 전문가 시스템입니다. Dendral에서 파생했습니다.
10 **역자주_** https://ko.wikipedia.org/wiki/사고범위_문제

1980~2000년: 2차 인공지능 붐과 신경망의 암흑기

1980년대에는 반도체 개발 비용이 낮아지면서 CPU, RAM, 캐시 메모리 용량이 늘어난 대규모 집적 회로를 만들 수 있게 되었습니다. 이를 통해 메인 연산 영역에서 다룰 수 있는 데이터의 단위가 달라지고 연산 속도가 빨라졌습니다. CPU 역사에서 자주 언급하는 무어의 법칙이 이때 유명해졌습니다.

이러한 성능 향상을 그냥 두고 볼 연구자들이 아닙니다. 이번에는 국가 차원에서 "컴퓨터의 성능 향상을 고려하는 새로운 인공지능 연구"라는 관점으로 연구가 이뤄졌습니다. 이는 2차 인공지능 붐으로 연결되었습니다.

2차 인공지능 붐은 신경망[11] 연구가 발전했던 시기입니다. 2차 인공지능 붐 전의 신경망 연구에서는 단순 퍼셉트론[12]을 이용한 패턴 인식 알고리즘을 만들었습니다.

그러나 다음 두 가지 문제로 인기가 시들해진 상태였습니다.

> 1 명제 중 1개만 참일 경우를 판단하는 베타적 논리합을 다룰 수 없음.
> 2 앞에서 설명한 사고범위 문제를 계산할 정도로 컴퓨터 연산 수준이 높지 않음.

그런데 2차 인공지능 붐 때는 퍼셉트론의 다층화(다층 퍼셉트론)[13]와 오차역전파법(158쪽 '오차역전파법' 참고)으로 두 가지 문제점을 해결할 수 있게 되었습니다.

하지만 실제 연구한 결과 1980년대의 컴퓨터 연산 성능으로는 사고범위 문제를 해결하기 어렵다는 한계에 도달했습니다.

이렇게 1990년대의 인공지능 연구는 암흑기를 맞이합니다.

---

11 사람의 뇌 기능을 참고해 뇌의 일부 기능을 컴퓨터 시뮬레이션으로 표현하는 것을 목표로 하는 네트워크입니다.

12 퍼셉트론은 1957년에 프랭크 로젠블래트(Frank Rosenblatt)가 발표한 인공 뉴런과 신경망의 하나로 간단한 덧셈과 뺄셈을 하는 2층 구조의 학습 컴퓨터망입니다.

13 다층 퍼셉트론의 더 자세한 내용은 위키백과(https://en.wikipedia.org/wiki/Multilayer_perceptron)를 참고하기 바랍니다(원서 링크는 http://www.slideshare.net/nlab_utokyo/deep-learning-40959442입니다).

2000~2010년: 통계 기반 머신러닝과 분산 처리 기술의 발전

인공지능 연구는 앞에서 설명한 신경망 외에도 통계 모델링을 중심으로 한 머신러닝 알고리즘이 있습니다. 이 연구는 신경망 연구만큼 주목받지는 않았지만 착실히 발전한 분야입니다. 그리고 컴퓨팅 연산 성능을 개선하는 분산 처리 기술도 발전합니다.

통계 기반 머신러닝의 연구와 발전

통계를 이용해 문제를 해결하는 방법은 크게 어떤 기준으로 데이터를 나누는 분류classification와 데이터로 앞으로 필요한 결과를 도출하는 예측prediction으로 나눌 수 있습니다. 통계 기반 머신러닝은 이 분류와 예측을 프로그램화한 것으로 분류와 예측으로 주어진 데이터를 자동으로 계산해 특징량feature[14]을 추출합니다. 추출한 특징량은 구성 요소와 기여도를 사람이 직접 확인하는 등의 추가 분석을 거쳐 통계 모델링을 하면 자동 처리에 이용할 수 있습니다.

이러한 머신러닝 시스템의 대표적인 예로는 추천 엔진(61쪽 '추천 엔진' 참고)과 로그 데이터, 온라인 데이터를 이용한 이상 탐지 시스템 등이 있습니다.

그림 1-9 머신러닝을 이용하는 대표적인 작업: 분류와 예측

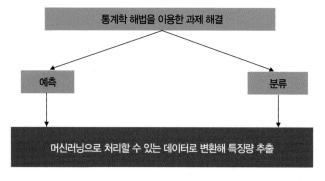

통계 기반 머신러닝 연구가 활발해진 계기는 1990년대 베이즈 정리를 출발점에 둔 베이즈 통계학의 재조명입니다. 앨런 E. 겔팬드Alan E. Gelfand와 에이드리언 F. M. 스미스Adrian F. M. Smith는 1990년 「Sampling-Based Approaches to Calculating Marginal Densities」에서 현대

---

14 역자주_ 어떤 특징을 나타내는 다양한 데이터를 모은 것을 말합니다.

베이즈 통계 계산의 핵심이 되는 마르코프 연쇄 몬테카를로 방법의 초기 형태를 제안했습니다. 이는 현재 우리가 연구하는 머신러닝 알고리즘의 기반이 되기도 했습니다.

2000년대에는 베이즈 필터를 이용한 머신러닝 시스템을 도입했습니다. 이 시스템을 이용한 대표적인 예로는 이메일 스팸 판정, 음성 입력 시스템의 노이즈 줄이기, 발음 식별 처리 등이 있습니다.

그림 1-10 베이즈 정리와 베이즈 필터

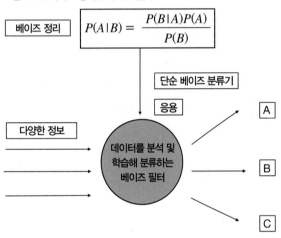

분산 처리 기술의 발전

앞에서 신경망 연구가 암흑기를 맞이한 이유로 사고범위 문제를 해결하는 컴퓨팅 연산 성능의 한계를 이야기했습니다. 1990년대에는 컴퓨팅 연산 성능도 더욱 향상되었습니다. 사실 컴퓨팅 연산 성능이 향상된 이유는 신경망 연구 때문이 아닙니다. 1990년대 후반 고속 인터넷망 보급과 함께 대용량 이미지나 동영상 등이 만들어지기 시작했고, 이를 처리하거나 분석할 필요성이 생겼기 때문입니다.

이미지는 색상 수에 따라 처리해야 할 데이터양이 늘어납니다. 그리고 이미지와 음성으로 구성하는 동영상은 다양한 데이터를 한꺼번에 처리합니다.

그림 1-11 색상 수에 따른 데이터 크기 비율

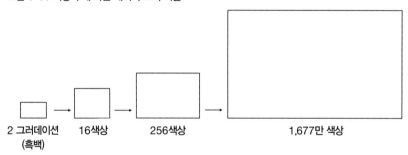

2 그러데이션   16색상   256색상   1,677만 색상
(흑백)

NOTE_ 멀티미디어 데이터 처리

대용량 이미지나 동영상 등을 빠르게 처리할 때는 FPGA^{Field-Programmable Gate Array} 등의 임베디드 기술을 이용합니다. 이때 처리하는 데이터에 맞게 최적화를 요구하므로 PC에 사용하는 일반 CPU를 대상으로 하는 프로그래밍과는 다른 프로그래밍 방법을 알아야 합니다.

그런데 대용량 이미지나 음성 데이터 분석은 컴퓨터 한 대의 컴퓨팅 연산 성능으로 처리하기가 어렵습니다. 그 결과 하드웨어와 소프트웨어 모두를 고려하는 데이터 분산 처리 기술을 주목하기 시작합니다.

하드웨어의 관점에서는 OpenMP[15]나 그래픽 카드의 GPU를 이용하는 GPGPU[General-Purpose computing on Graphics Processing Units] 관련 기술인 CUDA[Compute Unified Device Architecture] 등의 등장이 주목을 받았습니다. 이를 이용하면 개인도 슈퍼컴퓨터와 비슷한 멀티코어 컴퓨팅 또는 이기종 컴퓨팅 환경을 구축할 수 있게 되었습니다.[16]

소프트웨어 관점에서는 명령 실행의 분산 처리를 관리하는 구조가 발전했습니다. 즉, 미리 설정한 컴퓨터 자원을 사용하고, 네트워크로 작업을 관리하며, 자유자재로 자원을 늘리거나 줄일 수 있습니다. 대표적인 예로는 구글 파일 시스템에서 촉발된 맵리듀스[MapReduce] 아키텍처와 야후가 중심이 되어 개발한 하둡[Hadoop] 등이 있습니다.

그림 1-12 맵리듀스 아키텍처

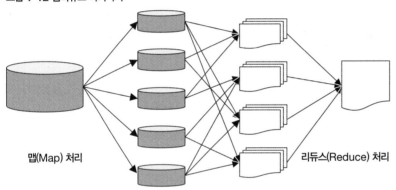

맵(Map) 처리   리듀스(Reduce) 처리

분산 처리 기술과 신경망 연구의 결합

무어의 법칙에 따른 하드웨어 성능 향상과 분산 처리 기술이 결합하면서 2000년대 중반부터 다시 신경망 연구가 활발해졌습니다. 이는 2006년 오토인코더[AutoEncoder][17]의 등장과 함께 딥러닝의 시대로 연결됩니다.

---

15 Open Multi-Processing의 줄임말로, 병렬 처리를 실행하는 데 이용하는 기반 기술입니다(https://ko.wikipedia.org/wiki/OpenMP).

16 2000년대 전에는 과학 계산 등에 사용하는 대규모 계산기(슈퍼컴퓨터)를 분산 컴퓨팅 환경으로 구성했습니다. 이를 이용해 상황이나 용도에 맞게 데이터를 처리했죠. 하지만 컴퓨팅 환경을 구축하는 비용이 많이 들고, 슈퍼컴퓨터를 쉽게 이용할 수 없다는 단점이 있었습니다.

17 신경망을 사용해 차원을 압축하는 알고리즘입니다. 2006년 제프리 힌튼(Geoffrey Hinton) 교수 등이 제안했습니다. 머신러닝에 사용합니다.

최신 딥러닝 연구에서 주목하는 것은 심층 신경망Deep Neural Network입니다. 심층 신경망은 딥러닝을 할 수 있을 정도의 깊은 계층으로 구성된 신경망을 말하며 보통 계층이 5개 이상이면 심층 신경망이라고 했습니다. 2000년대 이전에는 컴퓨터 연산 성능의 한계로 심층 신경망 구성 자체가 어려웠지만 2010년 이후 계층이 100개 이상인 신경망을 구축할 수 있게 되었습니다.

NOTE_ 딥러닝

컴퓨터 프로그램이 다양한 데이터의 특성을 학습하고, 분류하고, 판별하는 머신러닝 알고리즘의 집합을 말합니다. 제프리 힌튼 교수(Geoffrey Hinton) 등이 이 용어를 본격적으로 사용했으며, 현재 점점 더 복잡한 구조로 발전하고 있습니다.

2010년 이후: 심층 신경망 기반 이미지 인식 성능 향상과 3차 인공지능 붐

그간 이미지 인식의 정확도는 통계 기반 머신러닝이 신경망 기반 머신러닝보다 좋다고 알려져 왔습니다. 하지만 2000년대 분산 처리 기술과 신경망 연구가 결합하면서 신경망 기반 머신러닝의 이미지 인식의 정확도가 다시 더 좋아지게 됩니다. 이 사실을 알린 상징적인 사건은 'ILSVRCIMAGENET Large Scale Visual Recognition Challenge 2012'입니다. 캐나다 토론토 대학 팀에서 사용한 딥러닝 이미지 인식 프로그램이 성능 평가에서 1위를 차지했습니다.

그림 1-13 ILSVRC 2012 – 이미지 인식 프로그램 성능 평가 순위[18]

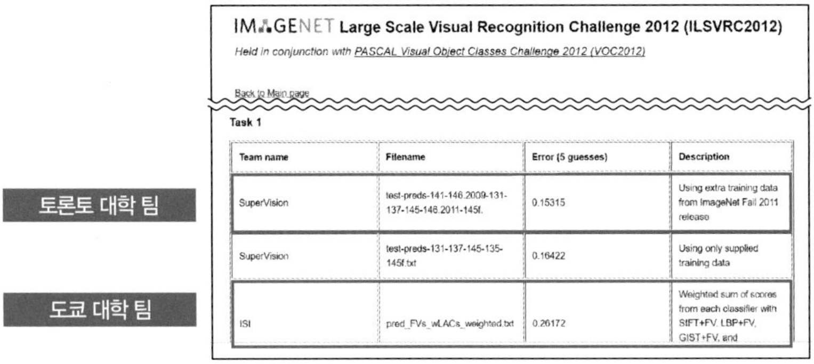

Team name	Filename	Error (5 guesses)	Description
SuperVision	test-preds-141-146.2009-131-137-145-146.2011-145f.	0.15315	Using extra training data from ImageNet Fall 2011 release
SuperVision	test-preds-131-137-145-135-145f.txt	0.16422	Using only supplied training data
ISI	pred_FVs_wLACs_weighted.txt	0.26172	Weighted sum of scores from each classifier with SIFT+FV, LBP+FV, GIST+FV, and

18 http://image-net.org/challenges/LSVRC/2012/results.html

특히 이미지 인식 오류율이 통계 기반 머신러닝을 이용한 도쿄 대학 팀의 프로그램(3위)보다 10%나 낮았다는 점은 큰 화제였습니다. 2015년에는 일반적인 사람의 이미지 인식 오류율인 5% 아래의 오류율을 갖는 딥러닝 기반 이미지 인식 프로그램까지 등장했습니다.[19]

이렇게 딥러닝 기반 이미지 인식 프로그램의 성능을 인정하게 되면서, 이미지와 메타데이터가 묶인 거대한 데이터베이스를 만들어 사용자에게 제공할 수 있게 되었습니다. 그 결과 이미지 인식 프로그램에서 발전한 이미지 인식 엔진을 자동차에 탑재하려는 연구가 활발하게 진행되고 있습니다.

그림 1-14 이미지 인식 엔진의 적용 사례

또한 음성 인식과 자연어 처리에도 딥러닝을 활용하기 시작했습니다. 대표적인 예로 챗봇chatbot[20] 프로그램과 구글과 네이버에서 제공하는 번역 서비스 등이 있습니다.

다양하게 활용하는 인공지능 연구

인공지능 연구는 다양한 분야에서 이용하는 추세입니다.

----

19 「[CEDEC 2015] 이미지 인식은 이미 사람을 능가. 딥러닝이 일본을 다시 만든다」(http://www.4gamer.net/games/999/G999902/20150829007/, 구글 번역 링크 https://goo.gl/5l8tKc)

20 역자주_ 대화형 인터페이스 안에서 일정 규칙 혹은 인공지능으로 사용자와 상호작용하는 프로그램을 말합니다(https://ko.wikipedia.org/wiki/채터봇).

자동차 업계

자동차 업계에서는 앞서 설명한 이미지 인식 인공지능 연구를 자율 주행 기술과 결합하는 노력을 기울이고 있습니다.

자율 주행 기술은 지금까지 주로 차체에 장착된 센서 데이터에서 수집하는 정보와 도로에 설치한 카메라의 이미지 정보를 결합하는 형태로 개발했습니다. 그런데 빅데이터 기술의 발전으로 개별 차체에 가속도 센서와 카메라 등에서 수집한 데이터를 한데 모아 전국 규모로 교통량을 측정하거나, 사고 발생 데이터 저장 등을 할 수 있게 되었습니다.

이렇게 모인 데이터와 향상된 이미지 인식 인공지능 프로그램이 결합하면 자율 주행 기술 실현에 큰 진전이 있을 것으로 생각합니다.

광고 업계

많은 웹 사이트에서 이용자에게 꼭 맞는 광고나 뉴스 기사를 추천(머신러닝 시스템이 계산한 예측 결과의 표시)하려고 머신러닝 시스템(추천 엔진)을 사용합니다. 보통 효과적인 추천 결과를 내려고 사용자가 방문한 웹 사이트나 페이지 기록, 쇼핑몰 사이트의 구매 이력 등의 다양한 정보를 활용해 '통계 모델을 고안하고 구현'합니다.

웹 사이트에 표시되는 광고나 뉴스 이외의 관련 정보 등도 추천 엔진의 처리 결과 중 하나입니다. 이러한 처리 결과를 내는 데는 주 콘텐츠와 연관되는 콘텐츠가 어느 정도 비슷한 정보인지를 알아내는 유사성 분석이 중요합니다. 유사성을 활용하면 "어떻게 콘텐츠를 활용 또는 제한할 것인가?", "웹 사이트 안팎의 랜딩 페이지로 유도나 구매 촉진을 어떻게 극대화할 것인가?" 등에 큰 도움을 받을 수 있습니다.

앞으로 광고를 표시하는 시점을 정하거나, 관련성 높은 내용을 효과적으로 제공할 수 있는 시스템을 구축하는 데 딥러닝과 머신러닝 알고리즘의 활용이 늘어날 것입니다. 또한 텍스트, 숫자 데이터, 이미지, 동영상, 음악 등의 다양한 데이터(라벨링이나 카테고리화하지 않은 원시 데이터)도 머신러닝의 발전과 추천 엔진의 개발 등에 따라 개인 취향에 맞춘 정보를 제공할 것으로 예상합니다.

비즈니스 인텔리전스 도구

경영 전략을 검토할 때 매출과 이익을 예측하는 비즈니스 인텔리전스^{Business Intelligence, BI} 도구는 필수입니다. 예전에는 개인의 경험에 의존해 예측하던 것이 기계화되어 왔습니다. 이미 1970 년대부터 BI 도구를 탑재한 컴퓨터를 의사결정 지원 시스템으로 활용했으며, 다룰 수 있는 데이터양이 늘고 컴퓨터 처리 능력이 향상되면서 BI 도구 역시 경영 현장의 요구에 맞춰 정확한 예측을 할 수 있도록 진화해왔습니다.

> **NOTE_ BI의 활용 예**
>
> BI의 대표적인 활용 예인 재고 관리는 재고 수량을 최소화하는 것이 중요합니다. 따라서 과거의 경향 등에서 재고를 예측하는 건 기본이고, 단기간의 예측을 반복해서 실행해야 합니다. 최근에는 클라우드 컴퓨팅 환경에서 BI 도구를 사용하면서 배치 처리 중심으로 데이터를 관리하는 건 물론이고 온라인 처리, 스트림 처리까지 중요해졌습니다.

BI에서 예측 결과를 도출하는 데 다루는 데이터는 지리적 특성, 인구 동태적 특성, 사회 심리적 특성, 지역 날씨, 기온, 주위의 교통량 등 매우 다양합니다. 따라서 이러한 대량의 데이터에서 연관된 정보를 추출해 결과를 예측할 때 머신러닝 알고리즘이 중요한 역할을 담당합니다.

머신러닝 알고리즘을 적용할 수 있게 된 이유 중 하나로는 데이터 분석과 처리 기술의 발전도 있습니다.

데이터 분석 기술의 발전 예로는 2000년대에 구글 예측 API와 베이즈 네트워크^{Bayesian network}를 이용하는 불완전 데이터 예측 프로그램이 있습니다.

데이터 처리 기술의 발전 예로는 2010년대에 등장한 구글의 빅쿼리, 아파치 하둡, 스파크 같은 대규모 데이터 분산 처리 플랫폼이 있습니다.

앞으로는 데이터 처리 및 분석 기술과 머신러닝 알고리즘을 결합해서 다양한 종류의 정보를 효율적으로 처리하면서도 불필요한 데이터나 Null 값으로 두는 스파스 데이터(느슨한 데이터)를 줄일 것입니다. 즉, 사람의 판단과 비교해도 손색없는 데이터 처리 시스템이 개발될 것으로 기대합니다.

챗봇

챗봇은 2000년 전후부터 인공지능 등을 이용한 프로그램이 등장해 인기를 끌었습니다. 하지만 잘 만든 챗봇도 사용자가 반응을 보고 즐기는 정도였을 뿐 실용성은 부족했습니다. 실용적인 것으로 한정하더라도 머신러닝과 같은 고급 알고리즘을 이용하는 것이 아니라 시스템 안에서 플로 차트에 따라 입력 내용에 응답하는 정도였습니다.

따라서 챗봇은 자연어 처리의 성능 향상을 추구합니다. 예를 들면 문장에서 필요한 의미를 찾는 주제 모델topic mode[21]을 발전시켜 자연스러운 대화나 번역을 할 수 있도록 기술을 발전시키는 것입니다. 이는 2000년대 후반 대량의 텍스트 데이터를 처리하고 특징을 추출하는 컴퓨터 자원의 확충과 추출된 특징을 표현하는 모델을 만들어 내면서 결실을 맺습니다.

영어와 비교했을 때 적은 인구가 사용하는 언어 체계인 한국어는 특별한 연구 개발이 필요하며, 특히 방언 대응이 중요합니다. 이러한 연구도 진행 중으로 네이버가 2016년에 공개한 라온LAON[22]이나 검색 소프트웨어 업체 솔트룩스의 아담ADAMs 등은 딥러닝 기술을 활용해서 자연스러운 대화를 할 수 있도록 만든 것입니다.

또한 페이스북 등의 SNS 기업이 챗봇 프로그램을 개발할 수 있는 API를 공개[23]하는 등 자연어 처리 분야도 큰 발전이 있을 것으로 예상합니다.

의료 지원

의료 분야에서 인공지능을 이용하는 예로는 이미지 진단을 응용한 암 병변의 조기 발견, 손목 밴드형 계측 장치를 사용한 건강 관리 시스템 등이 있습니다. 앞으로는 국가 차원에서 데이터를 이용한 맞춤 의학을 운용할 가능성도 있습니다.

그중 IBM이 개발한 왓슨Watson의 딥러닝 기술은 인지 컴퓨팅cognitive computing[24]이라고 말하며 다른 시스템과 구별하려고 합니다. 그 이유는 자연어 처리를 통해 대화할 수 있는 의사결정 지원 시스템이라는 가치를 부여하려는 것입니다.

----

21 역자주_ https://ko.wikipedia.org/wiki/주제_모델
22 역자주_ 일본에는 마이크로소프트에서 만든 여고생 인공지능인 린나가 있습니다.
23 역자주_ 페이스북, 라인, 슬랙, 텔레그램 등에서 챗봇 API를 제공합니다.
24 역자주_ 사람의 사고 과정을 시뮬레이션하는 계산 모델을 말합니다(https://www.bioin.or.kr/fileDown.do?seq=31279&bid=tech).

의료 연구 수준이 높아지고 연구에 참여하는 국가나 기관이 증가하면서 학술 분야가 세분화되고 논문 발행 수가 늘었습니다. 결과적으로 의사들이 소화할 수 없을 정도로 논문이 많아진 것이죠. 특히 전 국민적 질환으로 알려진 암이나 심장 질환은 새로운 논문이나 정부 정책의 변화 등으로 항상 정보가 변합니다. 따라서 변하는 정보에 맞춰 의사와 다른 의료 관계자가 원활하게 협업하는 것이 중요합니다.

이러한 상황에서 왓슨은 대량의 의학 논문이나 정부 정책 등을 저장해둔 후 환자의 증상과 관련된 질환 정보, 적용 가능한 약제나 치료 방법 등을 제안하는 의사결정 지원 시스템을 구축할 수 있는 플랫폼으로 기대하고 있습니다.[25]

로봇 산업

로봇은 사람이 들 수 없는 무거운 물건을 들어 올리거나, 어떤 일정한 규칙에 따라 일할 때는 사람보다 더 효율적이기도 하지만, 사람처럼 급격한 움직임 전환 같은 행동을 하기는 어렵습니다. 이는 지금까지 개발된 규칙 기반 장비로 움직임을 구현하는 데 한계가 있기 때문입니다.

그래서 머신러닝을 포함한 인공지능 연구로 한계를 극복하려는 시도가 계속되었습니다. 그중 하나로 스스로 학습해서 자율적인 움직임 제어를 얻는 뉴로모픽^{Neuromorphic} 컴퓨터[26]가 개발되어 왔습니다. 하지만 앞으로는 강화 학습 알고리즘을 도입한 로봇 개발을 진행할 것으로 예상합니다.

강화 학습으로 로봇이 더 똑똑해지면 활용할 수 있는 영역은 다양합니다. 생활 지원 부분으로는 어린이 교육용 장난감, 고령자를 위한 생활 도우미, 식재료 관리, 날씨를 고려한 행동 제안, 치매 예방 대책 등의 역할까지 범위가 매우 넓습니다.

향후 노동 인구가 계속해서 감소하는 인구 절벽 시대를 예상하는 사람이 많습니다. 로봇 인공지능 연구를 응용해 노동을 지원하거나, 신체가 불편한 노인의 움직임을 도와주는 로봇을 통해 건강을 유지하면서 생활하게 하거나, 병간호 로봇 등으로 건강을 잃었을 때 최대한 삶의 질을 유지하게 하는 등 앞으로 로봇 산업의 발전은 중요해질 것입니다.

---

25 '왓슨, 의사를 대신하나(http://www.docdocdoc.co.kr/news/articleView.html?newscd=2015013000010)'. 원서는 'IBM 왓슨 의사가 될 수 있을까(http://itpro.nikkeibp.co.jp/atcl/watcher/14/334361/053000577/?ST=de velop&P=3)'.

26 역자주_ https://en.wikipedia.org/wiki/Neuromorphic_engineering

인공지능의 미래 – '의식'을 지닌 인공지능

인공지능의 미래가 어떻게 흘러갈지는 아무도 모릅니다. 그러나 인공지능의 미래로 삼는 목표는 "사람 같은 '의식'을 지닌 인공지능을 만들자"입니다. 실제로 의식을 지닌 인공지능이 탄생하기를 기대하는 연구자, 개발자, 엔지니어는 많습니다.

그럼 '의식'을 지닌 인공지능의 미래를 살펴볼 때 주목해야 할 부분은 무엇일까요? 다음부터 설명할 빅데이터 처리 방법과 기술적 특이점입니다.

빅데이터와 디지털 클론

사람은 컴퓨터의 정보 처리 능력을 따라갈 수 없으므로 적은 정보량으로 사건을 관찰하고 제어해야 한다는 점에 순응해 왔습니다. 그러나 2010년 이후 빅데이터 기술이 발전하면서 센서 데이터를 포함한 다양한 데이터와 분석 도구를 손에 넣었고 이를 '의식'을 지닌 인공지능의 개발에 활용할 수 있게 되었습니다.

이렇게 빅데이터와 인공지능을 연결하는 한 가지 예로 사람의 사고 능력, 취미, 취향을 디지털 세계에 재현하려는 디지털 클론이 있습니다.

디지털 클론 기술의 발전에는 이미지에서 표정을 추측하고 감정에 대응할 수 있는 센싱 기술과 빅데이터 기술의 연결이 중요합니다. 기술이 발전한 후에는 더 많은 센서에서 모이는 데이터와 인공지능 기술을 연결해 인격의 재현 등도 시도할 가능성이 큽니다.

단, 튜링 테스트를 통과하는 것처럼 '사람을 흉내' 내는 학습 방법을 구현한 것을 디지털 클론이라고 생각하면 안 됩니다. 즉, "컴퓨터가 처리한 결과가 '의식'을 담은 해결책인가?", "지금보다 더 늘어날 빅데이터 중 무엇이 유용한 것인가?" 등의 사항을 고려하면서 빅데이터와 인공지능 연구를 이어나가야 합니다.

기술적 특이점과 인공지능의 윤리적 관점

미국의 컴퓨터 과학자이자 미래학자로 유명한 레이 커즈와일[Ray Kurzweil]은 기술 발전 방향과 시기를 정확하게 예측하기로 유명합니다. 그의 저서 『The Age of Spiritual Machines』

(Viking Adult, 1999년)에서는 자율 주행 차량의 개발이나 사람을 이기는 체스 인공지능의 등장 등 인공지능과 관련된 예측도 많습니다.

또한 커즈와일은 다른 저서인 『특이점이 온다』(김영사, 2007년)에서 '의식'을 지닌 인공지능을 기반에 두고 2045년에는 인류의 역사를 바꿀 정도의 큰 기술적 발전인 기술적 특이점^{singularity}이 올 것으로 예측하기도 했습니다. 커즈와일의 주장을 믿는 사람들은 인공지능 기술이 곧 크게 발전할 것으로 기대하기도 합니다.

하지만 회의적으로 생각하는 사람도 많습니다. 현재 인공지능 연구는 머신러닝이나 딥러닝을 이용하는 시스템을 통해 대량의 정보에서 답을 찾아내는 방법을 구현한 수준이며 아직 더 크게 발전해야 한다고 생각합니다. 아직 불필요한 데이터를 분류하는 작업은 사람이 조정해야 하는 등 인공지능이 '의식'을 지니고 완전히 자율적으로 해결책을 찾아내는 상태까지 이르지는 못했기 때문입니다. 또한 현재 접근 방식의 연장선에서 기계가 '의식'을 싹 틔울 수 있을지 혹은 전혀 다른 접근 방식을 이용해야 할지 등은 아직 알 수 없습니다.

향후 작은 단위의 인공지능 프로그램을 서로 연계할 수 있게 되면 '의식'을 지닌 인공지능이 탄생해 큰 문제를 해결할 수 있을지도 모릅니다. 하지만 그 과정에서 인공지능이 올바른 윤리 의식을 갖고 움직일지는 아무도 장담할 수 없습니다. 어쩌면 인공지능이 올바른 윤리적 판단 아래 문제를 설정하고 해결하도록 제어하는 부분은 사람만의 영역(어쩌면 고통)으로 영원히 남을 수도 있습니다. 이는 어렵지만 앞으로의 인공지능 연구를 한층 더 흥미롭게 하는 주제일 것입니다.

## CHAPTER 2

규칙 기반 모델의 발전

1950년대 이후 조건 분기를 활용한 컴퓨터 프로그램(응답 시스템)을 만들 수 있게 되면서 사용자가 입력한 데이터에 조건 분기를 적용하는 규칙 기반 모델이 발전했습니다. 규칙 기반 모델은 설정한 규칙에 맞게 입력 데이터를 자동으로 분석하는 추론 엔진이나 규칙 설정을 외부 저장 장치 등에 쌓는 지식 기반 모델에 이용합니다. 또한 추론 엔진과 지식 기반 모델을 결합해 전문가 시스템을 구축할 수 있습니다. 2장에서는 인공지능 연구와 연관이 있는 규칙 기반 모델의 여러 가지 기술을 설명합니다.

01 규칙 기반 모델

사람이 하는 판단을 기계에게 맡기는 규칙 기반 모델을 설명합니다.

Point
- 사람이 하는 판단을 기계에 맡긴다 = 인공지능 프로그램
- IF-THEN으로 조건 분기를 표현한다.
- 규칙 설계는 사람의 힘으로 한다.
- 규칙 설계 = 문제의 공식화
- 의사 결정 트리

조건 분기 프로그램과 규칙 기반 시스템

사람은 살아가는 동안 두 가지 이상의 조건을 비교해 어떤 '선택'을 하게 됩니다. 이때 특정 조건을 비교해서 처리할 일을 나누는 것을 조건 분기라고 합니다. 컴퓨터를 이용한 문제 해결은 조건 분기를 구현한 프로그램을 실행해 답을 끌어냅니다.

"사람의 지능이 하는 일을 기계가 한다"라는 관점에서는 조건 분기 프로그램도 인공지능이라고 말할 수 있습니다. 실제로 초기의 인공지능은 조건 분기 프로그램으로 구성되었고 조건 분기 프로그램 자체는 오늘날 인공지능 연구가 아닌 다른 분야에서도 응용해 사용합니다.

그림 2-1 조건 분기를 이용해 '선택'을 하는 사람과 컴퓨터

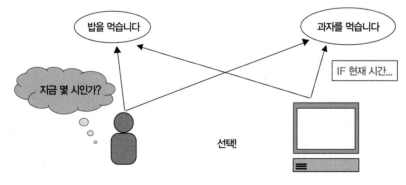

규칙(조건 설정)을 사용해 조건 분기 프로그램을 실행하는 시스템을 규칙 기반 시스템이라고 합니다. 시스템 안에서 조건 분기는 프로그램이나 알고리즘의 순서도에서 사용하는 IF-THEN 형태로 표현하는 경우가 많습니다. 즉, 규칙 기반 시스템을 만들기 전 순서도를 이용해 규칙을 설정하면 좋습니다.

그림 2-2 순서도 예

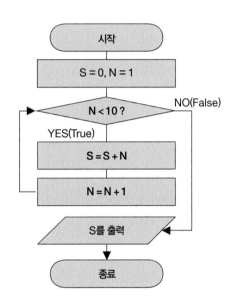

S와 N의 초깃값을 각각 0과 1로 설정합니다.
N이 10 미만이면 S에 N을 더해주고 N을
1만큼 증가시키는 작업을 반복합니다. N이 10
이상이 되면 S를 출력하고 종료합니다.
즉, S에 1에서 9까지 더한 총합을 계산해서
출력하는 순서도입니다

규칙 설계와 문제의 공식화

조건 분기의 기반이 되는 규칙은 사람이 미리 결정해두어야 합니다. 사람이 정답을 모르는 미지의 문제는 규칙 기반으로 대응할 수 없으므로 규칙을 설정할 때는 순서와 우선순위에 주의를 기울여야 합니다.

순서가 중요한 예: 온도에 따라 에어컨 바람 조절하기

33도 이상이면 '매우 강하게', 30도 이상이면 '강하게', 28도 이상이면 '약하게' 등으로 에어컨 바람의 세기를 조절하겠다고 가정해보죠. 온도는 34도인데 28도 이상이라는 기준을 적용해 바람 세기를 '약하게'로 설정한다면, 매우 더운 날씨인데도 약한 바람만 나올 것입니다. 그렇게 되지 않으려면 높은 온도 쪽의 조건부터 먼저 확인해야 합니다.

우선순위가 중요한 예: 사용자 정보 비교

사용자의 다양한 정보를 서로 다른 데이터베이스에 나눠 저장했을 경우 한 사용자의 나눠진 정보를 수집하는 작업이 있습니다. 이때 중요한 것은 두 데이터베이스에 공통으로 저장된 정보를 우선순위로 지정하는 것입니다.

한 가지 예로는 병원 등에서 받은 진료비 명세서(의료비 청구서) 기재 사항을 서로 다른 의료 데이터베이스와 연결해 다른 정보를 수집하는 작업입니다.[1] 의약품의 안전 대책 등을 위해 시행합니다.

이 작업은 진료비 명세서 기재 사항의 기반이 되는 의료 보험 가입자 정보와 연금 보험 가입자 정보 모두에 저장된 보험증 번호를 우선순위 해시값으로 선택합니다. 그리고 연금 보험 관리 정보를 조회하면서 의료 보험에는 없는 정보인 생년월일, 가족 관계 등의 정확한 정보를 수집합니다.

그림 2-3 의료비 청구서의 사용자 정보 수집 작업

- ID 1: 보험증 번호, 이름, 성별 등을 조합한 정보의 해시값(해시 변수를 통해 얻은 값). 병원에서 발행하는 의료비 청구서와 조제약 청구서를 통해 얻습니다.
- ID 2: 보험증 번호, 생년월일, 가족 관계 등을 조합한 정보의 해시값. 의료 관계 데이터베이스에서 정보를 조회해서 얻습니다.
- ID 1과 ID 2의 정보를 서로 비교하면 ID 1만으로는 구분하기 어려웠던 정보(이름이 잘못 표기되었다 등의 이유)들을 판별할 수 있습니다. 그 결과 ID를 통해 비교하는 정보의 정확도를 높일 수 있게 되었습니다. 단, ID나 규칙을 늘리는 것은 수작업에 의존합니다.

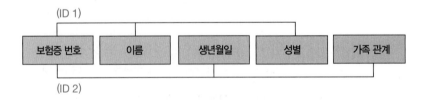

---

1 출처: 「제6회 의약품의 안전 대책 등에 관한 의료 관계 데이터베이스 활용 방안 간담회」(http://www.mhlw.go.jp/shingi/2010/05/dl/s0519-8k.pdf)

또한 이런 작업을 실행할 때 주의할 것은 이름 표기의 불일치, 정보를 기록할 때의 오·탈자 발생 등 다양한 경우에 대응하는 규칙을 정해야 한다는 점입니다. 이미 정보 확인이 완료된 사람은 이후 처리 대상으로 삼지 않는 등의 규칙도 필요합니다. 이처럼 규칙을 설계해 나가는 단계에서 문제와 해법을 명확히 하는 것을 '문제의 공식화'라고 합니다.

의사 결정 트리의 구축

규칙을 바탕으로 그린 순서도로 구축한 이진 트리를 의사 결정 트리Decision tree라고도 합니다. 통계학에 기반을 두고 데이터를 처리하거나 분석할 때 자주 사용합니다. 다음 예는 BMI[2] 데이터를 YES/NO로 분기해 체형을 최종 도출하는 의사 결정 트리 예입니다.

그림 2-4 BMI 데이터의 의사 결정 트리

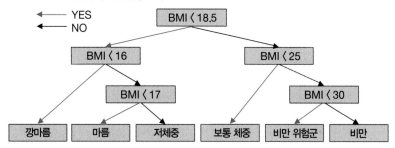

아직 규칙을 파악하지 못해서 규칙을 찾고 싶은 경우에는 통계학 기반의 데이터 분석을 실행해서 규칙을 발견할 때도 있습니다. 이런 경우 앞 그림과 같은 의사 결정 트리를 생각할 필요가 있습니다.

---

2 역자주_ BMI란 Body Mass Index의 약자로, 체질량지수를 의미합니다. 사람의 체중을 키의 제곱으로 나눈 값입니다(단위: kg/m2).

02 지식 기반 모델

규칙 기반 모델을 이용해 규칙을 변경하는 지식 기반 모델을 설명합니다.

Point
- 규칙 기반 모델에서 규칙이 증가하면?
- 모든 프로그램에 어떤 규칙을 적용하면 → 규칙을 변경했을 때 일일이 수정해야 한다 = 귀찮고 불편하다.
- 프로그램과 데이터의 분리
- 분리된 데이터 = 지식 기반
- 지식 기반 모델에는 사람이 정보를 탐색하는 검색 시스템도 포함

규칙이 늘거나 변하는 경우

규칙 기반의 프로그램을 만들 때 규칙(조건 분기)이 변하지 않는 고정 정보를 이용한다면 프로그램을 수정하기 어려워도 성능을 향상시키는 방향으로 프로그래밍해도 상관없습니다. 또한 조건 설정이 바뀌더라도 프로그램을 변경하는 작업이 어렵지 않다면 별문제는 없습니다.

옛날처럼 외부 저장 장치가 매우 고가였던 시절에는 다시 프로그래밍하는 편이 나은 예도 있었습니다. 그러나 보통 조건 설정이 변하기 쉬운 경우에 여러 번 다시 프로그래밍하는 일은 큰 비용이 듭니다.

그림 2-5 프로그램 변환으로 수작업이 늘어남

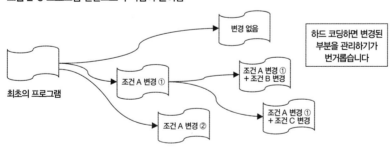

이러한 불편함을 줄이고자 조건을 설정하는 데이터 세트와 실제 데이터 세트를 처리하거나 출력하는 프로그램을 분리했습니다. 여기서 분리된 데이터 세트를 지식 기반knowledge base[3]이라고 합니다. 데이터를 처리하거나 출력하는 프로그램은 조건 분기가 필요할 때 지식 기반에 있는 (특정 규칙이 있는) ID를 사용해 설정값을 읽고 어떤 판단을 내립니다.

지식 기반은 파일 시스템에 텍스트 파일을 저장할 때도 있고, MySQL 등의 데이터베이스 관리 시스템(DBMS)을 이용할 때도 있습니다. 또는 텍스트 편집기, GUI 형태의 제어판, 쿼리 언어를 통해 지식 기반에 기록된 내용을 업데이트할 수 있는 시스템도 있습니다.

[그림 2-4]에서 소개한 BMI 데이터의 의사 결정 트리와 지식 기반을 결합하면 [그림 2-6] 같은 프로그램을 만들 수 있습니다.

그림 2-6 BMI를 입력하면 체형을 출력하는 프로그램

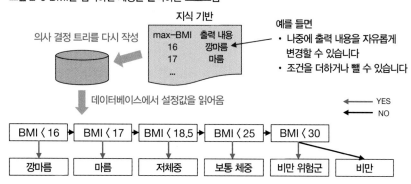

사람도 검색할 수 있는 지식 기반 시스템

지식 기반에는 방대한 정보 데이터를 저장해 두므로 프로그램뿐만 아니라 사람도 검색할 수 있는 시스템이 있습니다.

---

3 **역자주_** https://ko.wikipedia.org/wiki/지식_베이스

그림 2-7 지식 기반 시스템 예

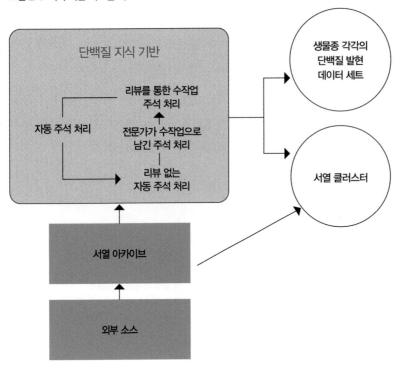

UniProtKB

UniProtKB는 유럽의 생명 과학 분야 기관들이 협력해 만든 지식 기반 데이터베이스 시스템입니다. 단백질 정보를 수집한 후 주석 처리[annotation][4]와 큐레이션[5]을 통해 UniProt[The Universal Protein Resource] (http://www.uniprot.org/)이라는 카탈로그 데이터베이스와 분석 도구 등을 개발합니다. 좀 더 자세히 설명하면 우선 전 세계 주요 데이터베이스에 등록된 유전자 염기 서열과 아미노산 서열 등을 수집합니다. 그리고 단백질을 구성하는 아미노산 서열과 단백질 특성에 초점을 맞춘 정보(기계로 수집한 정보와 그 안에서 수작업으로 큐레이션을 실행한 정보를 함께 저장)를 공개합니다.

---

4 어떤 데이터와 관련된 정보를 부여하는 작업입니다.
5 데이터를 수집해서 주석 처리된 정보 등을 기반으로 정밀하게 조사한 후 조사 결과를 종합해 정리하고 요약하는 작업입니다.

생물종 정보나 패스웨이(다른 화합물과의 상호작용을 나타내는 경로) 등의 정보가 포함되어 있으므로 "사람과 생쥐는 어느 정도 단백질 구성이 비슷한가?", "패스웨이가 어떤 역할을 할까?" 등에 관한 답을 좁히는 데 활용할 수 있습니다.

03 전문가 시스템

추론 엔진을 이용한 전문가 시스템을 설명합니다.

Point
- 전문가 시스템은 규칙 기반 모델을 이용하는 추론 엔진에 기반을 둠.
- 현재까지 분석 결과 제공 시스템의 다수는 전문가 시스템에 기반을 둠.
- 추론 엔진의 규칙은 명제 논리, 술어 논리, 인식 논리, 퍼지 논리 등을 조합해서 결정
- 전방 체인(데이터 구동형)과 후방 체인(목표 구동형)

전문가 시스템

46쪽 '조건 분기 프로그램과 규칙 기반 시스템'에서 설명한 규칙 기반 시스템은 1960년대 발전을 거듭하면서 대규모 시스템에도 사용하기 시작했습니다. 특히 전문가(대학원 이상의 학력을 보유한 사람)가 직접 하는 분류나 결정 같은 판단 규칙에 도움을 주거나 대체할 수 있는 시스템은 전문가expert 시스템이라고 따로 나눕니다. 분석 결과를 제시하는 현재의 상용 시스템 대부분은 전문가 시스템을 계승합니다.

초기 전문가 시스템 Dendral

Dendral은 1965년 스탠퍼드 대학에서 시작된 프로젝트입니다. 어떤 물질의 질량을 분석하면서 피크peak 값(분자량)을 얻은 후 이를 해당 물질의 화학 구조를 파악할 때 이용합니다. 프로그래밍 언어로는 LISP를 사용합니다.

예를 들어 물(H_2O)은 분자량이 H=1, O=16이므로 정숫값으로 18이 되고, 질량을 분석하면 18 근처에 피크 값을 얻습니다. 에탄올(C_2H_5OH)은 분자량이 C=12, H=1, O=16이므로 정숫값으로 46이 되고 질량을 분석하면 46 근처에 피크 값을 얻습니다.[6]

---

6 가스 크로마토 그래프(Gas Chromatograph)를 이용한 질량 분석 장치는 정숫값 단위로 그래프를 표현하므로 정밀하지 않아도 큰 문제가 발생하지 않습니다.

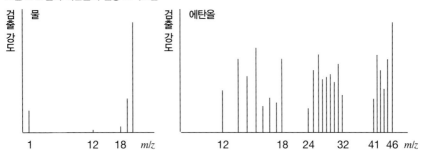
그림 2-8 물과 에탄올의 질량 스펙트럼

단, 분자량이 증가할수록 원자의 조합은 다양해지므로 답을 계산하는 데 시간이 걸립니다. 따라서 평가할 필요가 없는 조합을 계산하지 않는 등의 조정이 필요합니다.

Dendral의 구성은 두 가지로 나눌 수 있습니다.

- 휴리스틱(경험적) 분석을 실행하는 Heuristic-Dendral
- 분자 결합 구조와 질량 스펙트럼 세트를 지식 기반에 등록해 두고 Heuristic-Dendral에 피드백하는 Meta-Dendral

특히 Meta-Dendral은 학습 시스템이라고 할 수 있습니다.

Dendral에서 파생된 MYCIN

Dendral에서 파생해 발전한 전문가 시스템으로 1970년대에 구축한 MYCIN이 있습니다. 'MYCIN'이라는 이름은 항생제의 접미사인 '-mycin'에서 유래한 것으로 환자의 전염성 혈액 질환을 진단한 후 투약해야 하는 항생제, 투약량 등을 제시합니다.

MYCIN은 500개 정도의 규칙을 통해 판정을 내리는데 규칙 안에는 YES/NO 이외의 답변 형식을 요구하는 질문도 존재합니다. 답변 내용에는 가능성이 큰 순서(신뢰도)에 따라 질환 원인을 표시해줄 뿐만 아니라 체중 등의 정보를 활용해 치료 과정을 제안합니다. 진단 정답률은 65%입니다. 세균 감염이 전문이 아닌 의사보다는 정답률이 높았지만 세균 감염 전문의의 진단 정답률인 80%에는 미치지 못했다고 알려졌습니다.

하지만 실제로 현장에서 사용되는 사례는 없었습니다. 컴퓨터가 내린 진단이 잘못되었을 경우 해당 결과를 채택한 의사의 윤리적, 법률적 책임 문제가 발생하기 때문입니다. 또한 의사가 전문가 시스템의 진단 결과 자체에 저항감을 느끼는 예도 있습니다. 의료 분야의 전문가 시스템을 만들 때는 진단 정답률이 85~90% 이상이고, 거짓 양성과 거짓 음성[7]이 적어야 합니다.

추론 엔진의 종류와 기법

전문가 시스템이 규칙을 사용해 결과를 추론하는 프로그램을 추론 엔진이라고 합니다. 추론 엔진은 컴퓨터에서 규칙을 해석해 처리할 때 '수리논리학'을 이용합니다.

추론 엔진을 이용할 때 가장 기본적으로 사용하는 수리논리학 체계는 명제 논리propositional logic입니다. 명제 논리는 명제 변수와 논리 연산자(문장 연산자 혹은 연결 연산자라고도 함)를 이용해 논리식을 구성합니다. 하지만 명제 자체에 의미를 묻지 않습니다.

실제 논리식을 살펴보면 '한편', '또는', '그렇다면' 등의 논리 연산자를 연결해서 명제 사이의 관련성을 나타내기만 합니다. 이 결과에 (명제 논리를 확장한) 술어 논리 등을 이용해 의미를 부여하면 추론 엔진으로 동작할 수 있는 논리 구성이 됩니다.

[그림 2-9]는 명제 논리에서 확장하는 논리들을 엮은 추론 엔진의 논리 구성 예입니다. 이러한 추론 엔진을 이용해 '질문'의 응답 수단을 늘릴 수 있습니다.

그림 2-9 추론 엔진 논리 구성 예

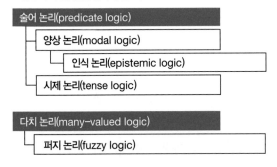

---

7 **역자주_** 거짓 양성이란 실제로 양성이 아닌데 검사 결과가 양성으로 나오는 경우를 의미하며, 거짓 음성이란 실제로 음성이 아닌데 검사 결과가 음성으로 나오는 경우를 의미합니다.

명제 논리와 술어 논리에서는 기호를 사용해 문장을 표현합니다. 명제 논리의 논리식은 앞서 설명한 것처럼 논리 원자인 명제 변수와 논리 연산자로 구성되어 있으며, 술어 논리의 논리식은 기호를 조합해 논리 표현의 폭을 넓힙니다. 기호는 [표 2-1]~[표 2-3] 등이 있습니다.

표 2-1 명제 논리의 기호 종류

항목	내용
논리식	원자 논리식 혹은 원자 논리식과 명제 결합 기호의 조합으로 표현
원자 논리식(원자식)	명제 변수로 표현
명제 변수	P, Q, p, q, Φ, Ψ 등
명제 결합 기호(결합 기호)	¬, ~(부정, NOT), ∧(연언, 논리곱 AND), ∨(선언, 논리합, OR), ⇒(함축, implication), ⇔(동치, equivalence), NOT과 OR 이외의 기호는 NOT과 OR로 풀어서 표현 가능
보조 기호	( )는 기호법에 따라 없는 경우도 있음
논리적 동치	≡는 2개의 논리식이 같은 값인 경우를 표시

표 2-2 술어 논리의 기호 종류

항목	내용
논리식	원자 논리식 혹은 원자 논리식과 논리 기호의 조합으로 표현
원자 논리식(원자식)	원자 논리식 혹은 원자 논리식과 항의 조합으로 표현
항	정수 기호, 변수 기호, 함수 기호의 조합으로 표현
정수 기호	TRUE, FALSE, X, Y, apple, Tommy 등
변수 기호	P, Q, p, q, Φ, Ψ 등
함수 기호	FATHER( ) 등 관계를 표시
술어 기호	cold( ) 등 성질과 상태를 표시
논리 기호	명제 결합 기호와 한정 기호로 표현
한정 기호	∀(전칭 기호), ∃(존재 기호)

표 2-3 술어 논리식의 예

술어 논리식	의미
MOTHER(Tom)	Tom의 어머니
cold(x)	x가 차갑다.
∃x(have(I, x)∧book(x))	나는 책이 있다.
∀x(girl(x) ⇒ ∃y(loves(x, y)∧cake(y)))	모든 여자는 케이크를 좋아한다.
¬∃x(human(x)∧touch(x, BACK(x)))	아무도 자신의 등을 만지지 않는다.

예를 들어 2개의 명제 P, Q가 있고, 진릿값(True, False 또는 1, 0으로 표현)이 결정된 경우, $\neg P$, $P \wedge Q$, $P \vee Q$, $P \Rightarrow Q$, $P \Leftrightarrow Q$는 [표 2-4]처럼 됩니다. $P \Rightarrow Q$는 $(\neg P) \vee Q$와 $P \Leftrightarrow Q$는 $(P \Rightarrow Q) \wedge (Q \Rightarrow P)$와 같다고 할 수 있습니다. 이 표를 진리표라고 합니다.

표 2-4 P와 Q의 진리표

P	Q	$\neg P$	$P \wedge Q$	$P \vee Q$	$P \Rightarrow Q$	$P \Leftrightarrow Q$
F	F	T	F	F	T	T
F	T	T	F	T	T	F
T	T	F	T	T	T	T
T	F	F	F	T	F	F
대응하는 논리 연산자		NOT	AND	OR		

또한 항상 참이 되는 논리식을 항진식tautology, 반대로 항상 거짓이 되는 논리식을 항위식 또는 모순contradiction식이라고 합니다. 논리식 사이에는 [표 2-5]와 같은 항진식, 즉 동치 관계가 존재합니다.

표 2-5 논리식의 주 동치 관계

이중 부정	$P \equiv \neg\neg P$
결합률	$(P \wedge Q) \wedge R \equiv P \wedge (Q \wedge R)$ $(P \vee Q) \vee R \equiv P \vee (Q \vee R)$
배분율	$P \wedge (Q \vee R) \equiv (P \wedge Q) \vee (P \wedge R)$ $P \vee (Q \wedge R) \equiv (P \vee Q) \wedge (P \vee R)$
교환율	$P \wedge Q \equiv Q \wedge P$ $P \vee Q \equiv Q \vee P$
드 모르간 법칙	$\neg(P \wedge Q) \equiv \neg P \vee \neg Q$ $\neg(P \vee Q) \equiv \neg P \wedge \neg Q$
한정 기호와 관계된 드 모르간 법칙	$\neg(\forall x p(x)) \equiv \exists x(\neg p(x))$ $\neg(\exists x p(x)) \equiv \forall x(\neg p(x))$

추론 규칙은 논리 표현식을 여러 번 조합한 형태로 나타냅니다. 이때 절 형식clause form으로 변환하면 복잡한 논리식을 정리하거나 쉽게 다룰 수 있습니다. 명제 논리식을 절 형식으로 변환하는 것은 논리곱(체언) 표준형으로 변환한다고 말하며, 술어 논리식을 절 형식으로 변환하는 것은 스콜렘 표준형으로 변환한다고 말합니다.

논리곱 표준형의 절clause은 선언적으로 결합한 논리식입니다. 예는 [그림 2-10]입니다.

그림 2-10 논리곱 표준형으로 변환

$P \Leftrightarrow Q \lor R$

$\equiv (P \Rightarrow Q \lor R) \land (Q \lor R \Rightarrow P)$ ————— 동치(⇔) 기호 제거

$\equiv (\neg P \lor (Q \lor R)) \land (\neg(Q \lor R) \lor P)$ ——— 함축(⇒) 기호 제거

$\equiv (\neg P \lor Q \lor R) \land ((\neg Q \land \neg R) \lor P)$ ——— 드 모르간 법칙의 적용

$\equiv (\neg P \lor Q \lor R) \land (\neg Q \lor P) \land (\neg R \lor P)$ — 분배율 적용

스콜렘 표준형으로 변환할 때는 스콜렘 함수로 존재 기호(∃)를 제거하도록 변환합니다.

그림 2-11 스콜렘 표준형으로 변환

$\exists x \forall y P(x, y) \lor Q(x) \Rightarrow \exists x \forall z R(x, z)$

$\equiv \neg(\exists x \forall y P(x, y) \lor Q(x)) \lor \exists x \forall z R(x, z)$

$\qquad\qquad\qquad$ — 동치 기호(⇔)와 함축 기호(⇒) 제거

$\equiv \forall x \exists y \neg(P(x, y) \lor Q(x)) \lor \exists x \forall z R(x, z)$

$\qquad\qquad\qquad$ — 이중 부정 제거와 부정 기호(¬) 이동

$\equiv \forall x \exists y (\neg P(x, y) \land \neg Q(x)) \lor \exists x \forall z R(x, z)$

$\equiv \forall x_1 \exists x_2 (\neg P(x_1, x_2) \land \neg Q(x_1)) \lor \exists x_3 \forall x_4 R(x_3, x_4)$

$\qquad\qquad\qquad$ — 변수 표준화

$\rightarrow \forall x_1 (\neg P(x_1, f(x_1)) \land \neg Q(x_1)) \lor \forall x_4 R(a, x_4)$

$\qquad\qquad\qquad$ — 스콜렘 함수로 존재(∃) 기호 제거

$\equiv \forall x_1 \forall x_4 (\neg P(x_1, f(x_1)) \land \neg Q(x_1)) \lor R(a, x_4)$

$\qquad\qquad\qquad$ — 전칭 기호(∀) 이동

$\equiv \forall x_1 \forall x_4 \underbrace{(\neg P(x_1, f(x_1)) \lor R(a, x_4))}_{C_1} \land \underbrace{(\neg Q(x_1) \lor R(a, x_4))}_{C_2}$

$\qquad\qquad\qquad$ — 배분율 적용

$\equiv \forall x_1 \forall x_2 \forall x_3 \forall x_4 (\neg P(x_1, f(x_1)) \lor R(a, x_4)) \land (\neg Q(x_1) \lor R(a, x_4))$

$\qquad\qquad\qquad$ — 각 절 변수의 독립화

$\forall x_1 \exists x_2 \neg P(x_1, x_2)$는 x_1에서 x_2를 매핑할 수 있다는 것을 의미하므로 x_2를 $f(x_1)$로 대체할 수 있습니다. 또한 $\exists x_3 \forall x_4 R(x_3, x_4)$에서 x_3는 어떤 값이 존재하는 것이므로 정수 a로 대체할 수 있습니다. 마지막 절 변수 각각의 독립성은 분배율 적용 단계에서 C_1과 C_2로 나누는 x_4와 x_1이 각각 독립적이어야 편리하므로 다시 $f(x_1)$을 x_2로, 정수 a를 x_3로 치환해서 독립시켰습니다.

이렇게 추론 엔진과 추론 규칙을 절 형식으로 변환하면 지식 기반에 효율적으로 접근해 결과를 내는 논리를 자유롭게 다룰 수 있습니다. 또한 "사람의 도움 없이 추론 엔진의 구현 결과를 낼 수 있는가?"라는 측면에서 인공지능을 활용하려는 노력을 계속하고 있습니다.

전문가 시스템의 하나로 쇼핑몰 사이트 등의 평가 시스템으로 이용하는 추천 엔진을 설명합니다.

Point
- 추천 엔진은 빠진 정보를 추측해서 제시하는 전문가 시스템
- 특히 쇼핑몰 사이트나 언론사에서 사용하는 경우가 많음.
- 간단한 예: 다양한 정보에서 연관성 있는 정보 찾기.
- 협업 필터링을 이용해 사용자화 추천하기.

추천 엔진의 개념

앞서 전문가 시스템의 예로 Dendral을 소개했습니다. 이와는 별개로 현재 널리 사용하는 전문가 시스템의 예로 추천 엔진이 있습니다. 추천 엔진은 "이 상품을 본 후에 구매한 상품은?" 같은 질문처럼 쇼핑몰 등의 사이트 방문자에게 비슷한 정보를 추천하는 시스템입니다. 즉, "방문자가 보는 정보를 키워드로 삼아 비슷한 정보를 표시하라"는 질문을 실행하는 전문가 시스템이라고 할 수 있습니다. 이러한 시스템을 인공지능 연구와 결합하면 사용자에게 최적화된 정보를 나타내는 데 큰 힘이 됩니다.

추천 엔진은 크게 두 가지 방법으로 실행합니다. 하나는 콘텐츠 내용에서 비슷한 정보를 찾아 정보를 추천하는 것이고, 다른 하나는 방문자의 검색 이력이나 구매 이력 등 사이트 방문자 고유 정보를 이용해 연관된 정보를 추천하는 것입니다.

콘텐츠 내용을 분석하는 추천 엔진

콘텐츠 내용을 분석하는 추천 엔진은 방문자 정보를 제외한 콘텐츠 자체의 정보(쇼핑몰 사이트라면 상품 정보, 뉴스 사이트라면 기사 정보)에서 관련 있는 내용을 찾아 추천합니다.

이중 지식 기반에 담을 수 있는 콘텐츠 정보의 예는 제목이나 장르 등 정보를 구성하는 요소와 계산을 통해 찾는 별도의 데이터가 있습니다. 정보를 구성하는 요소와 계산을 통해 찾는 데이터는 보통 특징량이라고 합니다. 또한 계산을 통해 데이터를 찾는 것을 특징량의 추출이라고 합니다. 예를 들어 A 씨가 경주 지진 뉴스 기사를 본다고 가정합시다. 이때 A 씨에게 다음에 볼 기사로 무엇을 제안할 것인가는 '추천 엔진이 해결해야 할 과제'가 됩니다. 기사 각각에 설정된 키워드가 있다고 하면 이 키워드에서 특징량을 생성할 수 있습니다.

그림 2-12 A 씨에게 어떤 기사를 표시할지 문의

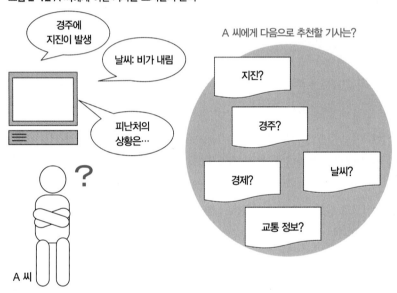

여러 기사와 문장에 공통으로 존재하는 여러 개의 구성 요소, 예를 들어 자주 등장하는 키워드나 단어 등이 있는 상태를 "공통 키워드가 있다"고 말합니다. [표 2–6]은 4개 기사에서 공통으로 존재하는 키워드를 찾아 기사에 해당 키워드가 있으면 1, 없으면 0으로 표시한 표입니다.

표 2-6 기사와 키워드의 연관성

	기사 A	기사 B	기사 C	기사 D
경주	1	1	0	1
지진	1	0	1	1
지층	0	0	1	0

	기사 A	기사 B	기사 C	기사 D
단층	0	1	1	1
비	1	0	0	0
연휴	0	1	0	1

공통 키워드 데이터를 얻으면 기사 사이의 관련성을 계산할 수 있습니다. 예를 들어 기사 A와 기사 B의 관련성을 키워드 중 공통되는 것의 비율(두 기사 중 공통으로 존재하는 키워드 수의 비율을 계산)로 결정하는 경우, 기사 사이의 관련성은 리그 형태로 나타낼 수 있습니다.

표 2-7 기사 사이의 관련성

기사 A	1.000			
기사 B	0.333	1.000		
기사 C	0.333	0.333	1.000	
기사 D	0.500	0.333	0.500	1.000
	기사 A	기사 B	기사 C	기사 D

이러한 과정을 통해 기사 A의 내용과 비슷한 기사를 순서를 매겨 나열할 수 있습니다. [표 2-7]의 경우 기사 A의 내용과 비슷한 내용의 기사 순서는 '기사 D 〉 기사 B = 기사 C'가 됩니다.

방금 설명한 예는 "기사에 키워드가 설정되어 있다"는 전제가 있습니다. 그런데 단순히 비슷한 내용의 기사만 모으면 거의 같은 내용의 기사만 추천할 수도 있으므로 지나치게 비슷한 기사만 모으지 않도록 별도의 방법을 고안해야 합니다.

한편으로 텍스트를 특정 알고리즘으로 계산해 특징량을 추출할 수도 있습니다. 이 방법은 11장 '자연어 처리와 머신러닝'에서 다룹니다.

협업 필터링을 이용하는 추천 엔진

검색 이력과 구매 이력 등 사이트 방문자의 고유 데이터를 이용해 방문자에게 적합한 무언가를 추천할 때는 협업 필터링이라는 알고리즘을 사용합니다. 대표적인 예로는 아마존이 선택한 아이템 기반의 협업 필터링(https://www.google.com/patents/US6266649)이 있습니다.

콘텐츠 내용을 분석하는 추천 엔진 예에서는 기사 사이에 공통으로 포함된 키워드 비율을 찾아 관련성을 정의했습니다. 여기에 방문자 고유의 이력 정보 등을 결합해 상관 분석을 하면 방문자 각각에 꼭 맞는 추천을 할 수 있습니다. 즉, "자신과 닮은 행동이나 판단을 하는 타인이 있다면, 자신도 타인과 닮은 행동과 판단을 할 것"이라는 가설에 기반을 두고 추천하는 것입니다.

NOTE_ 협업 필터링 참고 자료[8]

협업 필터링을 좀 더 자세히 알고 싶다면 다음 자료를 읽어보기 바랍니다.
- Collaborative Filtering – 추천시스템의 핵심기술(http://www.oss.kr/oss_repository14/658203)
- [블로터10th] 언론사가 알아야 할 알고리즘 ② 협업 필터링 추천 (http://www.bloter.net/archives/263722)

상품을 구매하려고 방문한 X 씨와 그렇지 않은 A~E 씨가 있다고 가정합시다. 상품 10개의 웹 페이지를 본 후 상품을 샀는지 아닌지를 0과 1로 표시한 데이터는 [표 2-8]과 같습니다(데이터가 없는 곳은 붙임표(-)로 표시했습니다).

표 2-8 사이트 방문자와 각 상품의 구매 기록

		상품										상관 계수
		1	2	3	4	5	6	7	8	9	10	
방문자	X	-	1	0	-	-	-	-	0	0	1	
	A	1	1	1	-	-	-	-	0	0	0	
	B	-	-	-	0	0	0	1	1	1	0	
	C	0	1	0	0	-	1	1	0	0	1	
	D	0	-	-	0	1	1	0	0	1	1	
	E	-	1	0	-	1	0	-	0	0	0	
추천 정도												

---

8 원서 참고 자료 http://www.albert2005.co.jp/technology/marketing/c_filtering.html. 구글 번역 링크 https://goo.gl/Dg069m

[표 2-8]을 기반으로 다음에 할 일은 "X 씨의 구매 기록을 살펴봤을 때 X 씨에게 추천할 상품으로 가장 적합한 것은 무엇인가", 즉 상품의 추천도를 계산하는 것입니다.

먼저 X 씨의 기록이 있는 5개 상품(2, 3, 8, 9, 10) 중 X 씨 이외 다른 5명이 공통으로 구매한 상품을 대상으로 0과 1 값의 피어슨 상관 계수를 계산합니다. 예를 들어 X 씨와 A 씨의 피어슨 상관 계수는 [그림 2-13]처럼 계산할 수 있습니다. 다른 4명도 마찬가지 방법으로 상관 계수를 구할 수 있습니다.

그림 2-13 상관 계수 계산

X 씨의 구매 기록 $\{x_1, x_2, x_3, x_4, x_5\} = \{1, 0, 0, 0, 1\}$
A 씨의 구매 기록 $\{y_1, y_2, y_3, y_4, y_5\} = \{1, 1, 0, 0, 0\}$

상관 계수 $r = \dfrac{\displaystyle\sum_{i=1}^{5}(x_i - \bar{x})(y_i - \bar{y})}{\sqrt{\left(\displaystyle\sum_{i=1}^{5}(x_i - \bar{x})^2\right)\left(\displaystyle\sum_{i=1}^{5}(y_i - \bar{y})^2\right)}}$

$$= \frac{\displaystyle\sum_{i=1}^{5}(x_i - 0.4)(y_i - 0.4)}{\sqrt{\left(\displaystyle\sum_{i=1}^{5}(x_i - 0.4)^2\right)\left(\displaystyle\sum_{i=1}^{5}(y_i - 0.4)^2\right)}}$$

$$= \frac{0.6 \times 0.6 + (-0.4) \times 0.6 + 0.4 \times 0.4 + 0.4 \times 0.4 + 0.6 \times (-0.4)}{\sqrt{(0.6^2 + 0.4^2 + 0.4^2 + 0.4^2 + 0.6^2)(0.6^2 + 0.6^2 + 0.4^2 + 0.4^2 + 0.4^2)}}$$

$$= \frac{0.36 + 0.16 \times 2 - 0.24 \times 2}{0.36 \times 2 + 0.16 \times 3} = \frac{0.2}{1.2} \cong 0.167$$

그러자 0.5 이상 양의 상관관계(같은 구매 경향이 있음)가 있는 사람이 3명(C 씨, D 씨, E 씨)으로 밝혀졌습니다.

표 2-9 사이트 방문자, 각 상품의 구매 기록, 상관 계수 표

		상품										X 씨와의 상관 계수
		1	2	3	4	5	6	7	8	9	10	
방문자	X	-	1	0	-	-	-	-	0	0	1	1.000
	A	1	1	1	-	-	-	-	0	0	0	0.167
	B	-	-	-	0	0	0	1	1	1	0	−1.000
	C	0	1	0	0	-	1	1	0	0	1	**1.000**
	D	0	-	-	0	1	1	0	0	1	1	**0.500**
	E	-	1	0	-	1	0	-	0	0	0	**0.612**
추천 정도												

원래 대상의 선택 방법은 별도로 검토해야만 하지만, 이번에는 C 씨, D 씨, E 씨가 구매한 상품을 대상으로 상품마다 평균을 계산한 결과를 추천할 상품 선택에 이용합니다. 합계를 추천 정도로 하지 않은 이유는 빠진 상품(X 씨와 관련된 기록이 발견되지 않은 상품 1, 4, 5, 6, 7)의 영향을 고려했기 때문입니다. 이제 X 씨와 구매 양상이 비슷한 3명의 구매 기록에서 X 씨가 살 법한 상품을 계산할 수 있습니다. 이번 경우는 상품 5의 추천 정도인 1.00이 가장 높은 값이므로 X 씨에게 추천할 상품은 상품 5가 됩니다.

표 2-10 사이트 방문자, 각 상품의 구매 기록, 상관 계수, 추천 정도 표

		상품										상관 계수
		1	2	3	4	5	6	7	8	9	10	
방문자	X	-	1	0	-	-	-	-	0	0	1	1.000
	A	1	1	1	-	-	-	-	0	0	0	0.167
	B	-	-	-	0	0	0	1	1	1	0	−1.000
	C	0	1	0	0	-	1	1	0	0	1	1.000
	D	0	-	-	0	1	1	0	0	1	1	0.500
	E	-	1	0	-	1	0	-	0	0	0	0.612
추천 정도		0.00			0.00	**1.00**	0.67	0.50				

[표 2-10]에서는 0, 1이라는 2개 숫자를 이용했지만, 보통 상용으로 사용하는 추천 엔진은 5단계로 구성된 평가 방법을 이용합니다.

## CHAPTER 3

오토마톤과 인공 생명 프로그램

컴퓨터 프로그램은 기본적으로 사람에게 어떤 입력 데이터를 받아 상황에 맞는 결과로 응답합니다. 그런데 반복 처리나 타이머 처리를 이용하면 마치 사람이 지속해서 데이터를 입력하는 것 같은 상황을 만들 수 있습니다. 이러한 구조를 이용한 것이 시뮬레이션 프로그램입니다. 3장에서는 인공지능이 스스로 학습할 수 있는 원리를 살펴봅니다. 프로그램 속에서 반복 처리를 실행하면서 마치 살아 있는 것처럼 상태를 변경해 가는 오토마톤과 인공 생명 프로그램입니다.

01 인공 생명 시뮬레이션

기계 스스로 의사를 갖거나 살아 있는 것처럼 활동하는 인공 생명 시뮬레이션을 설명합니다.

Point
- 기계가 의사를 갖는다 = 단적으로는 생명을 갖는다.
- 생명 = 생물이 살아있다 = 자기 복제를 하고 자손을 남긴다.
- 셀(칸)로 표현하는 라이프 게임
- 감염 시뮬레이션(SEIR 모델)

인공 생명이란

생명체의 가장 중요한 특징은 자기 복제(자손을 남긴다)입니다. 그럼 오래전부터 존재해온 자기 복제 프로그램은 인공 생명의 하나라고 볼 수 있을까요? 그건 아닙니다. 자기 복제와 함께 프로그램의 동작에서 조금이라도 '의지'나 '의사'가 담겨 있는 것이 중요합니다. 즉, "기계도 생명이 있는 것 아닐까"라고 기대할 수 있는 기능이 필요합니다.

라이프 게임

생명체를 연상하게 하는 유명한 컴퓨터 프로그램은 '라이프 게임'입니다. 라이프 게임은 바둑판의 원하는 곳에 돌을 놓아 바둑판을 채운 후 어떤 법칙에 따라 전체 상태를 바꿔가면서 시간(세대)의 경과를 표현합니다. 보통 시간이 지나면서 채워진 부분이 넓어지거나 줄어드는데 같은 패턴이 등장하는 일이 거의 없으므로 질리지 않습니다.

라이프 게임은 다음 같은 규칙(알고리즘)에 따라 바둑판이 메워지는(=생명체의 탄생) 때와 줄어드는(=죽음) 때의 상황이 변합니다.

규칙

모든 칸은 총 8개(상하좌우 대각선)의 칸과 붙어 있습니다. 어떤 빈칸 주위에 3개 칸이 채워져 있다면 다음 세대에서는 칸이 채워(생명체가 탄생)집니다.

한편 이미 채워져 있는 칸의 주위에 채워져 있는 칸이 1개 이하 또는 4개 이상이면 다음 세대에서는 해당 칸의 밀도가 너무 낮거나 너무 높다는 이유로 빈칸(생명체가 죽음)이 됩니다.

그림 3-1 라이프 게임의 규칙[1]

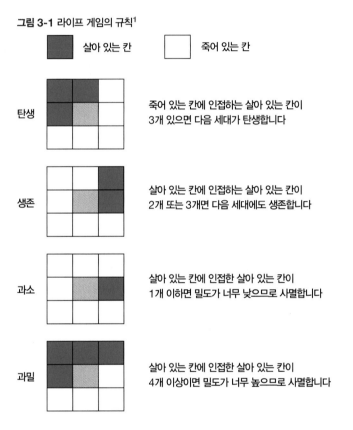

□ 살아 있는 칸   □ 죽어 있는 칸

탄생
죽어 있는 칸에 인접하는 살아 있는 칸이
3개 있으면 다음 세대가 탄생합니다

생존
살아 있는 칸에 인접하는 살아 있는 칸이
2개 또는 3개면 다음 세대에도 생존합니다

과소
살아 있는 칸에 인접한 살아 있는 칸이
1개 이하면 밀도가 너무 낮으므로 사멸합니다

과밀
살아 있는 칸에 인접한 살아 있는 칸이
4개 이상이면 밀도가 너무 높으므로 사멸합니다

게임을 시작하면 다양한 칸이 채워지거나 비는 모습을 볼 수 있습니다. 또한 채워져 있는 칸 형태에 따라 다음 세대의 모습을 예측할 수 있습니다.

---

1 출처: 위키백과 라이프 게임(https://ko.wikipedia.org/wiki/라이프_게임)

대부분은 몇 세대가 지나면 빈칸(생명체가 죽음)이 되어버리지만 어떤 안정된 패턴이 만들어지면 채워진 칸이 일정 수를 유지하거나(생존하는 생명체의 숫자가 안정) 칸이 계속 채워질(생명체가 계속 늘어남) 때도 있습니다.

채워진 칸이 일정 수를 유지하는 대표적인 패턴은 고정형과 이동형인 벌집과 글라이더가 있고 칸이 계속 채워지는 대표적인 패턴은 글라이더(글라이더를 만들고 유지)[2]가 있습니다. 모두 빈칸이 되는(생명체가 전멸) 데까지 130세대가 소요되는 장수형 패턴인 다이하드[3]도 있습니다.

그림 3-2 장수형의 예[4]

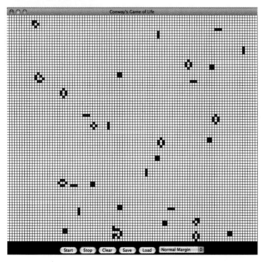

실행할 수 있는 모든 계산을 칸을 채우거나 비우는 패턴으로 나타낼 수 있으므로 라이프 게임은 '만능 튜링 기계'로 알려져 있습니다.

---

2 역자주_ https://en.wikipedia.org/wiki/Gun_(cellular_automaton)

3 역자주_ http://conwaylife.appspot.com/pattern/diehard

4 출처: 「원시 바다에서 생명이 탄생하는 것일까」(http://www.cis.twcu.ac.jp/~asakawa/MathBio2011/lesson02/, 구글 번역 링크 https://goo.gl/UzlYt2)

감염 시뮬레이션 모델

감염 시뮬레이션 모델은 라이프 게임을 좀 더 확장한 것입니다. 예를 들어 칸의 상태를 전염병에 걸린 사람의 상태로 설정한 후 상태 변화를 그래프로 표현할 수 있습니다.

감염 상태의 변화는 다음 같은 규칙으로 설정합니다.

- 모든 칸에 사람이 있습니다.
- 옆 칸에 감염자가 있으면 항체가 없는 사람이 다음 단계에 감염될 확률은 p입니다.
- 감염자는 감염 후 n단계에 회복하고, 회복한 감염자는 항체 보유자가 됩니다(감염 후의 회복 조건을 확률로 결정해도 좋습니다).
- 항체 보유자는 회복 후 m단계에 항체를 잃습니다(면역 능력을 잃는 조건도 확률로 결정해도 좋습니다).
- 초기에 거주자 중 감염자가 존재할 확률은 q고 항체 보유자가 존재할 확률은 r입니다.

건강한 사람Susceptible, 감염자Infected, 항체 보유자Recovered의 세 가지 상태를 기반으로 둔 감염 시뮬레이션 모델을 SIR 모델[5]이라고 합니다. 항체가 없고 감염되지 않은 셀의 상태를 0, 셀의 단계를 T로 하고 감염이나 항체 보유 상태를 세면 [표 3-1]처럼 됩니다.

표 3-1 단계 T와 단계 $T + 1$에서의 셀 상태

	건강한 사람	감염자	감염자	감염자	…	항체 보유자	항체 보유자	…	…	항체 보유자
T	0	1	2	3	…	n	$n + 1$	$n + 2$	…	$n + m$
$T + 1$	다음 단계	2	3	…	…	$n + 1$	$n + 2$	…	…	0

단계마다 칸의 상태 각각을 세면 감염자가 얼마나 늘거나 줄었는지를 그래프로 나타낼 수 있습니다.

---

5 위키백과 SIR 모델(https://en.wikipedia.org/wiki/Epidemic_model#The_SIR_model)

그림 3-3 감염자 상태(왼쪽)와 해당 시점에서 각각의 칸을 센 그래프(오른쪽)[6]

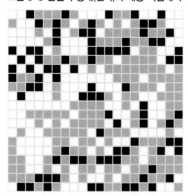
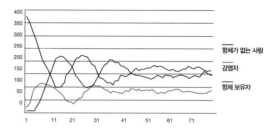

20×20의 칸에 최초 5%의 비율로 감염자, 1%의 비율로 항체 보유자를 무작위로 배치한 후, 감염율을 20%로 설정해 72단계까지 진행했을 때의 각 상태 추이. 흑색은 감염자, 회색은 항체 보유자, 감염 기간은 4단계, 항체 보유 기간은 8단계

항체 보유자는 항체를 잃지 않는다고 규칙을 정하면 일회성 감염 확산을 관찰할 수 있습니다. 이때 감염자 수 등은 미분 방정식[7]을 사용해 나타낼 수 있습니다.

그림 3-4 SIR 모델의 미분 방정식

$$\frac{d}{dt} S(t) = -pS(t)I(t)$$

$$\frac{d}{dt} I(t) = pS(t)I(t) - I(t)$$

항체가 없는 거주자 수 $S(t)$, 감염자 수 $I(t)$, 항체 보유자 수 $R(t)$의 변화를 시간 t의 $S(t)$, $I(t)$, 감염율 p로 표현

$$\frac{d}{dt} R(t) = I(t)$$

$$\frac{d}{dt} (S(t) + I(t) + R(t)) = 0$$ ——— 3개 식의 합

잠복기에 있는 건강한 사람Exposed의 상태를 추가한 모델을 SEIR 모델[8]이라고 합니다. SEIR 모델도 미분 방정식[9]으로 표현할 수 있습니다.

---

6 예제 페이지는 http://dw.hanbit.co.kr/exam/2331/ch03-waifu2x-sample/입니다. 원서 다운로드 웹 페이지는 http://www.shoeisha.co.jp/book/download/9784798145600/detail입니다.

7 여기에 제시한 SIR 모델은 사망자가 없다고 전제합니다. 따라서 총인구(사용할 수 있는 칸 수)가 줄거나 느는 계산을 하지 않습니다.

8 위키백과 SEIR 모델(https://en.wikipedia.org/wiki/Epidemic_model#The_SEIR_model)

9 단, 사람의 죽음을 고려하지 않았으므로 시뮬레이션할 때는 죽음이라는 요소까지 고려해 모델을 만들어야 합니다.

그림 3-5 SEIR 모델의 상미분방정식

항체가 없는 사람 (Susceptible)
$$\frac{d}{dt}S(t) = m(N - S(t)) - bS(t)I(t)$$

잠복 기간 중에 있는 사람 (Exposed)
$$\frac{d}{dt}E(t) = bS(t)I(t) - (m + a)E(t)$$

감염자 (Infected)
$$\frac{d}{dt}I(t) = aE(t) - (m + g)I(t)$$

항체 보유자 (Recovered)
$$\frac{d}{dt}R(t) = gI(t) - mR(t)$$

전체 사람 수 N
$$N = S + E + I + R$$

t: 시간, m: 출생률과 사망률, a: 전염병 발병률,
b: 전염병 감염률, g: 전염병 회복률

SEIR 모델의 예로는 HIV 감염자 체내의 면역 세포 상태를 수학적 모델로 발전시키는 것이나 산불의 진화 시뮬레이션 모델 등이 있습니다.

02 유한 오토마톤

외부 입력이나 이벤트가 발생할 때 유한 패턴 안에서 상태를 변화시키는 모델인 유한 오토마톤(유한 상태 기계)을 설명합니다.

Point
- 유한 오토마톤(= 유한 상태 기계, 유한 상태 머신)의 개념
- 유한 오토마톤의 상태 다이어그램 표현

오토마톤

시간 경과와 상태 변화를 표현하고, 시간 흐름에 따른 공간적인 구조 변화를 연구하는 이론을 오토마톤이라고 합니다. 라이프 게임처럼 칸(셀)을 이용하면 셀 오토마톤이라고 합니다.

오토마톤의 개념은 어떤 자극을 받아 반응을 나타내는 꼭두각시 인형(자동 기계)에서 유래했습니다. [그림 3-6]에서는 인형이 어떤 상태를 기억하게 할 수 있고, 자극을 받을 때마다 다른 반응을 보입니다.

그림 3-6 꼭두각시 인형의 동작 변환

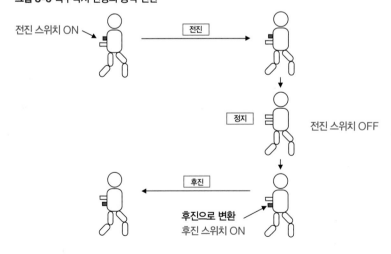

이러한 꼭두각시 인형의 개념을 상태 기계state machine라고 합니다. 그리고 유한 개수의 상태를 갖는 상태 기계를 유한 오토마톤 또는 유한 상태 기계[10]라고 합니다.

유한 오토마톤의 동작은 그림으로 나타낼 수 있습니다. [그림 3-7]처럼 원과 화살표가 있는 선을 서로 연결한 형태를 상태 전이 다이어그램이라고 합니다.

그림 3-7 상태 전이 다이어그램 예

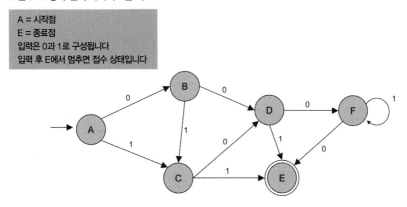

상태 전이 다이어그램은 시작점과 종료점이 정해져 있으며 종료점에서 끝난 상태를 접수 상태accept state라고 합니다. 즉, 오토마톤 알고리즘이나 시스템은 시작점에서 실행을 시작해 접수 상태로 실행을 종료한다는 뜻입니다. 접수 상태에서 실행을 종료할 수 없다면 오류 등이 발생한 비정상 상태라는 뜻입니다.

오토마톤과 언어 이론

오토마톤은 상태의 변화와 규칙을 나타낼 수 있으므로 언어의 구문 모델을 나타내는 데도 이용할 수 있습니다. 언어 이론에서는 문자 집합을 알파벳이라고 하며, 알파벳 안 문자 중복을 허용해 늘어 놓은 문자를 문자열이라고 합니다.

----

10 역자주_ https://ko.wikipedia.org/wiki/유한_상태_기계

문자열을 수학식으로 나타내는 예로는 'Σ 상의 문자열'이 있습니다. 이는 "알파벳을 나타내는 Σ가 있고, Σ = { 0, 1, (,) }일 때 문자를 '001(01)', '010', '(10' 등 집합 안 요소로 나타낼 수 있다"는 의미입니다(참고로 '021)'은 Σ에 '2'가 들어 있지 않으므로 Σ 상의 문자열은 아닙니다). 또한 유전자를 코딩하는 염기 서열에서는 Σ = { A, T, G, C }, 단백질이 되는 아미노산 서열에서는 Σ = { 20종류의 아미노산 }을 알파벳으로 하는 Σ 상의 문자열 형식을 이용합니다.

Σ 상의 문자열 집합을 'Σ 상의 언어'라고 하며 L로 나타냅니다. L에 포함된 Σ 상의 문자열 개수는 $|L|$로 표현하며 'L의 크기'라고 합니다.

그림 3-8 Σ과 L의 예

$$\sum = \{A, T, G, C\}$$

$L = \{$ ATTGGGGTGC⋯.,

         TTTCGCCGCTAA⋯.,   (이때 $|L| = 4$)

         TAGCCCAC⋯.,

         TGACC $\}$

알파벳 Σ와 관련해 Σ^k와 $\Sigma \circ \Sigma$(k = 2의 경우)를 Σ와 Σ의 연접[11]이라고 합니다. 이는 Σ을 구성하는 알파벳을 k번 조합해 연결한 문자열 집합을 뜻합니다. k는 정수고, $k = 0$이면 빈 집합 ε가 됩니다.

그림 3-9 k가 정수고 k = 0이면 빈 집합 ε가 된다[12]

$$\sum^k \overset{\text{def}}{=} \underbrace{\sum \circ \sum \circ \cdots \circ \sum}_{k\text{개}} \overset{\text{def}}{=} \{ x_1 x_2 \cdots x_k : x_1, x_2, \cdots, x_k \in \sum \}$$

$$\sum^0 \overset{\text{def}}{=} \{ \varepsilon \}$$

---

11 역자주_ 이어서 붙이는 것을 말합니다.

12 출처: 「오토마톤 언어 이론」(2016, 야먀모토 마사키), 5페이지, '정의 1.4' 중간 부분 2행의 식(http://www.ci.seikei.ac.jp/yamamoto/lecture/automaton/text.pdf)

이처럼 기호를 사용해 언어 정의나 언어 생성 규칙을 연구하는 것을 '언어 이론'이라고 합니다. 언어 이론은 오토마톤을 이용해 나타낼 수 있습니다.

예를 들어 L을 10진수 실수(0 이상)를 표현한 언어라고 가정하면 [그림 3-10]처럼 나타낼 수 있습니다.

그림 3-10 10진수 실수(0 이상) L을 표현하는 알파벳(Σ)과 L을 식별하는 오토마톤[13]

알파벳 $\Sigma = \{\, 0, 1, 2, \cdots, 9, . \,\}$. '$\Sigma$ 상의 언어' L을 고려합니다
$$L \stackrel{\text{def}}{=} \{\, a \in \textstyle\sum^* : a \text{는 } 10진수 \text{ 실수(0 이상) 표기} \,\}$$

언어 L을 '식별하는 기계'는 다음과 같습니다
   언어를 '식별하는 기계'를 표현할 수 있는 것이 오토마톤 이론입니다

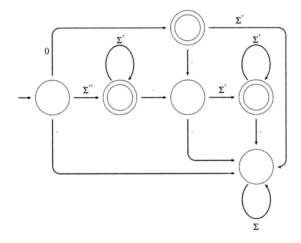

각종 프로그래밍 언어에서 많이 활용하는 정규 표현도 오토마톤으로 나타낼 수 있습니다.

---

13 출처: 「오토마톤 언어 이론」(2016, 야마모토 마사키), 7~8페이지, '1.3 오토마톤이란'(http://www.ci.seikei.ac.jp/yamamoto/lecture/automaton/text.pdf)

표 3-2 정규 표현의 오토마톤화[14]

정규 표현[15]	대응하는 정규 언어
{0}* ∘ {1} ∘ {0}*	{ $w \in \Sigma^*$: w는 1을 1개 포함 }
{0}* ∘ {1} ∘ {0}* ∘ {1} ∘ {0}*	{ $w \in \Sigma^*$: w는 1을 2개 포함 }
Σ^* ∘ {010} ∘ Σ^*	{ $w \in \Sigma^*$: w는 문자열 010을 포함 }
Σ^* ∘ {010}	{ $w \in \Sigma^*$: w는 문자열 010으로 끝남 }
{0} ∘ Σ^* ∪ Σ^* ∘ {1}	{ $w \in \Sigma^*$: w는 0으로 시작해 1로 끝남 }

---

14 출처: 「오토마톤 언어 이론」(2016, 야먀모토 마사키), 12페이지, '예 2.5의 표'에서 인용(http://www.ci.seikei.ac.jp/yamamoto/lecture/automaton/text.pdf)

15 Σ^*는 Σ와 0개 이상 인접한 문자열 집합을 의미합니다.

03 마르코프 모델

확률에 기반을 두고 다양한 상태 변화를 표현하는 마르코프 모델을 설명합니다.

Point
- 상태 전이 다이어그램 상에서 상태를 바꿀 때 현재 상태만 다음 상태 변경에 영향을 준다 = 마르코프 과정
- 튜링 머신

마르코프 모델의 주요 개념

74쪽 '유한 오토마톤'에서는 오토마톤의 동작 주체를 유한 개수의 상태가 있는 상태 기계라고 했습니다. 보통 상태 기계에 입력한 데이터가 있다면 규칙에 따라 다음 단계를 진행하면서 상태가 변합니다.

이때 상태의 변화는 러시아의 수학자 마르코프가 제시한 모델로 표현합니다. 모델 안에 포함된 개념 각각은 다음과 같습니다.

- **마르코프 성질(Markov Property)**
  미래 상태의 조건부 확률 분포가 현재 상태에만 의존하며 이전 상태와는 관계 없는 특성을 말합니다.
- **확률 과정**
  오토마톤 개념(시간의 경과에 따른 변화)에 '상태 변화가 일어날 확률'을 더한 것입니다. 확률 과정의 특징은 시간의 경과나 상태 변화를 연속성이 없는 유한한 값으로 나타낸다는 것입니다.
- **마르코프 과정(Markov Process)**
  마르코프 성질이 있는 확률 과정을 의미합니다.
- **이산 상태 마르코프 과정**
  셀 오토마톤의 상태 변화를 나타내는 데 사용합니다. 유한 개의 자연수가 띄엄띄엄 흩어져 있는 상태로 존재하는 값으로 나타냅니다.

- **마르코프 연쇄(Markov chain)**
  이산 상태 마르코프 과정에 셀 오토마톤의 시간 경과(연속성 없는 시간으로 표현)를 결합한 셀 오토마톤의 확률 과정을 말합니다.

[그림 3-11]은 마르코프 모델과 연관성 있는 개념 각각의 범위를 나타냅니다.

그림 3-11 확률 과정 〉 마르코프 과정 〉 이산 상태 마르코프 과정 〉 마르코프 연쇄

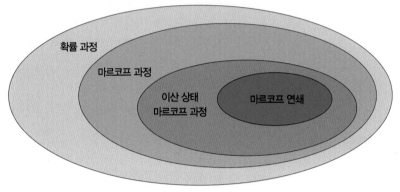

마르코프 모델의 예

마르코프 모델은 상태에 따라 비용을 설정하고 상태가 변화할 때 비용을 더해서 누적 비용을 추정하는 상황에 응용할 수 있습니다. 예로는 광고의 열람 효과를 포함한 가치를 정상분포로 계산하는 것 등이 있습니다.

여기에서는 앞서 68쪽 '인공 생명 시뮬레이션'에서 사용했던 SEIR 모델을 마르코프 모델로 다뤄보겠습니다. [그림 3-12]에서는 감염되지 않은 사람(S), 잠복 기간(E), 감염 상태(I), 항체 보유(R)의 네 가지 상태가 확률을 기반으로 변화합니다.

그림 3-12 SEIR 모델의 네 가지 상태가 확률을 기반으로 변화

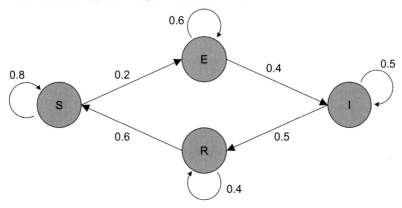

이때 현재 상태에서 다음 상태로 변화할 확률을 전이 확률이라고 하며 모든 전이 확률을 행렬로 나타낸 것을 전이행렬이라고 합니다.

그림 3-13 SEIR 모델의 전이행렬

		변화 후			
		S	E	I	R
변화 전	S	0.8	0.2	0	0
	E	0	0.6	0.4	0
	I	0	0	0.5	0.5
	R	0.6	0	0	0.4

$$\begin{pmatrix} 0.8 & 0.2 & 0 & 0 \\ 0 & 0.6 & 0.4 & 0 \\ 0 & 0 & 0.5 & 0.5 \\ 0.6 & 0 & 0 & 0.4 \end{pmatrix}$$

전이 확률(확률 변화)은 [그림 3-14]처럼 전이행렬(P)을 곱하면 알 수 있습니다. 그리고 전이행렬을 계속 곱하더라도 행렬값이 변하지 않는(안정 상태에 이른) k 단계에서의 전이 확률은 전이행렬의 k 제곱으로 나타낼 수 있습니다.

마르코프 연쇄의 경우 안정 상태의 전이 확률은 각 상태에 있을 확률 벡터(행 벡터)인 π와 전이행렬 P를 곱해서 나타냅니다. 이때 확률 벡터 π를 정상분포stationary distribution[16]라고 합니다.

---

16 역자주_ https://en.wikipedia.org/wiki/Stationary_distribution

그림 3-14 전이행렬, 전이 확률, 정상분포

$$P = \begin{pmatrix} 0.8 & 0.2 & 0 & 0 \\ 0 & 0.6 & 0.4 & 0 \\ 0 & 0 & 0.5 & 0.5 \\ 0.6 & 0 & 0 & 0.4 \end{pmatrix}$$

$$P \times P = \begin{pmatrix} 0.8 & 0.2 & 0 & 0 \\ 0 & 0.6 & 0.4 & 0 \\ 0 & 0 & 0.5 & 0.5 \\ 0.6 & 0 & 0 & 0.4 \end{pmatrix} \times \begin{pmatrix} 0.8 & 0.2 & 0 & 0 \\ 0 & 0.6 & 0.4 & 0 \\ 0 & 0 & 0.5 & 0.5 \\ 0.6 & 0 & 0 & 0.4 \end{pmatrix}$$

$$= \begin{pmatrix} 0.8 \times 0.8 & 0.8 \times 0.2 + 0.2 \times 0.6 & 0.2 \times 0.4 & 0 \\ 0 & 0.6 \times 0.6 & 0.6 \times 0.4 + 0.4 \times 0.5 & 0.4 \times 0.5 \\ 0.5 \times 0.6 & 0 & 0.5 \times 0.5 & 0.5 \times 0.5 + 0.5 \times 0.4 \\ 0.6 \times 0.8 + 0.4 \times 0.6 & 0.6 \times 0.2 & 0 & 0.4 \times 0.4 \end{pmatrix}$$

$$= \begin{pmatrix} 0.64 & 0.28 & 0.08 & 0 \\ 0 & 0.36 & 0.44 & 0.2 \\ 0.3 & 0 & 0.25 & 0.45 \\ 0.72 & 0.12 & 0 & 0.16 \end{pmatrix}$$

$P \times P \times \cdots \times P = P^k \leftarrow P^k$는 **안정 상태 전이행렬**

$\pi = \pi P \leftarrow$ **정상분포** π는 확률 벡터(행 벡터)

[그림 3-14]의 예에서는 행렬 계산과 고윳값 등을 깊이 다루지는 않습니다. 하지만 전이행렬을 몇 차례 곱하면 P^k를 구할 수 있습니다. 또한 정상분포 π는 하나의 단위행렬(정확히 말하면 행 벡터[17])입니다.

----

17 역자주_ 행렬에서 한 행에 배열된 수를 요소로 하는 벡터를 말합니다.

04 상태 기반 에이전트

입력 데이터로 유한 상태 기계 안 상태를 변화시켜 시스템이 동작하는 상태 기반(구동형) 에이전트를 설명합니다.

Point
- 유한 오토마톤 = 유한 상태 기계
- 보통 여러 개의 에이전트로 시스템 동작 환경을 구성
- 환경 자체도 에이전트라고 생각할 수 있음.
- 보드게임 등의 게임 AI로 자주 사용함.
- 에이전트는 객체지향 개념으로 설명할 수 있는 상태 패턴을 이용할 수 있음.

게임 AI

앞에서 설명한 인공 생명 시뮬레이션은 게임 AI에 활용할 수 있습니다. 게임의 등장인물이나 필드의 구성 요소(셀 오토마톤의 동작 주체라고 가정) 각각을 유한 오토마톤(유한 상태 기계)으로 설정해 인공지능을 구현하는 것입니다.

물론 2010년대 인공지능 기술 발전 흐름에서 유한 오토마톤 기반의 게임 AI를 인공지능이라고 말하는 건 논란의 소지도 있습니다. 그러나 게임 AI는 사람 대신에 행동할 것을 요구하는 프로그램이므로 인공지능을 잘 이해한다는 측면에서 알아야 할 부분이 분명히 있습니다. 이러한 관점에서 게임 AI를 소개하겠습니다.

에이전트

게임에 존재하는 개별 상태 기계를 총괄하는 시스템을 에이전트라고 합니다. 에이전트는 다른 에이전트와 영향을 주고받으면서 이용자인 플레이어에게 정보와 자극을 줍니다. 에이전트의 설계와 구축은 사람인 플레이어와 게임 AI가 상호작용할 수 있는 구조를 만드는 데 큰 도움을 주었습니다.

여기에서 에이전트는 소프트웨어(지능형) 에이전트[18]를 가리킵니다. 소프트웨어 에이전트는 다음 같은 특성이 있습니다(출처: 위키백과 – 지능형 에이전트).

- **자율성(autonomy)**
  에이전트는 사람이나 다른 사물의 직접적인 간섭 없이 스스로 판단해 동작하고, 행동이나 내부 상태의 제어 권한을 갖습니다.
- **사회성(social ability)**
  에이전트는 에이전트 통신 언어를 사용해 사람과 다른 에이전트들 사이에서 상호작용할 수 있습니다.
- **반응성(reactivity)**
  에이전트는 실세계, 그래픽 사용자 인터페이스를 통한 사용자, 다른 에이전트들의 집합, 인터넷 같은 환경을 인식하고 그 안에서 일어나는 변화에 적절히 반응합니다.
- **능동성(proactivity)**
  에이전트는 단순히 환경에 반응해 행동하는 것이 아니라 주도권을 갖고 목표 지향적으로 행동합니다.
- **시간 연속성(temporal continuity)**
  에이전트는 단순히 한번 주어진 입력을 처리해 결과를 보여주고 종료하는 것이 아닙니다. 에이전트 실행 후 백그라운드에서 잠시 쉬는 데몬(demon)같은 프로세스입니다.
- **목표 지향성(goal-orientedness)**
  에이전트는 복잡한 고수준 작업을 실행합니다. 작업은 더 작은 세부 작업으로 나누며 처리 순서 결정 등의 책임을 에이전트가 집니다.

각 에이전트가 동작 주체가 되어 프로그램 처리 등을 실행하도록 시스템을 만들면 관리하기 쉽습니다. 따라서 에이전트 프로그래밍은 객체지향 프로그래밍과 비슷합니다. GoF의 디자인 패턴에는 이를 설명하는 '상태 패턴'이라는 개념도 있습니다.

이용자가 어떤 동작을 실행한 결과로 상태 기계에 변화가 일어나는 것을 게임에서는 이벤트라고 합니다. 에이전트는 동작하는 상태일 때가 많다는 점에서 상태 기반(구동형) 에이전트state-driven agent[19]라고 합니다.

---

18 역자주_ https://ko.wikipedia.org/wiki/지능형_에이전트
19 역자주_ http://aicat.inf.ed.ac.uk/entry.php?id=635

보드게임

보드게임은 에이전트를 실제로 이용할 수 있는 대표적인 사례입니다. 간단한 보드게임으로는 바둑판에 돌을 놓는 게임인 오델로가 있습니다(튜링도 1950년 전후에 체스 프로그램을 만들어 낸 바 있습니다).

오델로에서 컴퓨터 플레이어를 만들 때는 앞에서 명시한 셀 오토마톤의 사고방식을 도입합니다. 오델로는 기본적으로 다음 규칙을 시간에 따라 전개하도록 프로그래밍합니다.

- 1. 칸에 자신의 돌이 있는 경우에는 아무 일도 하지 않는다.
- 2. 칸에 상대방의 돌이 있는 경우에는 인접한 칸에 있는 자신의 돌을 찾는다.
- 2-1. 인접한 칸에 자신의 돌이 있으면 반대쪽의 인접한 칸이 비어 있는가?
- 2-1-1. 2-1이 Yes(비어 있음)면 거기에 자신의 돌을 놓는다.
- 2-1-2. 2-1이 No(상대방의 돌이 놓여 있음)면 그다음 인접한 칸이 비어 있는가?.
- 2-1-2-1. 2-1-2가 Yes(비어 있음)면 해당 칸에 자신의 돌을 놓고 사이의 돌들을 자신의 돌로 바꾼다.

그림 3-15 돌을 놓을 때의 패턴

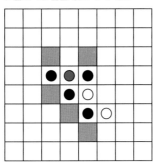

- 마지막 흑돌을 놓은 곳을 붉은색으로 표시합니다
- 백돌을 놓을 수 있는 장소는 색으로 표시한 칸입니다
- 왼쪽의 경우 어디에 놓아도 백돌로 바뀌는 흑돌은 최대 1개입니다

상황에 따라서는 여러 장소에 돌을 놓을 수도 있습니다. 그때는 비어 있는 칸 사이에 상대방의 돌이 몇 개나 놓여 있는지(돌을 놓았을 때 상대방의 돌을 얼마나 뒤집을 수 있을지)를 센 후 빈 칸 중 어디에 자신의 돌을 놓을지 결정해야 합니다. 어디에 돌을 놓든 같은 상황이라면 무작위로 결정해도 됩니다.

보드게임의 게임 이론

게임하면서 일어나는 모든 상태를 계산할 수 있으면 완전 정보 게임이라고 합니다. 예를 들어 체스, 장기, 바둑 같은 게임은 완전 정보 게임입니다. 또한 의사 결정자 2명이 대전하면서 우연에 좌우되는 일 없이 게임 진행 상태가 정해지므로 상태를 예측할 수 있어 2인 제로섬^{zero sum} 유한 확정 완전 정보 게임이라고도 합니다.

완전 정보 게임의 AI는 진행 상태를 계산해 자신이 승리할 가능성이 높은 쪽을 선택해 나갑니다. 게임하는 시간인 단계 수와 게임 공간인 칸이 많아지면 계산에 필요한 자원[20]이 커집니다. 따라서 매번 게임 진행 상태를 모두 계산한다면 프로그램이 정지해버리거나, 사람이 장시간 기다려야 합니다.

이 때문에 대전형 보드게임에서는 컴퓨터 능력의 한계를 게임의 연출로 만들 수 있습니다. 예를 들어 게임 진행 상태를 계산하는 단계 수에 따라 난이도를 설정하는 형태로 이용할 수도 있습니다.

혹은 체커[21]와 오델로 같은 단계 수가 적은 게임은 모든 게임 진행 상태를 저장해둘 수 있으므로 자신과 상대의 어느 쪽이 승리할지는 초기에 결정할 수 있을 뿐만 아니라 모든 정보를 보존해둘 수 있는 컴퓨터가 이기도록 설계할 수도 있습니다.

단, 체스 같은 게임은 20세기 말 사람 세계 챔피언에게 승리했지만 2016년 현재도 게임 진행 상태 전체를 알 수 없습니다. 따라서 진행 상태를 아는 초반과 종반의 단계를 데이터베이스 검색 프로그램(133쪽 '그래프 탐색과 최적화' 참고)에 저장해둔 후 게임을 진행합니다.

바둑과 장기도 2010년대에 이르러 프로 랭킹 상위 기사에게 이길 수 있는 능력을 갖추게 되었으며 체스와 마찬가지로 데이터베이스나 검색 프로그램을 조합하는 것은 물론 지도 학습 기반의 머신러닝(216쪽 '지도 학습' 참고)과 강화 학습(239쪽 '강화 학습' 참고)을 도입해 게임을 진행합니다.

게임 이론은 수리학적 영역뿐만 아니라 경제학 등의 분야에서도 이용합니다. 경제학(사회학) 측면에서는 불완전 정보 게임으로 분류하는 '죄수의 딜레마' 같은 문제가 있습니다. 죄수의 딜

---

20 CPU 성능, 주기억 장치, 보조 기억 장치의 용량 등을 의미합니다. 연산 자원(resource)이라고도 합니다.
21 역자주_ 체스판에 말을 놓고 움직여 상대방의 말을 모두 따먹으면 이기는 게임입니다(https://ko.wikipedia.org/wiki/체커)

레마는 동시 턴 방식으로 진행하며 자신의 선택지와 상대의 선택지가 모두 공개되어 있어 결과도 공개되는 완비 정보 게임이라는 것에 해당합니다.

그림 3-16 게임 이론 분류

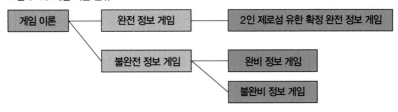

복잡하게 구성된 에이전트 사용

심시티 같은 도시 건설 & 경영 시뮬레이션 게임이나 삼국지 같은 전략/전투 시뮬레이션 게임도 에이전트 기반으로 게임 안 환경을 제어합니다.

심시티 같은 게임은 에이전트 다수가 복잡하게 상호작용하면서 시간을 중심으로 게임을 진행합니다. 도시 구성 요소를 배치하는 필드의 셀이 4개 계층으로 구성되어 있습니다.

1. 첫 번째 계층은 도로와 철도 등 요소 크기의 관계를 계산합니다.
2. 두 번째 계층은 인구 밀도, 차량 정체, 환경 오염도, 땅값, 범죄 발생률 등을 계산합니다.
3. 세 번째 계층은 지형의 영향을 계산합니다.
4. 네 번째 계층은 경찰서와 소방서, 인구 증가율, 경찰서나 소방서의 영향을 계산합니다.

첫 번째 계층의 셀 넓이가 가장 좁게 구성되고 네 번째 계층의 셀 넓이가 가장 넓게 구성됩니다. 이를 통해 영향을 끼치는 범위를 제어합니다.

그림 3-17 심시티(4계층 구조)[22]

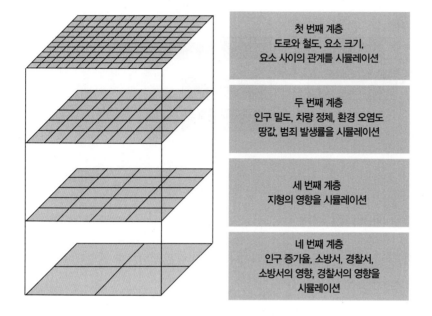

심시티에서 영향력 분포도 이용
심시티의 이동 구조 모델

첫 번째 계층
도로와 철도, 요소 크기,
요소 사이의 관계를 시뮬레이션

두 번째 계층
인구 밀도, 차량 정체, 환경 오염도
땅값, 범죄 발생률을 시뮬레이션

세 번째 계층
지형의 영향을 시뮬레이션

네 번째 계층
인구 증가율, 소방서, 경찰서,
소방서의 영향, 경찰서의 영향을
시뮬레이션

세 번째와 네 번째 계층의 영향력 정도를 수치화한 것을 영향력 분포도[Influence Map]라고 하며 인구를 증가/감소시키는 요소나 도시 성장 속도에 긍정적 또는 부정적인 요소를 인자로 규정해 히트 맵[heat map][23] 형태로 나타낼 수 있습니다. 예를 들어 심시티에서의 범죄 발생률은 인구 밀도와 땅값, 경찰의 영향력을 통해 계산합니다. 공식은 다음과 같습니다.

- **심시티의 범죄 발생율 공식[24]**

   범죄 발생률 = (인구 밀도)^2 - (땅값) - (경찰의 영향력)

   땅값 = (거리 매개변수) + (철도 매개변수) + (운송 매개변수)

---

22 출처: 게임 AI 세미나 7회 「심즈에서의 사회 시뮬레이션」 53페이지(http://igda.sakura.ne.jp/sblo_files/ai-igdajp/AI/GameAI_seminar_7th_21.pdf)

23 역자주_ 색상으로 표현할 수 있는 다양한 정보를 일정한 이미지 위에 열 분포 형태의 그래픽으로 출력하는 지도 형태를 말합니다 (https://ko.wikipedia.org/wiki/히트_맵).

24 출처: 게임 AI 세미나 7회 「심즈에서의 사회 시뮬레이션」 44페이지(http://igda.sakura.ne.jp/sblo_files/ai-igdajp/AI/GameAI_seminar_7th_21.pdf)

앞 공식은 주인공이 필드에서 이동해 다니는 롤플레잉 게임에서 응용할 수 있으며, 슈팅 게임의
자율형 등장인물을 나타내는 데도 사용할 수 있습니다.

그림 3-18 자율형 게임 AI 모델[25]

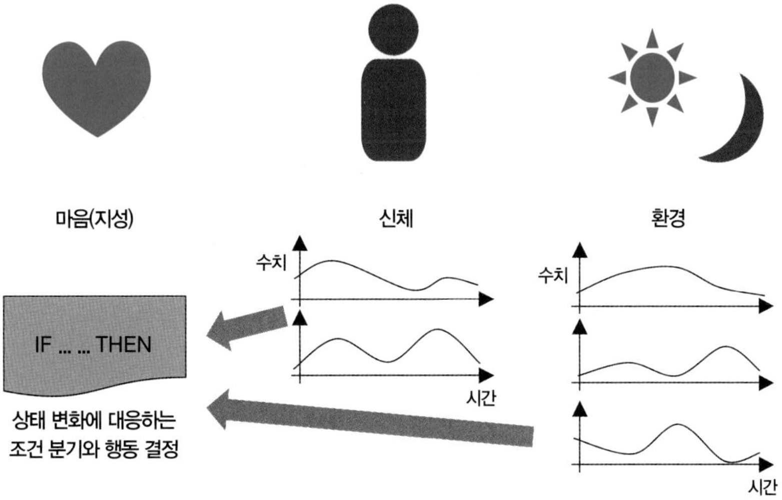

25 출처: 게임 AI 세미나 7회 「심즈에서의 사회 시뮬레이션」 115페이지(http://igda.sakura.ne.jp/sblo_files/ai-igdajp/AI/GameAI_
seminar_7th_21.pdf)

## CHAPTER 4

가중치와 최적해 탐색

'인공지능 데이터 분석 시스템'에서 중요한 개념 하나는 "주어진 데이터를 비교해 원하는 결과를 찾는 기능"입니다. 이는 회귀분석을 이용해 최적해$^{optimal\ solution}$와 유사도라는 지표를 계산하는 것입니다. 4장에서는 회귀분석의 개념, 최적해를 어떻게 찾아내는지, 유사도를 어떻게 계산하는지를 살펴보겠습니다.

선형 문제와 비선형 문제를 비교해 설명합니다.

Point
- 풀기 쉬운 문제(선형 문제)와 풀기 어려운 문제(비선형 문제)를 살펴봅니다.
- 선형 문제(및 선형성)의 개념과 선형 분리의 개념을 살펴봅니다.

두 변수의 상관관계

다수의 데이터에서 어떤 결과를 예측하는 경우라면 "어떤 2개의 항목을 비교"할 때가 많습니다. 자동 데이터 분석 프로그램을 만들 때는 우선 수집해 놓은 데이터가 어떻게 변하는지 확인한 후 앞으로 수집할 데이터도 비슷하게 변할 것인지 비교해 예측합니다. 그리고 이 변화를 수학적인 방법으로 나타낼 수 있을지를 검토하기도 합니다. 이는 보통 수학적 모델과 통계 모델을 검토하는 첫 번째 단계입니다.

데이터를 다룰 때 데이터를 구성하는 항목을 변수라고 합니다. 그리고 데이터에서 변화를 나타내는 한 가지 이상의 변수 쌍, 또는 변수 쌍을 사용한 계산 식을 특징량feature이라고 합니다.

그림 4-1 통계표에서 변수 2개(특징량)를 선택해 산포도를 그리고 모델을 도출

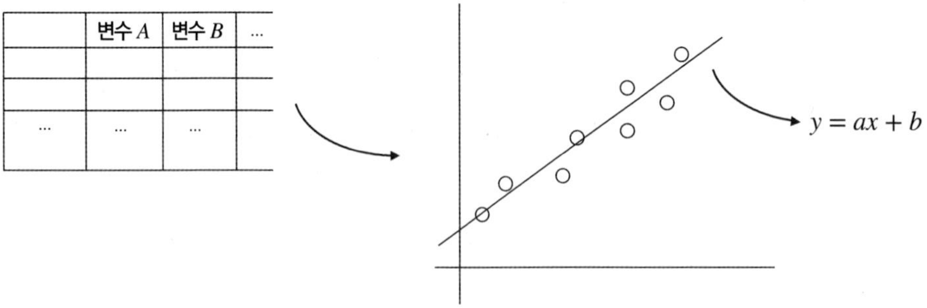

	변수 A	변수 B	...
...	...	...	

$y = ax + b$

선형 계획법과 비선형 계획법

변숫값 쌍이 있을 때 변숫값 각각을 그래프의 X축과 Y축 값으로 정한 후 각 값이 만나는 곳에 점을 찍으면 변숫값 쌍들의 분포를 파악해볼 수 있습니다. 이 분포는 선형일 때와 비선형일 때로 나눠서 다룹니다.

선형 계획법

변숫값 쌍으로 구성하는 점들이 일직선 상에 놓이는 것처럼 보인다면 선형 함수일 가능성이 있습니다. 즉, 점을 구성하는 한 쌍의 값을 1차 함수로 표현할 수 있습니다.

점의 분포를 선형 함수의 제약과 조건을 이용해 구할 수 있는 문제를 선형 계획 문제라고 합니다. 선형 계획 문제 중 [그림 4-2]와 같은 '배낭 문제[1]'가 있습니다. 정수에 한정해서 문제를 해결할 때는 정수 계획 문제라고도 합니다.

그림 4-2 배낭 문제

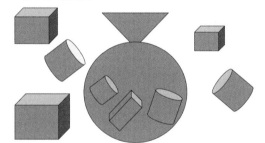

여러 개 짐의 크기와 값이 주어져 있습니다. 이를 배낭 용량이라고 합니다

배낭 안 짐의 값을 최대화할 수 있도록 짐을 선택합니다. 단, 배낭 용량을 늘릴 수 없습니다

[그림 4-3]처럼 선형 함수를 이용해 점의 분포를 여러 개 그룹으로 나눌 수 있을 때를 "선형 분리할 수 있다"고 합니다. 이렇게 선형 함수를 최적화해 문제를 해결하는 것을 '선형 계획법linear programming[2]'이라고 합니다.

---

1 역자주_ https://ko.wikipedia.org/wiki/배낭_문제
2 역자주_ https://ko.wikipedia.org/wiki/선형_계획법

그림 4-3 선형 분리할 수 있는 분포도

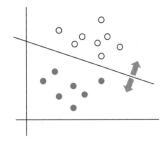

사상

변숫값 쌍을 점 형태로 나타낼 수 있다면 함수 형태로 변환된 것입니다. 이를 '사상morphism[3]'이라고 합니다. 함수를 구성하는 점의 집합을 각각 A와 B라고 할 때 A와 B의 원소가 각각 1:1로 대응하는 함수를 단사 함수(일대일 함수)라고 하며, A가 B의 모든 원소에 대응하는 함수를 전사 함수라고 합니다. 산포도를 통해 집합 A와 B를 나타낼 수 있을 때(A와 B의 원소가 중복 없이 모두 1:1로 대응할 때)는 전단사 함수(일대일 대응)이라고 합니다.

그림 4-4 단사, 전사, 전단사 함수

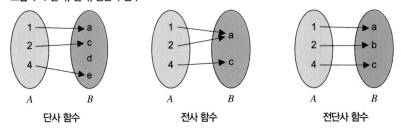

비선형 계획법

변숫값 쌍으로 구성하는 점의 분포를 선형 함수로 표현할 수 없을 때가 있습니다. 이때 선형분포에 변화를 줄 수 있다면 사상의 개념을 이용해 대응할 수 있습니다. 하지만 사상 개념으로 대

---

3 역자주_ https://ko.wikipedia.org/wiki/사상_(수학)

응할 수 없을 때는 비선형분포로 취급합니다. 비선형분포를 다루는 문제를 비선형 문제라고 합니다.

그림 4-5 비선형 분포 예

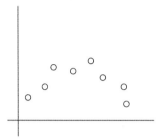

비선형 문제는 비선형 계획법Nonlinear Programming을 이용해 해결할 수 있습니다. 비선형 계획법 중 볼록(凸) 함수와 오목(凹) 함수([그림 4-6] 참고)로 점의 분포를 나타낼 수 있을 때는 볼록 계획 문제라고 하며 볼록 최적화convex optimization[4]라는 방법을 이용해 해결할 수 있습니다. 볼록 함수가 아닐 때는 선형 계획 문제와 볼록 계획 문제를 조합한 분기 한정법branch and bound, BB[5]으로 해결하는 방법 등이 있습니다.

그림 4-6 볼록(凸), 볼록 함수, 오목(凹) 함수

도형 평면 안에 있는 점을 연결했을 때 모든 선이 같은 도형 평면 안을 통과하면 볼록(凸)입니다

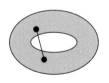

도형 평면 안에 있는 점을 연결했을 때 도형 평면을 벗어나는 선이 있으면 볼록(凸)이 아닙니다

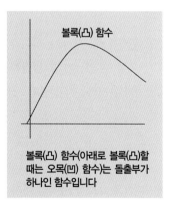

볼록(凸) 함수

볼록(凸) 함수(아래로 볼록(凸)할 때는 오목(凹) 함수)는 돌출부가 하나인 함수입니다

4 역자주_ https://en.wikipedia.org/wiki/Convex_optimization
5 역자주_ https://ko.wikipedia.org/wiki/분기_한정법

02 회귀분석

회귀분석을 설명합니다.

Point
- 함수로 변화를 나타내고 피팅fitting하기 = 회귀
- 회귀분석: 단순회귀, 다항식회귀, 로지스틱 회귀, 다중회귀
- 피팅에 사용하는 방법: 최소제곱법

회귀분석

회귀분석[6]은 주어진 데이터로 어떤 함수를 만들어 낸 후, 이 함수를 피팅하는 작업입니다. 피팅은 함수에서 발생하는 차이(잔차Residual[7]의 크기)가 최소화되도록 함수를 조정해주는 것을 의미합니다. "잔차의 분포가 정규분포를 따른다"는 전제로 만들어진 함수를 일반 선형 모형General Linear Model이라고 합니다. 임의의 분포로 만들어진 함수는 일반화 선형 모형Generalized Linear Model이라고 합니다.

앞에서 설명한 선형 문제를 해결할 때는 '회귀분석'을 이용할 때가 많습니다. 회귀분석의 실행 결과는 "어느 정도 신뢰할 수 있는가"를 검정해서 통계 예측에 활용할 수 있습니다. 또한 데이터에 어느 정도의 잔차가 존재하는지를 신뢰구간으로 표현해 예측 결과의 정확성을 나타냅니다.

단순회귀

가장 기본적인 회귀분석은 요소들 사이의 비례 관계를 활용하는 단순회귀 분석(단일회귀)[8]입니다. 예로는 신장과 체중 사이 관계, 임대주택 방 크기와 임대료 사이의 관계 등이 있습니다.

---

6 역자주_ https://ko.wikipedia.org/wiki/회귀분석
7 역자주_ 회귀직선(추정 곡선) 등을 통해 얻은 추정값과 실제 관측값의 차이를 말합니다.
8 역자주_ https://ko.wikipedia.org/wiki/단순회귀분석

어떤 분포가 단순회귀한다는 전제로 변화를 나타내면 회귀직선을 얻을 수 있습니다. 직선 $y = ax + b$에서 기울기와 절편을 알면 임의의 x에 대한 결괏값 y를 얻을 수 있습니다. 결괏값 y를 종속 변수 또는 목적 변수라고 하며, x를 독립 변수 또는 설명 변수라고 합니다.

회귀직선의 기울기와 절편 구하기

방 크기와 임대료의 관계를 나타내는 표로부터 방 크기를 독립 변수 x, 임대료를 종속 변수 y라고 하면 임의 크기의 방 임대료를 예상할 수 있습니다. 이때 산포도를 그리면 단순회귀 형태로 나타납니다.

이제 단순회귀의 모델 식 $y = a + bx + \varepsilon$(ε는 오차항)에서 a와 b를 구해야 합니다. 먼저 단순회귀 모델 식을 기반으로 잔차의 제곱인 E를 구하는 식([그림 4-7] 첫 번째 식)을 도출합니다. 이때 E를 목적 함수라고 합니다(목적(종속) 변수와는 의미하는 바가 다르다는 사실을 기억합시다).

[그림 4-7]의 두 번째와 세 번째 식은 a와 b 각각에 편미분을 이용해 연립 방정식을 만들어서 잔차의 제곱인 E가 최소화되는 값(0이 되는 a와 b의 값)을 구합니다. a와 b가 x와 y에 의존하지 않는 독립적인 값이라고 전제하므로 미분할 때 번거로움을 피하려고 편미분을 이용한 것입니다.

그림 4-7 연립 편미분 방정식

$$E = \sum_{i=1}^{n}(y_i - ax_i - b)^2$$

$$\frac{\partial E}{\partial a} = \sum_{i=1}^{n}(2ax_i^2 + 2x_i(b - y_i)) = 0$$

$$\frac{\partial E}{\partial b} = \sum_{i=1}^{n}(2b + 2(ax_i - y_i)) = 0$$

연립 편미분 방정식을 풀면 [그림 4-8]처럼 a와 b 각각을 구하는 식으로 바꿀 수 있습니다.

그림 4-8 회귀직선의 기울기와 절편 구하기

$$a = \frac{n\sum_{k=1}^{n}x_k y_k - \sum_{k=1}^{n}x_k \sum_{k=1}^{n}y_k}{n\sum_{k=1}^{n}x_k^2 - \left(\sum_{k=1}^{n}x_k\right)^2}$$

$$b = \frac{\sum_{k=1}^{n}x_k^2 \sum_{k=1}^{n}y_k - \sum_{k=1}^{n}x_k y_k \sum_{k=1}^{n}x_k}{n\sum_{k=1}^{n}x_k^2 - \left(\sum_{k=1}^{n}x_k\right)^2}$$

다중회귀

단순회귀 분석은 독립 변수가 1개입니다. 그럼 독립 변수가 여러 개일 때는 어떻게 해야 할까요? 독립 변수 각각을 단순회귀와 같은 방식으로 분석하면 됩니다. 식으로 표현하면 [그림 4-9]와 같습니다.

그림 4-9 독립 변수가 늘어난 경우

단일회귀 분석

$$y = \alpha + \beta x + \varepsilon$$

다중회귀 분석

$$y = \alpha + \underline{\beta x_1 + \gamma x_2} + \varepsilon$$

↑
독립 변수가 x_1과 x_2로 증가

독립 변수가 1개일 때의 회귀분석을 단일회귀 분석이라고 하며 독립 변수가 여러 개인 경우의 회귀분석은 다중회귀 분석이라고 합니다.

다중회귀 분석은 독립 변수가 여러 개이므로 단순회귀 분석처럼 2차원 그래프로 시각화하기는 어렵습니다. 이런 경우 2차원 평면상에 점을 찍을 수 있도록 주성분 분석Principal Component Analysis, PCA(210쪽 '주성분 분석' 참고)을 이용합니다.

특히 독립 변수가 데이터의 수보다 훨씬 많은 경우(행렬의 행 수가 열 수보다 적은 경우)에는 주성분 분석의 차원 감소를 이용한 주성분 회귀Principal Component Regression, PCR와 이를 개선한 PLSPartial Least Squares 회귀[9]를 활용할 수 있습니다.

독립 변수가 늘 때의 단점

독립 변수가 늘면 회귀분석의 결과를 신뢰할 수 없거나, 답을 구할 수 없는 경우가 발생한다는 문제가 있습니다. 독립 변수들 각각은 선형 독립이어야 한다는 것이 회귀분석의 전제인데 독립 변수의 수가 늘면 독립 변수들 사이에 존재하는 상관관계가 개입해 결과에 영향을 주는 것입니다. 이를 다중공선성Multicollinearity 문제[10]라고 합니다.

연구 데이터나 생화학/분자 생물학 등 생명의과학 분야의 측정 데이터를 다룰 때는 다중공선성 문제에 주의를 기울여야 합니다. 이를 해결하는 방법은 앞에서 언급한 PLS 회귀와 조금 후에 설명할 L1 정규화(Lasso) 등이 있습니다.

다항식 회귀

단순회귀를 통해 구한 회귀 식은 선형 함수이므로 독립 변수의 차수는 1이었습니다. 다항식 회귀는 산포도의 점 분포가 곡선 상에 위치하는 느낌을 받을 때 차수를 올려 대응하는 회귀분석 방법입니다. [그림 4-10]과 [그림 4-11]의 다항식 회귀는 선형회귀[11]의 한 종류입니다.

그림 4-10 다항식 회귀 식 예

$$y = \alpha + \beta x + \gamma x^2 + \varepsilon$$

---

9 명확히 정해진 명칭은 아니지만 '편최소제곱회귀' 혹은 '부분최소제곱회귀'라고도 합니다.

10 역자주_ https://ko.wikipedia.org/wiki/다중공선성

11 역자주_ https://ko.wikipedia.org/wiki/선형_회귀

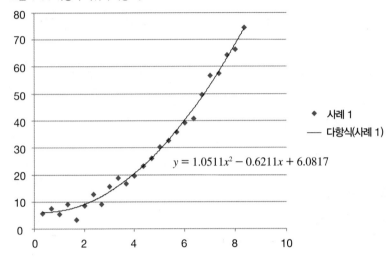

그림 4-11 다항식 회귀의 사용 예

$$y = 1.0511x^2 - 0.6211x + 6.0817$$

* 사례 1
— 다항식(사례 1)

과적합의 문제점

다항식 회귀에서는 독립 변수의 차수를 2 이상으로 올려서 곡선을 회귀분석할 수 있게 했습니다. 그렇다면 "차수를 늘리기만 하면 어떤 분포에든 적합한 곡선을 그릴 수 있는 것 아닌가"라고 생각할 수 있습니다.

실제로 차수를 올리면 잔차가 0에 근접할 수 있습니다. 그런데 이미 주어진 데이터가 대상일 때는 예측에 근접하는 결과를 얻을 수 있지만 앞으로 수집할 데이터가 대상이라면 크게 벗어난 결과가 나올 가능성이 큽니다. 이를 과적합[overfitting]이라고 합니다. 회귀분석할 때는 독립 변수가 가급적 낮은 차수를 갖는 모델을 설계해서 과적합을 피하는 것이 중요합니다.

최소제곱법

회귀분석에서 함수에 피팅할 때는 잔차가 최소화되도록 함수를 조정합니다. 이때 가장 일반적으로 사용하는 방법은 최소제곱법[12]입니다. 최소제곱법은 [그림 4-12]처럼 잔차 제곱의 합인 e 값을 최소화합니다.

----

12 역자주_ https://ko.wikipedia.org/wiki/최소제곱법

그림 4-12 최소제곱법 식과 그래프

| 잔차 제곱의 합 e를 구하는 식 | 그래프 |

$$e = \sum_{i=1}^{n}(y_i - f(x_i))^2$$

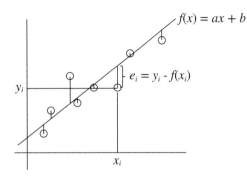

최소제곱법도 단순회귀에서 소개한 연립 편미분 방정식을 만들어 답을 구할 수 있습니다. 하지만 독립 변수가 늘고 비선형 함수 모델을 사용하면 대응^{correspondence} 관계가 복잡해집니다.

이때는 행렬을 이용하면 편합니다. 독립 변수를 x, 계수를 ω라고 할 때 선형 함수 $f(x)$는 [그림 4-13]처럼 표현할 수 있습니다. ω^T는 ω의 전치행렬[13]을 의미합니다. 이렇게 하면 독립 변수 x와 계수 ω를 행렬로 계산할 수 있습니다.

그림 4-13 행렬을 사용한 최소제곱법 식

$$f(x) = \alpha + \beta x_1 + \gamma x_2 = \begin{bmatrix} w_0 \\ w_1 \\ w_2 \\ \vdots \end{bmatrix} \begin{bmatrix} x_0 & x_1 & x_2 & \dots \end{bmatrix} = \omega^T X \qquad (x_0 = 1)$$

잔차 제곱의 합도 행렬로 표현할 수 있습니다. 독립 변수 x의 행렬을 X, 종속 변수 y의 행렬을 Y라고 하면 잔차 제곱의 합 e의 행렬 E는 [그림 4-14]와 같은 식으로 계산합니다.

그림 4-14 행렬로 표현한 잔차 제곱의 합

$$E = (Y - \omega^T X)^T (Y - \omega^T X)$$

---

13 역자주_ https://ko.wikipedia.org/wiki/전치행렬

이 식을 단순회귀와 같은 방식으로 E에 관해 ω 각각의 성분으로 편미분하고 이 값이 0이 되도록 하는 방정식을 행렬로 나타내면 [그림 4-15]와 같은 식을 도출할 수 있습니다. 이 행렬 기반의 방정식으로 선형회귀상에서 알지 못하는 값parameter을 예측하려는 방법을 정규방정식[14]이라고 합니다. [그림 4-15]의 방정식을 계산하면 계수 ω를 구할 수 있습니다.

그림 4-15 정규방정식

$$X^T X \omega^T = X^T Y$$

ω를 구할 때는 $\omega^T = (X^T X)^{-1} X^T Y$와 같은 식으로 변형해 직접 $X^T X$의 역행렬을 구하는 방법을 사용합니다. 하지만 역행렬을 구할 수 없는 때도 있으므로 $X = QR$로 치환하는 QR 분해[15] 알고리즘이나 특잇값 분해Singular Value Decomposition, SVD를 이용할 때가 많습니다.

그림 4-16 QR 분해

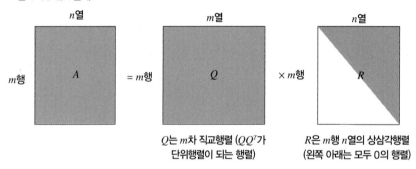

Q는 m차 직교행렬 (QQ^T가
단위행렬이 되는 행렬)

R은 m행 n열의 상삼각행렬
(왼쪽 아래는 모두 0의 행렬)

R 언어나 파이썬에는 QR 분해를 실행할 수 있는 함수가 준비되어 있습니다. R 언어의 QR 분해는 [코드 4-1]입니다.

코드 4-1 R 언어의 QR 분해

```
x <- matrix(1:36, 9)     # 9행 4열의 행렬을 만듭니다
qrval <- qr(x)           # QR 분해를 실행하는 qrval 함수
qr.Q(qrval)              # x를 QR 분해한 Q의 행렬을 구합니다
qr.R(qrval)              # x를 QR 분해한 R의 행렬을 구합니다
```

---

14 역자주_ https://ko.wikipedia.org/wiki/정규방정식
15 역자주_ https://ko.wikipedia.org/wiki/QR_분해

파이썬의 QR 분해는 [코드 4-2]입니다.

코드 4-2 파이썬의 QR 분해

```
import numpy as np
import scipy.linalg  # SciPy 선형대수 라이브러리

x = np.ones((9, 4))
Q, R = scipy.linalg.qr(x)
print(x)
print(Q)
print(R)
```

로지스틱 회귀

로지스틱 회귀는 종속 변수에 약간의 수정을 가한 선형회귀로 다항식 회귀처럼 일반화 선형 모델의 하나로 분류합니다.

로지스틱 모델의 일반식은 [그림 4-17]과 같습니다.

그림 4-17 로지스틱 모델의 일반식

$$y = \frac{e^x}{1 + e^x}$$

로지스틱 모델 일반식의 종속 변수 y에 로그를 적용해 y'로 변환하는 것을 로짓[logit] 변환이라고 합니다. [그림 4-18] 같은 로짓 함수를 이용해 함수를 피팅합니다. 로짓 함수는 (0, 1) 사이의 값들을 $(-\infty, \infty)$ 사이의 값으로 변환하는 함수로 로지스틱 함수의 역함수입니다.

또한 [그림 4-18] 첫 번째 식을 두 번째 식으로 일반화하면 단순회귀 때와 같은 접근 방식을 사용할 수 있습니다.

그림 4-18 로지스틱 회귀의 모델 식

$$y' = \ln\left(\frac{y}{1-y}\right) = \beta_0 + \beta_1 x_1 + \beta_2 x_2 + \ldots + \beta_n x_n + \varepsilon$$

$$y' = \beta x + \varepsilon$$

로짓 변환한 y'를 이용해 로짓 함수의 역함수, 즉 로지스틱 함수로 돌아가서 종속 변수의 예측 모델을 완성합니다.

그림 4-19 독립 변수를 로지스틱 함수로 변환

$$y = \frac{1}{1 + e^{-y'}}$$

로지스틱 회귀의 예와 계산 방법은 위키백과의 로지스틱 회귀(https://ko.wikipedia.org/wiki/로지스틱_회귀)를 참고하기 바랍니다.[16]

---

16 http://www.snap-tck.com/room04/c01/stat/stat10/stat1003.html, 구글 번역 링크 https://goo.gl/zVoRDE

03 가중 회귀분석

가중 회귀분석을 설명합니다.

Point
- 단순한 최소제곱법은 특잇값에 취약합니다.
- 가중치를 변화시켜 유연성을 높입니다.
- LOWESS, PLS 분석
- L2 정규화, L1 정규화

최소제곱법 수정

103쪽 '로지스틱 회귀'에서 최소제곱법을 이용해 회귀 식을 구하는 방법을 소개했습니다. 하지만 최소제곱법은 특잇값Singular Value[17]에 취약하다는 약점이 있습니다. 데이터에 특잇값이 포함되면 회귀 식이 특잇값 때문에 예측 결과가 왜곡되는 현상이 일어나 앞으로 수집할 데이터를 예측할 때 정확성을 잃습니다. 따라서 특잇값에 페널티를 부여하거나 아예 제외하는 방법 등으로 수정해야 합니다.

LOWESS 분석

LOWESSLocally Weighted Scatterplot Smoothing 분석[18]은 어떤 한 지점에 가중회귀 함수를 사용해 평활화smoothing[19]를 실행한 회귀 식 도출 방법입니다. 임의로 설정한 폭 $d(x)$가 있을 때 x_i의 최솟값부터 차례로 값을 증가시키면서 x에 가장 가까운 x_i 값이 되도록 가중치 w_i를 산출합니다.

---

17 역자주_ https://ko.wikipedia.org/wiki/특이점
18 역자주_ https://en.wikipedia.org/wiki/Local_regression
19 역자주_ 연속성 있는 데이터와 관련 없는 데이터를 제거하거나 변화해서 데이터 전체를 연속성 있게 유지하는 작업을 말합니다(https://en.wikipedia.org/wiki/Smoothing).

그림 4-20 LOWESS 분석의 가중치 식

$$w_i = \left(1 - \left|\frac{x - x_i}{d(x)}\right|^3\right)^3$$

평활화를 실행하는 과정에서 특잇값을 없앨 수 있도록 가중치 계수 w를 설정하는 로버스트 평
활화를 사용하기도 합니다. 중위 절대편차$^{\text{Median Absolute Deviation, MAD}}$[20]를 산출했을 때 6배 이상의
잔차 r_i가 존재하면 w_i를 0으로 설정합니다.

그림 4-21 로버스트 평활화의 가중치 식

$$w_i = \begin{cases} \left(1 - \left(\frac{r_i}{6MAD}\right)^2\right)^2 & |r_i| < 6MAD \\ 0 & |r_i| \geq 6MAD \end{cases}$$

$MAD = \text{median}(|r|)$

MAD는 잔차의 중위 절대편차

이렇게 구한 가중치 계수 w와 독립 변수 x의 내적을 구했을 때 알 수 있는 종속 변수 y를 보정
합니다. 즉, LOWESS 분석은 독립 변수의 값에서 멀어져 있는 점의 기울기를 조절함으로써 특
이점 때문에 받는 영향을 무시하도록 보정하는 것이고, 로버스트 평활화는 변화 상태에서 크게
벗어났다고 예상되는 점이 특이점 때문에 받는 영향을 무시하도록 보정하는 것입니다.

LOWESS 분석은 단순회귀를 반복해 실행하므로 단순회귀를 사용합니다. 하지만 실제로 직선
이 나타나지는 않습니다.

그림 4-22 독립 변수 x를 움직였을 때 가중치 변화 예

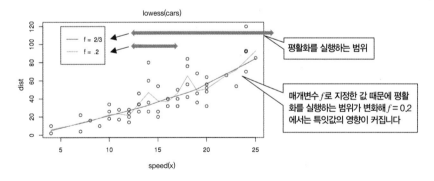

---

20 역자주_ https://en.wikipedia.org/wiki/Median_absolute_deviation

L2 정규화, L1 정규화

가중치를 이용하는 또 한 가지 방법은 최소제곱법으로 구성한 방정식에 페널티를 부여하는 것입니다. 페널티를 부여하는 방식은 L2 정규화, L1 정규화, L1 정규화와 L2 정규화를 선형 결합한 일래스틱 넷Elastic Net 등이 있습니다. 페널티를 부여하는 항을 벌칙 항penalty term 또는 정규화 항regularization term이라고 합니다.

그림 4-23 L2 정규화, L1 정규화, 일래스틱 넷 식

- L2 정규화

$$E = (Y - \omega^T X)^T (Y - \omega^T X) + \lambda \|\omega\|^2$$

$$\|\omega\|^2 = \sum_i \omega_i^2$$

$$\omega^T = (X^T X + \lambda I)^{-1} X^T Y$$

- L1 정규화

$$E = (Y - \omega^T X)^T (Y - \omega^T X) + \lambda |\omega|$$

$$|\omega| = \sum_i |\omega_i|$$

- 일래스틱 넷

$$E = (Y - \omega^T X)^T (Y - \omega^T X) + \lambda \sum_i (\alpha |\omega_i| + (1 - \alpha)\omega_i^2)$$

L2 정규화는 최소제곱법의 종속 변수인 잔차 제곱의 합에 가중치 계수인 ω_i 제곱의 합을 페널티로 추가한 것입니다. 능형회귀Ridge regression라고도 합니다. 페널티 항을 L2 노름norm[21]이라고 합니다.

보통 λ 값은 다양한 값을 적용하면서 교차검증법Cross Validation[22]으로 최적값을 찾습니다.[23] 물론 값이 크면 페널티도 강한 것입니다. L2 정규화를 실행하면 정규방정식에서 $X^T X$였던 항에 λI(I는 단위행렬)를 추가합니다.

---

21 역자주_ 벡터 공간의 원소들에 일종의 길이나 크기를 부여하는 함수입니다(https://ko.wikipedia.org/wiki/노름).

22 역자주_ 어떤 표본 데이터를 나눠 각각 분석하고 분석 결과를 비교해서 분석 결과가 타당한지 확인하는 것입니다(https://en.wikipedia.org/wiki/Cross-validation_(statistics)).

23 역자주_ 실험을 통해 최적값을 구해줘야 하는 λ와 같은 매개변수를 하이퍼파라미터(hyperparameter) 혹은 초매개변수라고 합니다.

L1 정규화는 Lasso[Least absolute shrinkage selection operator][24]라고도 하며 종속 변수에 ω_i의 절댓값을 페널티로 더해줍니다. 이 페널티 항은 L1 노름이라고 합니다.

L1 정규화를 실행하면 일부 ω는 0이 되어 밀도가 낮아지기[sparse] 쉽습니다. 이러한 특징은 모델을 구축할 때 특징량 선택에 이용할 수 있음을 의미합니다. 또한 신호 처리와 패턴 인식에서도 사용하기 쉽고 다중공선성 문제에도 대응할 수 있습니다.

L2 정규화는 지금까지 소개한 회귀 모델[analytic]로 계산하며 L1 정규화는 볼록 최적화의 추정 알고리즘을 사용합니다.

그림 4-24 회귀 모델에서 L1 정규화와 L2 정규화의 효과[25]

데이터 생성에 사용한 함수

$$y = 0.001(x^3 + x^2 + x)$$

위 함수에 $N(0, 0.1)$을 따르는 무작위 값을 더해준 데이터 20개를 이용합니다. 결과는 아래와 같습니다.

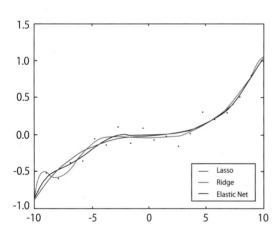

---

24 역자주_ https://en.wikipedia.org/wiki/Lasso_(statistics)

25 출처: 「회귀 모델에서의 L1 정규화와 L2 정규화의 효과」의 실험(http://breakbee.hatenablog.jp/entry/2015/03/08/041411, 구글 번역 링크 https://goo.gl/kM7dWV)

04 유사도

비교 대상이 얼마나 비슷한지 확인하는 유사도를 설명합니다.

Point
- 회귀분석할 때 상관관계(상관계수)를 확인한다 = 유사도를 확인한다.
- 유사도 확인 방법: 코사인 유사도(=상관계수), 상호 상관함수, 자기 상관함수, 자카드 계수, 편집 거리

유사도

변숫값 쌍이 얼마나 '비슷한가'는 컴퓨터가 자동으로 답을 추측하는 과정에서 매우 중요합니다. 여기에서는 수학적인 유사도 개념인 코사인 유사도, 상관계수, 상관함수, 편집 거리^{edit distance}, 자카드 계수 등을 설명합니다.

그림 4-25 얼마나 비슷한가?

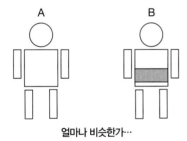

얼마나 비슷한가…

코사인 유사도

코사인 유사도는 변숫값 쌍 x, y가 주어졌을 때 [그림 4-26] 같은 식으로 표시되며 $\cos\theta$의 값이 유사도로 표시됩니다.

유사도는 0에서 1 사이의 값으로 유사도가 높을수록 1에 가까워집니다. 숫자 쌍 x와 y를 각각 벡터라고 가정하면 오른쪽 변의 분자는 x와 y의 내적을, 분모는 x와 y의 벡터의 크기를 계산하는 것과 같습니다.

그림 4-26 코사인 유사도 식

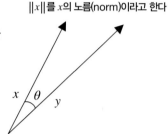

$$\cos\theta = \frac{\langle x, y \rangle}{\|x\| \cdot \|y\|}$$ 이것은 $$\cos\theta = \frac{\vec{x}, \vec{y}}{|\vec{x}||\vec{y}|}$$ 라고 바꿀 수 있다

$\|x\|$를 x의 노름(norm)이라고 한다

$$\cos\theta = \frac{(x_1 y_1 + x_2 y_2 + x_3 y_3 + \cdots + x_n y_n)}{\sqrt{\sum_{i=1}^{n} x_i^2} \cdot \sqrt{\sum_{i=1}^{n} y_i^2}}$$

코사인 유사도[26]는 문서 사이의 유사도를 계산하는 데 사용됩니다. 문서에 나타나는 단어의 출현 빈도를 구해 코사인 유사도 계산 식에 적용하는 것입니다. 식에 대입하는 사항은 다음과 같습니다.

- 단어 목록 n: 유사도를 요구하는 문서 1과 문서 2의 모든 단어로 구성
- x: 문서 1의 단어가 나오는 빈도($i = 1, 2, \cdots, n$)
- y: 문서 2의 단어가 나오는 빈도($i = 1, 2, \cdots, n$)

변숫값 쌍은 산포도를 사용해 점의 집합으로 나타낼 수 있습니다. 이때 점 각각은 좌표축의 교점을 원점이라고 할 때 원점부터의 벡터로 나타낼 수 있습니다.

그림 4-27 변숫값 쌍의 산포도와 각 점으로의 벡터

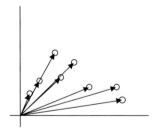

---

26 역자주_ https://ko.wikipedia.org/wiki/코사인_유사도

[그림 4-26]의 코사인 유사도를 구하는 식에서 x와 y의 원점을 x_0, y_0이라고 하면 [그림 4-28] 같은 식을 도출할 수 있습니다. 원점을 이동시킬 수 있으므로 x, y의 평균값을 사용해도 괜찮습니다. 이 식은 다음에 설명하는 상관계수를 구하는 식과 관계가 깊습니다.

그림 4-28 코사인 유사도 식의 변형

$$\cos\theta$$

$$= \frac{((x_1 - x_0)(y_1 - y_0) + (x_2 - x_0)(y_2 - y_0) + (x_3 - x_0)(y_3 - y_0) + ... + (x_n - x_0)(y_n - y_0))}{\sqrt{\sum_{i=1}^{n}(x_i - x_0)^2} \cdot \sqrt{\sum_{i=1}^{n}(y_i - y_0)^2}}$$

$$= \frac{\sum_{i=1}^{n}(x_i - \bar{x})(y_i - \bar{y})}{\sqrt{\sum_{i=1}^{n}(x_i - \bar{x})^2} \cdot \sqrt{\sum_{i=1}^{n}(y_i - \bar{y})^2}}$$

[그림 4-29]는 61쪽 '콘텐츠 내용을 분석하는 추천 엔진'에서 다뤘던 지진 기사 예의 유사도를 계산한 것입니다.

그림 4-29 단어와 출현 빈도의 표, 유사도 계산 결과

	기사 A	기사 B	기사 C	기사 D
경주	0.5	0.4	0	0.5
지진	0.2	0	0.4	0.3
지층	0.1	0	0.4	0
단층	0	0.3	0.2	0.1
비	0.2	0	0	0
연휴	0	0.3	0	0.1

기사 A	1.000			
기사 B	0.2	1.000		
기사 C	0.12	0.06	1.000	
기사 D	0.31	0.26	0.14	1.000
	기사 A	기사 B	기사 C	기사 D

코사인 유사도로 단어가 나오는 빈도를
기사 사이에 계산한 결과
기사 A와 비슷한 기사는 D 〉B 〉C,
기사 B와 비슷한 기사는 D 〉C다

상관계수

상관관계는 "2개의 확률 변수 사이 분포 규칙의 관계(한쪽이 증가하면 다른 한쪽도 증가하고 한쪽이 감소하면 다른 한쪽도 감소하는 것)로, 대부분 선형 관계의 정도를 의미한다"고 말할 수 있습니다. 변숫값 쌍이 확률에 따라 값을 취하는 것이면 확률 변수[27]가 되지만, 확률 변수가 아닌 변수라도 상관관계의 개념은 같습니다.

상관계수[28]는 보통 피어슨 상관계수를 의미할 때가 많습니다.

그림 4-30 피어슨 상관계수 식

$$r = \frac{S_{xy}}{S_x S_y} = \frac{\sum\limits_{i=1}^{n}(x_i - \bar{x})(y_i - \bar{y})}{\sqrt{\sum\limits_{i=1}^{n}(x_i - \bar{x})^2} \cdot \sqrt{\sum\limits_{i=1}^{n}(y_i - \bar{y})^2}}$$

상관계수 r은 1~-1 사이의 값으로 나타내며 양의 값이면 양의 상관관계를, 음의 값이면 음의 상관관계입니다. 또한 1이나 -1에 가까울수록 강한 상관관계가 존재합니다. 보통 '절댓값 0.7 이상'이면 "상관관계가 있다"고 생각해도 됩니다.

여기서 "상관계수의 절댓값이 1에 가깝다"라는 의미에 주의해야 합니다. 이는 "단순회귀의 점 분포에 불규칙성이 작다"는 의미일 뿐입니다. 점 분포에 불규칙성이 작은 상태라도 상관계수가 0에 가까울 때도 있습니다. 또한 불규칙성이 전혀 없어 표준 편차가 0일 때는 상관계수를 계산할 수 없습니다.

그림 4-31 점의 분포와 상관계수의 관계

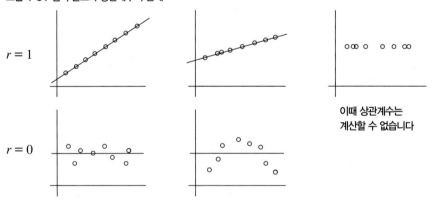

이때 상관계수는 계산할 수 없습니다

---

27 역자주_ https://ko.wikipedia.org/wiki/확률변수
28 역자주_ https://ko.wikipedia.org/wiki/상관분석

이 밖에도 스피어만의 순위 상관계수와 켄달의 순위 상관계수 같은 상관계수가 있습니다. 순위 상관계수는 순위 정보만을 사용해 상관계수를 구합니다.

스피어만의 순위 상관계수

스피어만의 순위 상관계수는 피어슨 상관계수의 특별한 경우입니다. 같은 순위가 있다면 순위를 보정(같은 순위의 우선순위를 따짐)해야 하지만, 같은 순위의 수가 적을 때는 순위 보정 없이 상관계수를 구해도 괜찮습니다.

그림 4-32 스피어만의 순위 상관계수 식[29]

- 스피어만의 순위 상관계수

$$\rho = 1 - \frac{6\sum_{i=1}^{n}D_i^2}{n^3 - n}$$

D는 같은 순위가 있을 때 순위 차이를 표시합니다

$$\rho = \frac{T_x + T_y - \sum_{i=1}^{n}D_i^2}{2\sqrt{T_xT_y}}$$

$$T_x = \frac{n^3 - n - \sum_{i=1}^{n_x}(t_i^3 - t_i)}{12}$$

$$T_y = \frac{n^3 - n - \sum_{i=1}^{n_y}(t_j^3 - t_j)}{12}$$

n_x, n_y는 같은 순위의 개수, t_i, t_j는 각 순위를 표시합니다

---

29 출처: 스피어만의 순위 상관계수(http://www.tamagaki.com/math/Statistics609.html, 구글 번역 링크 https://goo.gl/1lLxd7)

켄달의 순위 상관계수

켄달의 순위 상관계수는 같은 순위인 데이터의 개수 K, 다른 순위인 데이터의 개수 L을 사용해 계산합니다. 모든 순위의 높고 낮음이 정해졌을 때 데이터 개수 n에서 2개를 선택하는 조합의 수가 K고 이는 구하려는 τ 식의 분모 값과 같습니다.

켄달의 순위 상관계수는 1~−1 사이의 값이며, 1이나 −1에 가까울수록 강한 상관관계가 있습니다. 상관관계가 없는 경우에는 0이 됩니다.

그림 4-33 켄달의 순위 상관계수 식

· 켄달의 순위 상관계수

$$\tau = \frac{(K - L)}{\binom{n}{2}} = \frac{(K - L)}{\frac{n(n-1)}{2}}$$

$$K = \#\left\{ \{i, j\} \in \binom{[n]}{2} \,\middle|\, x_i, x_j\text{의 대소 관계와 } y_i, y_j\text{의 대소 관계가 일치} \right\}$$

$$L = \#\left\{ \{i, j\} \in \binom{[n]}{2} \,\middle|\, x_i, x_j\text{의 대소 관계와 } y_i, y_j\text{의 대소 관계가 일치하지 않음} \right\}$$

상관함수

상관계수로는 숫자 쌍의 유사도를 구할 수 있었습니다. 그럼 함수의 유사도를 구해야 할 때는 어떤 방법을 이용해야 할까요?

함수는 특정 시점의 결괏값을 구할 수 있으므로 함수 결괏값 쌍으로 상관계수를 구한 후 이를 함수로 나타내면 됩니다. 이를 상관함수라고 합니다. 교차상관함수와 자기상관함수를 자주 사용합니다.

그림 4-34 시계열 데이터에 교차상관함수와 자기상관함수 사용

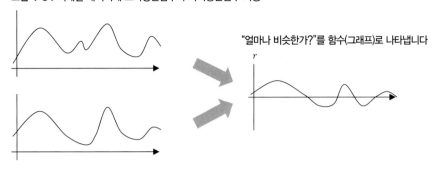

"얼마나 비슷한가?"를 함수(그래프)로 나타냅니다

교차상관함수는 두 함수에서 어떤 시점의 두 함수 결괏값 쌍의 상관계수를 구해 함수로 나타내는 것입니다. 자기상관함수는 두 함수가 같은 함수일 때 서로 다른 시점의 함수 결괏값 상관계수를 구할 때 사용합니다. 따라서 자기상관함수에서 상관계수를 산출하는 일은 함수의 주기성을 검증할 수 있습니다. 여기에서는 깊이 다루지 않지만 합성곱 처리(269쪽 '합성곱 처리' 참고)와 관계가 깊고, 푸리에 변환(289쪽 '푸리에 변환' 참고) 등의 신호 처리에 사용할 때가 많습니다.

거리와 유사도

유사도는 '가깝다', '멀다' 같은 '거리의 개념'으로도 말할 수 있습니다. 따라서 "거리가 가까울수록 유사도가 높다"라고도 말할 수 있습니다.

편집 거리

'거리'라는 개념으로 유사도를 나타낸 것으로는 편집 거리$^{edit\ distance}$가 있습니다. 편집 거리[30]는 치환, 삽입, 삭제의 세 가지 요소에 각각 페널티를 설정하는 형태를 취하고 페널티의 합계를 점수로 설정해 유사도를 규정합니다.

---

30 역자주_ https://en.wikipedia.org/wiki/Edit_distance

레벤슈타인 거리

값이 아닌 문자열 사이의 유사도를 나타낼 때 사용하는 레벤슈타인 거리Levenshtein distance가 있습니다(보통 레벤슈타인 거리를 일반적인 편집 거리의 개념으로 취급합니다).

예를 들어 영어 단어를 입력한 후 사전에 등록된 단어와 비교해 비슷한 철자의 단어가 무엇인지 찾는 것이 있습니다. 이를 통해 맞춤법 오류가 있는지 쉽게 확인할 수 있을 뿐만 아니라 올바른 단어 후보를 제시할 수 있습니다.

그림 4-35 레벤슈타인 거리의 산출 방법

이를 더 발전시켜 영어 단어의 검색 서비스에서는 간단한 문자의 비교뿐만 아니라 발음을 고려해 단어를 제시하는 시스템도 존재합니다.

해밍 거리

고정 길이의 이진 데이터에서 서로 다른 비트 부호 수를 갖는 문자 개수를 해밍 거리Hamming distance[31]라고 합니다. 2개 비트열의 배타적 논리합을 구한 결과에 존재하는 1의 개수가 해밍 거리입니다. 주로 오류 검사에 이용합니다.

해밍 거리와 레벤슈타인 거리의 비교는 [그림 4-36]을 참고합니다.

---

31 역자주_ https://ko.wikipedia.org/wiki/해밍_거리

그림 4-36 해밍 거리와 레벤슈타인 거리

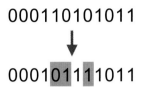

해밍 거리: 3
(문자 3개 치환)

레벤슈타인 거리: 8
(문자 3개 치환, 문자 3개 제거, 문자 2개 삽입)

이 외에도 유전자를 구성하는 염기 서열이나 아미노산 서열의 상동성[32]을 계산하는 데도 해밍 거리를 이용합니다.

유클리드 거리

2차원 분산형 차트에서 변숫값 쌍의 관계를 표현할 때, 점 2개의 좌표 사이 직선거리를 유클리드 거리[33]라고 합니다. 유클리드 거리는 피타고라스의 정리와 같은 식에서 구합니다.

그림 4-37 유클리드 거리 식

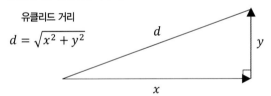

유클리드 거리

$$d = \sqrt{x^2 + y^2}$$

마할라노비스 거리

마할라노비스 거리Mahalanobis distance[34]는 유클리드 거리에서 점 수를 늘려 거리를 구하는 것을 말합니다.

---

32 역자주_ 어떠한 형질이 진화 과정 동안 보존된 것을 뜻합니다(https://ko.wikipedia.org/wiki/상동성).

33 역자주_ ttps://ko.wikipedia.org/wiki/유클리드_거리

34 역자주_ https://en.wikipedia.org/wiki/Mahalanobis_distance

구체적으로 설명하면 산포도의 점을 3개 이상 사용했을 때 관계를 거리로 나타낸 것으로 생각하면 됩니다.

그림 4-38 마할라노비스 거리 식[35]

• 마할라노비스 거리 식

$$d(x, y) = \sqrt{(x - y)^T cov(x, y)^{-1}(x - y)}$$

$x = (x_1, x_2, x_3, ..., x_n)$, $y = (y_1, y_2, y_3, ..., y_n)$의 벡터, $cov(x, y)$는 x와 y의 공분산행렬(분산공분산행렬)을 의미합니다. 공분산행렬의 대각성분 외 값이 0인 대각행렬이면 x의 표준편차 σ를 사용해 아래 식을 도출할 수 있습니다

$\sigma_i = 1$이면 마할라노비스 거리는 유클리드 거리와 같습니다

$$d(x, y) = \sqrt{\sum_{i=1}^{n} \frac{(x_i - y_i)^2}{\sigma_i^2}}$$

마할라노비스 거리는 데이터의 상관관계를 고려한 여러 개의 점 집단에서 어느 점까지의 거리를 계산합니다. 여기에서 구하는 거리는 집단 안 점에서 계산된 표준편차를 기준으로 해 보정한 유클리드 거리이기도 합니다.

그림 4-39 유클리드 거리와 마할라노비스 거리 비교

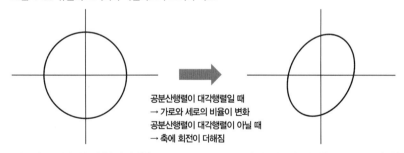

공분산행렬이 대각행렬일 때
→ 가로와 세로의 비율이 변화
공분산행렬이 대각행렬이 아닐 때
→ 축에 회전이 더해짐

유클리드 거리와 같은 거리의 점 집단(원)　　　　마할라노비스 거리와 같은 거리의 점 집단(타원)

이 방법을 이용하면 어떤 점이 집단에서 빠지는 값이 될지 예측할 수 있습니다.

----

35 역자주_ https://ko.wikipedia.org/wiki/공분산

자카드 계수

집합 2개의 유사도를 구할 때 집합 2개의 공통 요소 수를 전체 요소 수로 나눈 것을 자카드 ^{Jaccard} 계수라고 합니다.

그림 4-40 벤 다이어그램과 자카드 계수 식

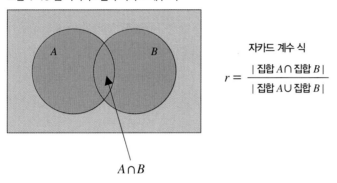

자카드 계수 식

$$r = \frac{|\text{집합 } A \cap \text{집합 } B|}{|\text{집합 } A \cup \text{집합 } B|}$$

$A \cap B$

단순히 벤 다이어그램을 그려서 구할 수 있으며 집합을 구성하는 요소가 수치인지 문자열인지를 고려하지 않아도 되므로 편리합니다.

텐서플로를 이용한 선형 회귀 예제

이번에는 텐서플로를 이용한 선형 회귀 예제를 다룹니다.

Point
- 하이퍼파라미터를 설정하는 방법을 확인합니다.
- 선형 회귀로 학습하는 방법을 익힙니다.
- 원래 데이터와 최적화한 직선을 시각화한 결과로 비교합니다.

여기에서는 $y = wx + b$ 형태의 간단한 선형 회귀분석 모델을 만들 것입니다. 따라서 2차원 좌표계에 데이터를 생성하는 파이썬 프로그램을 만들고 텐서플로를 이용해 샘플 데이터에 맞는 최적의 직선을 찾습니다.

필요한 모듈 불러오기

텐서플로 라이브러리와 시각화 라이브러리인 matplotlib.pyplot을 불러옵니다.

```
In[1]:
import tensorflow as tf
import matplotlib.pyplot as plt
```

다음으로는 텐서플로의 버전을 확인합니다.

```
In[2]:
tf._version_

Out[2]:
'1.0.1'
```

하이퍼파라미터 설정하기

예제에서 필요한 학습률 learning_rate, 학습 횟수 num_epochs, 진행 상태를 출력할 단계 step_display 등의 하이퍼파라미터를 설정합니다.

```
In[3]:
  learning_rate = 0.01
  num_epochs = 1000
  step_display = 50
```

학습률을 반드시 0.01로 설정할 이유는 없습니다. 하이퍼파라미터의 정의 자체가 정해져 있는 값이 아니라 실험을 통해서 구해야 하는 값이기 때문입니다. 여기에서는 편의를 위해 적절하다고 생각되는 0.01로 설정한 것입니다. 학습 횟수와 진행 상태를 출력할 단계도 마찬가지입니다. 경험상 약 1,000회 정도 학습하면 적당하다고 생각하며 매 50번 반복할 때마다 중간 결과를 출력하도록 설정했습니다.

학습에 이용할 데이터 정의

x 좌표와 y 좌푯값을 각각 정의합니다.

```
In[4]:
  x = [2.7, 4.8, 9.3, 13.4, 24.8, 31.3, 48.5, 53.0, 68.1, 74.2, 88.6, 94.5]
  y = [7.0, 28.8, 22.8, 67.1, 48.8, 100.2, 140.0, 190.2, 215.2, 285.6, 260.3, 251.1]
```

이때 x와 y의 개수는 같아야 합니다. 따라서 assert문을 활용해 x와 y의 개수가 같지 않으면 에러가 발생하게 합니다. len(x)의 실행 결과로 총 개수는 12개임을 확인할 수 있습니다.

```
In[5]:
  assert len(x) == len(y)
  len(x)

Out[5]:
  12
```

텐서플로의 대표적인 변수는 가중치와 편향입니다. 따라서 가중치 weight와 편향 bias를 변수로 설정합니다.

tf.random_uniform( ) 함수는 무작위 수로 초기화하는데, [1]은 변수의 형태를, −1.0은 최솟값, 1.0은 최댓값을 의미합니다. 즉 −1.0~1.0 사이의 스칼라값을 무작위로 생성합니다. name 인자는 텐서플로에 이름을 알려주려고 사용합니다.

```
In[6]:
weight = tf.Variable(tf.random_uniform([1], -1.0, 1.0), name='weight')
bias = tf.Variable(tf.random_uniform([1], -1.0, 1.0), name='bias')
```

모델을 학습시킬 때 x 좌표와 y 좌표를 피드해줄 플레이스홀더(tf.placeholder( ))를 정의합니다. 앞에서 가중치와 편향은 변수로 정의했으므로 텐서플로의 계산 그래프를 구축할 때 메모리에 저장합니다.

```
In[7]:
x_true = tf.placeholder(dtype=tf.float32, name='x_true')
y_true = tf.placeholder(dtype=tf.float32, name='y_true')
```

플레이스홀더는 그래프를 구축할 때는 메모리에 저장하지 않으며 그래프를 실제 실행할 때 피드하면서 메모리에 저장합니다.

그래프 만들기

예측값인 y_pred를 가중치 weight와 x 좌표를 피드해둘 플레이스 홀더 x_true의 곱에 편향 bias를 더한 값으로 정의합니다.

```
In[8]:
y_pred = tf.add(tf.multiply(weight,x_true), bias)
```

예측값인 y_pred에서 실제값인 y_true를 뺀 값에 제곱해서 평균을 계산한 값이 비용(cost 또는 loss)이 됩니다.

```
In[9]:
cost = tf.reduce_mean(tf.square(y_pred - y_true))
```

비용을 최소화할 optimizer를 정의합니다.

```
In[10]:
optimizer = tf.train.AdamOptimizer(learning_rate).minimize(cost)
```

학습 시작하기

세션을 실행하고 변수를 초기화합니다. 텐서플로는 세션 실행 시 반드시 모든 전역 변수를 초기화해야 합니다.

```
In[11]:
init = tf.global_variables_initializer()
sess = tf.Session()
sess.run(init)
```

이제 학습을 시작합니다. 1,000번 학습을 진행하며 optimizer와 cost를 실행하기 위해 x 좌표와 y 좌표를 피드합니다. 그리고 50번 학습했을 때마다 epoch, cost, weight, bias의 중간 결괏값을 출력합니다.

```
In[12]:
for epoch in xrange(num_epochs):
    _, c = sess.run([optimizer,cost], feed_dict={x_true: x, y_true: y})
    if (epoch+1) % step_display == 0:
        print "Epoch: {0}, cost: {1}, weight: {2}, bias: {3}".format(
            epoch+1, c, sess.run(weight), sess.run(bias))

print("최적화 작업을 완료했습니다.")
```

```
Out[12]:
Epoch: 50, cost: 25817.6855469, weight: [ 0.11223935], bias: [ 0.56423664]
Epoch: 100, cost: 18603.4082031, weight: [ 0.56743193], bias: [ 1.01983941]
```

```
Epoch: 150, cost: 13100.9501953, weight: [ 0.98087525], bias: [ 1.43414211]
Epoch: 200, cost: 9023.57519531, weight: [ 1.35100031], bias: [ 1.80566621]
Epoch: 250, cost: 6096.41015625, weight: [ 1.67703438], bias: [ 2.13373184]
Epoch: 300, cost: 4066.41210938, weight: [ 1.95911658], bias: [ 2.4185586]
Epoch: 350, cost: 2710.0715332, weight: [ 2.19842839], bias: [ 2.66139841]
Epoch: 400, cost: 1838.9732666, weight: [ 2.39722323], bias: [ 2.86455297]
Epoch: 450, cost: 1302.22106934, weight: [ 2.55873227], bias: [ 3.03127766]
Epoch: 500, cost: 985.349304199, weight: [ 2.68695927], bias: [ 3.16557097]
Epoch: 550, cost: 806.306335449, weight: [ 2.78638506], bias: [ 3.27188945]
Epoch: 600, cost: 709.540588379, weight: [ 2.86165214], bias: [ 3.35483432]
Epoch: 650, cost: 659.535583496, weight: [ 2.91726899], bias: [ 3.41886497]
Epoch: 700, cost: 634.831665039, weight: [ 2.95737505], bias: [ 3.46806836]
Epoch: 750, cost: 623.16229248, weight: [ 2.98559523], bias: [ 3.50601745]
Epoch: 800, cost: 617.889221191, weight: [ 3.00495911], bias: [ 3.53569865]
Epoch: 850, cost: 615.604919434, weight: [ 3.01790833], bias: [ 3.55951715]
Epoch: 900, cost: 614.650817871, weight: [ 3.02633572], bias: [ 3.5793364]
Epoch: 950, cost: 614.25970459, weight: [ 3.03165913], bias: [ 3.5965519]
Epoch: 1000, cost: 614.095397949, weight: [ 3.03490973], bias: [ 3.61217713]
최적화 작업을 완료했습니다.
```

최종 비용, 가중치, 편향을 구해 출력합니다.

In[13]:
```
training_cost = sess.run(cost, feed_dict={x_true: x, y_true: y})
print "최종 cost: {}".format(c)
print "최종 weight: {}".format(sess.run(weight))
print "최종 bias: {}".format(sess.run(bias))
```

Out[13]:
```
최종 cost: 614.095397949
최종 weight: [ 3.03490973]
최종 bias: [ 3.61217713]
```

그래프로 직선 비교하기

x 좌표와 y 좌표를 이용해 빨간색의 동그라미 형태로 점을 찍습니다.

- ro에서 r은 빨간색을, o는 동그라미를 의미합니다.

- 학습의 결과로 얻은 최적화된 선을 그립니다.

- 범례(legend( ))를 보여줍니다.

- 시각화한 그래프를 출력합니다.

In[14]:
```
plt.plot(x, y, 'ro', label='Original data')
plt.plot(x, sess.run(weight) * x + sess.run(bias), label='Optimized line')
plt.legend()
plt.show()
```

그림 4-41 그래프 시각화

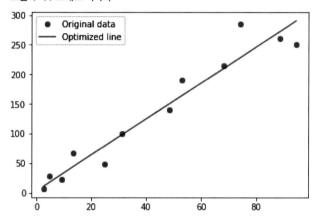

마지막으로 세션을 닫습니다.

In[15]:
```
sess.close()
```

이렇게 선형 회귀 예제를 통해 간단한 추이를 예측해봤습니다. 간단한 예제지만 무작위 좌표들을 대상으로 학습한 결과 최적화된 선을 얻을 수 있습니다. 대표적인 예로는 아파트 평수에 따른 아파트 매매가 예측, 유동 인구에 따른 상가 임대료 예측 등이 있습니다.

## CHAPTER 5

가중치와 최적화 프로그램

신경망과 베이즈 네트워크 등을 이용해 데이터를 분석하려면 그래프 네트워크를 알아야 합니다. 따라서 이 장의 전반부는 그래프 이론의 기초 지식과 주요 분석 기법, 그중에서도 동적 계획법을 중점으로 설명합니다. 다음으로는 동적 계획법과 함께 자주 사용되는 최적화 실행 프로그램인 유전자 알고리즘을 소개합니다. 후반부에서는 그래프를 활용한 수치 최적화 프로그램의 기초가 되는 신경망을 설명합니다.

그래프 이론을 설명합니다.

Point
- 그래프 이론 개요
- 그래프 이론 기본

그래프

그래프[1]라고 하면 막대 그래프나 파이 그래프 등 표 형식의 데이터를 그림으로 나타낸 것을 연상하는 분이 많을 겁니다. 그러나 여기에서 말하는 그래프는 점과 선을 연결한 것을 의미합니다. 점을 꼭지점, 정점^{Vertex}, 노드^{node}라고 하며, 선을 변 또는 간선^{Edge}이라고 합니다.

모든 정점 사이를 연결한(경로가 존재하는) 그래프를 연결 그래프$^{connected\ graph}$[2] 그렇지 않은 것을 비연결 그래프라고 합니다. 어떤 정점도 연결되지 않은 정점을 고립 정점$^{Isolated\ vertex}$이라고 합니다.

그림 5-1 그래프의 구성 요소

고립 정점

변, 간선(Edge)

정점(vertex)

연결 그래프　　　　비연결 그래프

---

1 역자주_ https://ko.wikipedia.org/wiki/그래프_이론
2 역자주_ https://ko.wikipedia.org/wiki/연결_그래프

그래프는 정점끼리 연결되어 있으면 정점이 어느 위치에 있는지는 관계가 없습니다. 따라서 겉보기에는 다른 그래프도 정점이 이동한다면 같은 그래프가 될 수 있습니다. 그런 그래프를 동형이라고 합니다.

그림 5-2 동형 그래프

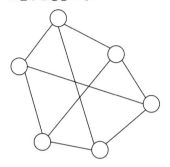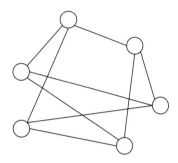

[그림 5-3] 그래프에서 정점 2개가 2개 이상의 변으로 연결되는 변은 '평행 변Parallel edge'이라고 합니다. 1개의 정점에 시작과 끝이 연결된 변이 존재하면 '양 끝이 같은 변self-loop'입니다.

그림 5-3 복잡한 그래프

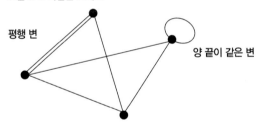

무향 그래프와 유향 그래프

그래프의 변에 방향이 존재하면 유향 그래프Directed graph[3]라고 합니다. 특히 어떤 정점에서 출발한 후 해당 정점에 돌아오는 경로가 하나인 그래프는 유향 비순회 그래프Directed acyclic graph, DAG라고 합니다. 변에 방향이 존재하지 않는 그래프는 무향 그래프Undirected graph라고 합니다.

---

3 역자주_ https://ko.wikipedia.org/wiki/유향_그래프

유향 그래프 중 가중치 정보가 추가된 그래프는 가중 그래프[Weighted Graph][4]라고 하며 변에 가중치 숫자를 적어 가중치를 표현합니다. 변에 숫자를 적는 것 외에 선의 굵기로 가중치를 나타낼 수도 있습니다. 가중치는 정점에도 적을 수 있으므로 변에 가중치를 나타내면 간선 가중 그래프[Edge-Weighted Graph], 정점에 가중치를 나타내면 정점 가중 그래프[Vertex-Weighted Graph]라고 합니다。

그림 5-4 유향 그래프와 가중 그래프

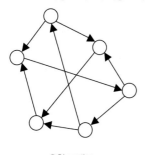

유향 그래프

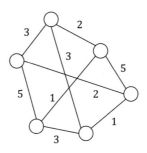

(간선) 가중 그래프

가중 그래프를 네트워크라고도 합니다. 여기에는 신경망과 베이즈 네트워크 등이 있습니다. 3장에서 소개한 상태 전이 다이어그램도 네트워크의 하나입니다.

그래프의 행렬 표현

그래프는 여러 가지 형태로 나타낼 수 있으며 그중 행렬로 나타내는 방법이 있습니다. 행렬로 나타내는 방법도 여러 가지 종류가 있는데 여기에서는 다음 두 가지를 소개합니다.

- **인접행렬(adjacency matrix)**: 정점 사이의 관계를 나타내는 행렬입니다.[5]
- **근접행렬(incidence matrix)**: 정점과 변의 관계를 나타내는 행렬입니다.[6]

---

4 역자주_ https://ko.wikipedia.org/wiki/가중_그래프
5 역자주_ https://ko.wikipedia.org/wiki/인접행렬
6 역자주_ https://en.wikipedia.org/wiki/Incidence_matrix

인접행렬은 정점 수가 n일 때 $n \times n$ 행렬이며 정점 사이가 변으로 연결되어 있으면 1, 연결되어 있지 않으면 0이 됩니다. 근접행렬은 변 수가 m일 때 $n \times m$ 행렬이며 정점과 변이 연결되어 있다면 1, 정점과 변이 연결되어 있지 않으면 0이 됩니다.

변에 가중치가 있는 그래프라면 인접행렬 요소를 0과 1이 아니라 가중치 값으로 구성합니다.

그림 5-5 그래프의 행렬 표현

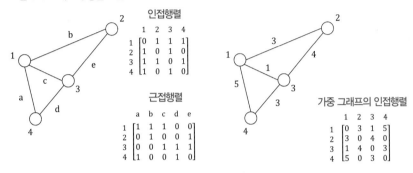

그래프를 행렬로 나타내면 그래프를 표 형식으로 바꾸거나 표 형식의 값을 가중 그래프로 변환해서 히트 맵처럼 나타낼 수도 있습니다. 이렇게 가중 그래프를 이용한 데이터 분석 방법 전반을 '네트워크 분석'이라고 합니다.

트리 구조 그래프

그래프에 있는 여러 개 정점에서 출발점이 되는 정점으로 돌아가는 경로가 유일하며, 출발점이 되는 정점이 막다른 정점(더는 새로운 변을 통해 이동할 수 없는 정점)인 그래프를 트리 구조라고 합니다. 출발점이 되는 정점은 루트[Root](뿌리)라고 합니다.

그림 5-6 트리 구조 그래프 예

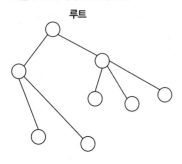

트리 구조 그래프의 종류는 사용 목적과 과정에 따라 나눕니다. 그중 앞으로 설명할 의사 결정 트리는 통계 모델 예측을 위한 조건 분기에 사용되는 규칙으로 사용합니다. 탐색 트리는 상태 (조건이 포함된 정보 구조)를 나누는 수단으로 사용합니다.

O2 그래프 탐색과 최적화

그래프 탐색과 최적화를 설명합니다.

Point
- 트리 구조와 이진 탐색 트리
- 너비 우선 탐색, 깊이 우선 탐색, 에이스타(A*) 알고리즘
- 동적 계획법

탐색 트리 구축

트리 구조 그래프는 보통 출발점이 되는 정점(혹은 최초의 상태)에서 다른 정점을 향해 나아가는 모습(나무 모양 그림, 계통 나무 그림)을 통해 여러 가지를 선택할 수 있는 상태를 나타냅니다. 즉, 출발점에서 여러 개 종착점 혹은 여러 개의 출발점에서 하나의 종착점으로 가는 경로를 탐색하는 경우에 사용하면 좋습니다. 구체적인 예는 체스와 오델로 등으로 대표되는 제로섬 유한 확정 완전 정보 게임, 미로 찾기와 대중교통 환승과 같은 경로 탐색 등이 있습니다. 출발점에서 목적지를 노드[7]로 구성한 후 분기를 이용해 상태를 선택합니다.

그림 5-7 탐색 트리 구조 예

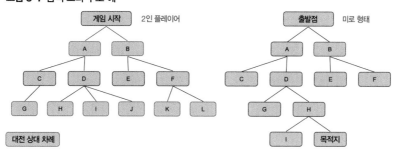

------

7 탐색 트리의 정점은 '노드'라고 합니다.

탐색 트리는 노드에 이익과 비용 같은 평가 값을 저장해두고 목적지에 도달하는 최적 경로를 찾습니다. 여기서 평가 값은 최적 경로를 선택하는 데 필요한 '상태'입니다.

탐색 결과를 기반으로 트리 분기의 다음 노드를 선택할 때는 여러 개 노드의 평가 값을 계산해 최적 경로를 찾습니다. 예를 들어 대중교통 환승은 출발점에서 목적지까지 도착하는 다양한 대중교통 수단을 이용했을 때의 최소 이동 시간, 최소 환승 횟수, 꼭 지나는 중간 지점, 환승 요금 등이 모두 비용입니다. 이 비용을 평가 값으로 환산해 최적 경로를 찾는 데 활용합니다.

이러한 최적 경로 탐색은 현재 시각 t에 해당하는 상태에 어떤 행동을 했을 때 얻을 수 있는 이익이나 지불 비용을 계산해 다음 시각인 $t + 1$의 상태를 결정하는 것과 같습니다. 이 과정을 반복 실행하면 목적지에 도달했을 때 시간인 T의 이익을 최대화하거나 비용을 최소화하는 계획 문제로 다룰 수 있습니다. 이러한 계획 문제를 다단계 (의사) 결정 문제라고 합니다.

그림 5-8 다단계 결정 문제 그래프 예

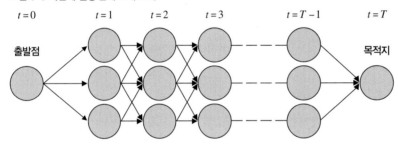

트리 구조는 데이터베이스 시스템의 인덱스에도 활용합니다. 정렬된 데이터를 반으로 나눠 저장하는 작업을 반복해 트리 구조를 만든 후 원하는 데이터를 빠르고 효율적으로 찾습니다. 이러한 데이터 탐색 방법을 이진 탐색이라고 하며 트리 구조는 이진 탐색 트리binary search tree라고 합니다. 실제 데이터베이스 시스템은 이진 탐색 트리보다 더 유연한 구조인 B 트리 등을 사용합니다. 이외에도 데이터의 관계를 나타내는 요소를 추가한 트리 구조는 온톨로지(352쪽 '온톨로지' 참고)가 있습니다. 또한 네트워크를 기반으로 지식을 표현하는 방법인 시맨틱 네트워크Semantic network[8]를 구축하기도 합니다.

---

8 역자주_ https://ko.wikipedia.org/wiki/시맨틱_네트워크

탐색 트리 추적 방법

막힌 지점이 있는 미로나 탐색 트리의 경로를 탐색할 때는 최소 단계에 목표로 하는 상태에 도달해야 합니다. 이를 위한 탐색 방법에는 깊이 우선 탐색Depth-first search, DFS과 너비 우선 탐색Breadth-first search, BFS이 있습니다. 탐색하는 순서가 각각 다릅니다.

그림 5-9 깊이 우선 탐색과 너비 우선 탐색

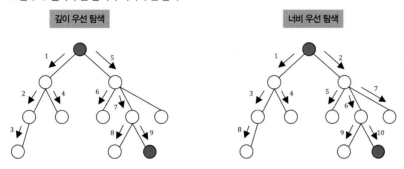

깊이 우선 탐색은 루트 노드에 연결된 경로 중 하나를 선택해 막다른 노드에 도착할 때까지 일단 탐색한 후, 다시 바로 앞 노드로 이동해 다음 막다른 노드까지 탐색을 반복합니다.

너비 우선 탐색은 루트 노드와 연결된 노드를 모두 탐색한 다음 바로 다음에 깊이의 노드들을 전부 탐색하는 과정을 반복합니다.

도달하는 목표 지점까지의 경로를 미리 파악할 수 있으면 어느 방법이 더 효율적일지 명확할 것입니다. 하지만 보통 그런 상황이 없으므로 두 가지 방법 모두 나름대로 장단점이 있습니다. 목표 지점은 해당 노드의 상태 평가 값(예를 들어 승부의 포석, 막다른 노드나 목적지, 점수 등)과 이를 계산하는 평가 함수로 결정합니다.

탐색 트리의 탐색에 필요한 목록

탐색 트리의 탐색에는 2개의 목록을 준비해야 합니다.

1. 탐색 대상 노드와 연결된 주변 노드를 포함하는 탐색 노드의 목록
2. 탐색을 종료한 노드의 목록

첫 번째를 오픈 리스트open list, 두 번째를 클로즈드 리스트closed list라고 하며 클로즈드 리스트에 도달 목표 노드가 포함되면 탐색을 종료합니다.

깊이 우선 탐색은 탐색할 노드를 오픈 리스트의 맨 위에 추가해 첫 번째 노드부터 차례대로 탐색합니다. 마지막으로 목록에 넣은 노드의 탐색 결과가 먼저 나오므로 이 방식을 LIFOLast In, First Out라고 합니다. 너비 우선 탐색은 탐색할 노드를 오픈 리스트의 마지막에 추가합니다. 먼저 목록에 넣은 노드의 탐색 결과가 먼저 나오므로 FIFOFirst In, First Out라고 합니다.

그림 5-10 LIFO와 FIFO

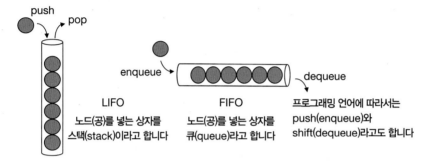

효율 좋은 탐색 방법

깊이 우선 탐색과 너비 우선 탐색은 탐색하는 노드를 순서대로 처리할 뿐이므로 더 효율적인 탐색 방법을 고민해야 처리 시간을 단축할 수 있습니다.

비용에 따른 탐색 방법

처리 시간을 단축할 때는 비용이라는 개념을 탐색에 도입해야 합니다. 예를 들어 부산에서 서울로 이동할 때 동대구를 통과하느냐 경주를 통과하느냐에 따라 시간과 비용에 차이가 생깁니다. 이러한 사전 지식이나 경험(휴리스틱 지식)을 이용하면 처리 시간을 단축할 수 있습니다.

비용에는 다음 종류가 있습니다.

- 초기 상태 → 상태 s의 최적 경로 이동에 드는 비용의 총합 $g(s)$
- 상태 s → 목표하는 최적 경로 이동에 드는 비용의 총합 $h(s)$
- 상태 s를 거치는 초기 상태 → 목표의 최적 경로 이동에 드는 비용의 총합 $f(s)$ $(= g(s) + h(s))$

오픈 리스트에 있는 노드를 탐색하기 전 누적 비용의 예측값 $\hat{g}(s)$를 최소화하도록 노드를 선택해서 탐색하는 방법을 최적 탐색optimal search이라고 하며 비용의 예측 평가 값 $\hat{h}(s)$를 최소화하도록 노드를 탐색하는 방법을 최선 우선 탐색Best-first search[9]이라고 합니다. 모두 [그림 5-10]의 통 속에 담긴 공을 바꾸는 원리로 탐색하는 방법입니다.

그런데 최적 탐색에서는 탐색량이 많고, 최선 우선 탐색에서는 잘못된 결과가 나올 수 있는 등 각각 단점이 있습니다. 그래서 $\hat{g}(s)$와 $\hat{h}(s)$ 모두를 이용한 예측치 $\hat{f}(s)$를 최소화하는 탐색 방법을 이용하면 좋습니다. 이 탐색 방법을 에이스타(A^*) 알고리즘이라고 합니다. 다음처럼 정리할 수 있습니다.

- 상태 s의 노드에 연결된 상태인 s'의 노드(정점) 예측값 $\hat{f}(s')$
- 클로즈드 리스트에 포함되어 있을 때, $\hat{f}(s)$ 쪽이 작으면 s' 쪽을 클로즈드 리스트에서 오픈 리스트로 되돌린다.

게임 트리를 전략에 이용하는 방법

오델로나 체스 같은 게임의 탐색 트리는 턴마다 자신과 상대를 통해 노드를 구성하므로 게임 트리라고도 합니다. 게임 트리의 끝 지점은 해당 시점의 상태(자신의 유불리를 나타내는 점수)를 보유하며 자신의 턴에서는 자신이 유리(점수가 최대)하다고 가정하고, 상대 턴에서는 자신이 불리(점수가 최소)하다고 가정하고 전략을 세웁니다. 미니맥스Mini-max 원리[10]나 알파베타 가지치기alpha-beta pruning[11]는 방금 설명한 전략에 따라 탐색하는 노드를 최대한 줄입니다.

미니맥스 원리에서는 자신의 턴에 점수를 최대로, 상대의 턴에 최소화하도록 노드를 선택합니다. 그 결과 [그림 5-11] 같은 게임 트리에서는 결국 색으로 나타낸 변을 선택합니다.

---

9 역자주_ 휴리스틱 탐색(heuristic search)이라고도 합니다.
10 역자주_ https://ko.wikipedia.org/wiki/미니맥스_원리
11 역자주_ https://ko.wikipedia.org/wiki/알파-베타_가지치기

즉, 다음에 탐색하는 변을 줄여 탐색 시간을 단축하는 최적 탐색 실행을 고려합니다.

알파베타 가지치기에서는 노드를 왼쪽부터 탐색해 변을 잘라 내는 작업(β 컷 오프, α 컷 오프)을 실행합니다. 다음 과정을 거칩니다.

- **β 컷 오프**
  최대 점수를 선택하면서 이미 저장한 점수보다 작은 점수의 노드가 나오면 해당 노드를 탐색 대상에서 제외(나중에 탐색하는 노드의 평가 값이 최소라면 해당 노드의 행동 평가를 생략)합니다.

- **α 컷 오프**
  점수가 최소인 것을 선택하면서 이미 저장한 점수보다 큰 점수의 노드가 나오면 앞에 연결된 노드를 검색 대상에서 제외(이전에 탐색한 노드의 평가 값이 최대라면 이후에 노드 및 하위 노드의 행동 평가를 생략)합니다.

탐색은 너비 우선 탐색과 깊이 우선 탐색을 결합해 실행합니다.

그림 5-11 미니맥스 원리와 알파베타 가지치기

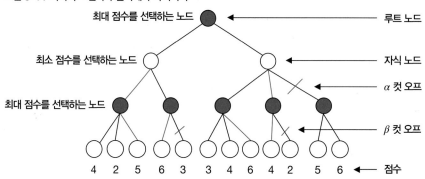

바둑이나 장기 등에서는 탐색 공간, 즉 탐색할 노드 수가 방대해 메모리 용량과 탐색 시간이 아무리 많아도 부족합니다. 그래서 더 효율적으로 탐색 대상의 선택 방법을 준비하는 몬테카를로 트리 탐색Monte Carlo Tree Search, MCTS[12], 탐색 트리를 압축한 이진 의사 결정 다이어그램Binary Decision Diagram, BDD[13], ZDDZero-suppress Decision Diagram[14]라는 방법도 이용합니다.

----

12 역자주_ 어떤 선택이 가장 좋은 것인가를 분석하면서 검색 공간에서 무작위 추출에 기초한 탐색 트리를 확장한 후 탐색합니다(https://ko.wikipedia.org/wiki/몬테카를로_트리_탐색).

13 역자주_ https://en.wikipedia.org/wiki/Binary_decision_diagram

14 역자주_ https://en.wikipedia.org/wiki/Zero-suppressed_decision_diagram

동적 계획법

경로 탐색에서 체크포인트를 통과할 필요가 있거나 탐색 비용이 있을 때 노드에서 노드를 이동하는 모습을 '시계열 기준 상태 변화'라고 가정할 수 있습니다. 이처럼 어떤 상태에서 다음 상태로 전환하는 것은 비용을 고려하면서 결정을 수차례 반복하는 다단계 결정 문제로 다룰 수 있습니다. 이때 경로 탐색의 목표는 다단계 결정 문제로 다뤄서 얻는 경로의 평가 함수 J의 계산 결과를 극대화하는 것입니다.

그림 5-12 다단계 결정 문제의 평가 함수 식

$J(s_1, s_2, s_3, s_4, s_5, s_6, \cdots)$

그런데 시간 $t = 1, \cdots, T$일 때 s_t라는 상태 패턴을 N으로 설정하면 얻을 수 있는 상태가 N^T이며, 상태 수가 $N = 3$이고 단계 수가 $T = 10$일 때 N^T는 약 6만 개, 단계 수가 $T = 20$일 때는 약 35억 개입니다. 모든 경로를 열거해 평가하면 기하급수적인 계산량인 $O(N^T)$가 되므로 현실적이지 않습니다.

이때 [그림 5-12]의 평가 함수 J를 두 가지 상태로 표현하는 2개 변수 함수의 합으로 바꿀 수 있습니다.

그림 5-13 다단계 결정 문제의 평가 함수를 두 가지 상태로 나타냈을 때의 식

$$J(s_1, s_2, s_3, s_4, s_5, s_6, \cdots) = \sum_{t=2}^{T} h_t(s_{t-1}, s_t)$$

[그림 5-13] 식을 이용하면 계산량을 $O(N^2 T)$까지 줄일 수 있습니다. 이러한 처리 방식을 동적 계획법[15] 또는 동적 프로그래밍Dynamic Programming, DP이라고 합니다.

[그림 5-14]처럼 선택하는 경로에 따라 얻을 수 있는 점수가 각각 다를 때 가장 점수가 높은 경로를 선택한다고 가정해봅시다. 맨 아래로 이동하면 점수에 3을 더하며 맨 위로 이동하면 5를 더합니다. 이후에는 나머지 단계 수에 따라 점수를 더하는 데 맨 위 이외 경로를 통해 목적지에 도착하면 5점의 페널티가 부과됩니다.

---

15 역자주_ https://ko.wikipedia.org/wiki/동적_계획법

동적 계획법을 이용할 때는 경로 선택에 따라 $t = 1$에서 $t = T$까지 순서대로 $F_t(s_t)$를 계산합니다. 마지막 단계 T에서는 $F_T(s_T)$까지 구한 시점의 최댓값을 J^*로 설정한 다음 반대 순서로 $F_T(s^*_T)$를 얻는 s^*_T를 계산합니다. 이를 통해 최상 경로 $(s^*_1, s^*_2, s^*_3, \cdots, s^*_T)$와 최고 점수 J^*를 구할 수 있습니다.

그림 5-14 경로 선택 예

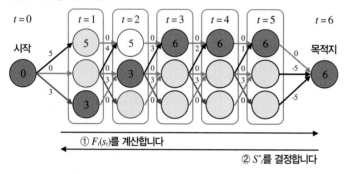

[그림 5-15]의 $F_t(s_t)$는 해당 노드에 도달한 때의 최고 점수를 구하는 식입니다. s_t에는 3개의 상태가 저장되어 있고 이를 메모리에 저장합니다. 이 작업을 메모리화라고 합니다.

그림 5-15 $F_t(s_t)$의 최고 점수를 구하는 식
$$F_t(s_t) = \max_{s_{t-1}}[F_{t-1}(s_{t-1}) + h_t(s_{t-1}, s_t)]$$

동적 계획법은 최적 경로를 계산하는 것 이외에 원본 비교도 할 수 있습니다. 생물정보학 bioinformatics 분야에서는 2개의 염기 서열과 아미노산 서열을 효율적으로 비교해 상동성을 계산하는 데 동적 계획법을 사용합니다. 이때 점수나 페널티로 레벤슈타인 거리를 참고하거나, 종과 종 사이에 유사성이 높은 아미노산의 상대 빈도나 치환 확률에서 구한 확률 비율의 대수행렬을 이용하기도 합니다.

그래도 경로가 많아지면 필요로 하는 메모리양이 커지는 등 문제가 있습니다. 따라서 이를 더 효율적으로 처리하도록 그래프를 나누거나 GPU를 이용해 나눈 그래프에 대규모 병렬 처리 massively parallel processing를 하는 등 효율적으로 계산할 수 있도록 발전하고 있습니다.

03 유전 알고리즘

유전 알고리즘을 설명합니다.

Point · 유전 알고리즘
· 용어 설명과 유전 알고리즘의 흐름
· 실제 응용 사례

유전 알고리즘 구조

생물이 살아가면서 교차, 돌연변이, 도태 등으로 환경에 적합하도록 진화한다는 가설에 기반을 둔 최적화 기법을 유전 알고리즘[16]이라고 합니다. 시간축 상에서 여러 번 계산을 반복해 단계 수를 쌓아서 궁극적으로 구하고 싶은 결과에 수렴시켜 나갑니다.

이 과정에서 교차와 돌연변이 등 진화론 아이디어를 도입한 계산 방식을 진화 연산[17]이라고 합니다. 진화 연산은 다음 특징이 있습니다.

- **집단성**
  개체 다수를 집단으로 설정해 동시에 탐색할 때는 병렬 연산합니다.

- **탐구 가능성**
  탐색 공간(설명 변수와 목적 변수 등이 취할 수 있는 값의 범위)의 자세한 사전 지식을 요구하지 않습니다.

- **다양성**
  집단에 있는 개체의 다양성으로 노이즈와 동적 변화에 적응성을 갖게 되므로 견고한 답을 얻을 수 있습니다.

---

16 역자주_ https://ko.wikipedia.org/wiki/유전_알고리즘
17 역자주_ https://ko.wikipedia.org/wiki/진화_연산

유전 알고리즘 용어와 알고리즘 흐름

유전 알고리즘에는 특유의 용어가 있으며 일부 용어는 옛날부터 알려진 진화론과 유전학 용어를 그대로 사용합니다. 하지만 유전 알고리즘 안 유전학 용어가 데이터의 성격을 설명한다는 점을 기억하기 바랍니다.

그림 5-16 유전 알고리즘 용어

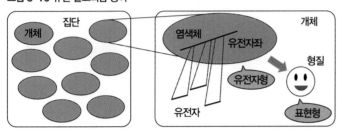

개체	염색체로 구분하는 자율적인 의사 생명체. 답의 후보가 있는 데이터
집단	개체의 집합체. 집단 안 개체 수를 집단 크기라고 합니다.
유전자	개체의 형질을 규정하는 기본 구성 요소
대립 유전자	유전자가 얻을 수 있는 상태와 값
염색체	복수의 유전자로 구성된 집합체
유전자좌	염색체상의 유전자 위치
유전자형	유전자에 있는 염색체 안 내부 표현(문자열이나 그래프 등)
표현형	염색체로 규정하는 형질의 외부 표현
적합도	개체 각각의 환경 적응 정도. 표현형이 갖는 점수
코드화	표현형에서 유전자형으로의 변환
디코드화	유전자형에서 표현형으로의 변환

유전 알고리즘의 흐름은 다음과 같습니다.

1. 집단 전체 수를 N으로 하는 초기화를 실행합니다.
2. 적합도를 계산해 평가를 진행합니다. 적합도 평가의 결과를 낼 때는 미리 정해 놓은 종료 조건을 검사합니다.
3. 종료 조건에 부합, 즉 수렴한다고 판정되면 이 처리는 종료합니다.
4. 그렇지 않으면 다음 작업(세대교체)으로 이동합니다.

5. 세대교체에는 도태(Selection), 교차(Crossover), 돌연변이(Mutation) 등 세 가지 종류가 있으며 개체에 맞는 세대교체 처리가 할당됩니다.

6. 남아 있거나 생성된 개체는 다음 세대의 개체가 되고 다시 적합도를 평가합니다.

7. 이 과정을 반복합니다.

그림 5-17 유전 알고리즘의 흐름

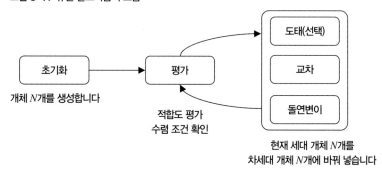

도태(선택)	개체를 남기는 처리
교차	개체 2개에서 자식 둘을 생성하는 처리
돌연변이	개체 1개의 유전자를 변화시키는 처리

평가

적합도 평가를 통해 세대를 교체할지 적합도 평가를 종료할지 결정합니다. 이때 종료 여부, 즉 수렴했다고 간주할지는 다음 조건에 따라 결정합니다.

- 집단 안 개체 중 적합도가 최대인 것이 임계치(알고리즘 사용자가 정한 목표 적합도)를 초과
- 집단 전체의 평균 적합도가 임계치를 초과
- 집단 안의 적합도 증가율이 일정 기간 임계치 아래에 있음
- 세대교체 횟수가 일정 수에 도달(중단)

도태

유전 알고리즘에서는 적합도가 높은 개체를 선택해 남기면 다음 세대가 되었을 때 집단 안에서 더 최적 해결책에 가까운 개체가 많아지는 상태를 만들 수 있습니다. 이를 도태 또는 선택이라고 합니다.

도태 방법은 룰렛 휠 선택roulette wheel selection, 토너먼트 선택, 엘리트 선택 등을 활용합니다.

그림 5-18 도태(선택)

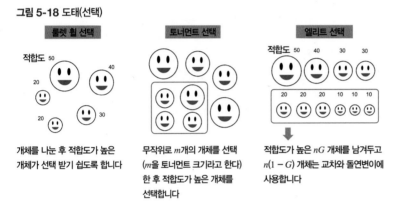

룰렛 선택은 개체의 적합도에 따라 개체 선택 가능성이 바뀌므로 개체를 무작위로 선택해도 선택 결과가 한쪽으로 치우치는 상태가 됩니다. 토너먼트 선택은 집단 안의 일부 개체를 무작위로 선택한 후 가장 적합도가 높은 개체를 남기는 방식으로 집단 전체 수에 해당하는 개체를 얻을 때까지 반복합니다. 엘리트 선택은 집단에서 적합도가 높은 순으로 nG개의 개체를 남기고 그 외 $n(1 - G)$개의 개체에 유전자 조작을 추가하는 방식입니다. G를 엘리트율, $1 - G$를 생식률이라고 합니다.

교차

부모의 유전자를 재조합해 자식 둘을 생성하는 것을 교차라고 합니다([그림 5-19] 참고). 유전자를 변형해 자식을 생성할 때 부모의 유전자를 어떻게 이용하느냐에 따라 1점 교차, 다점 교차, 균등 교차로 분류합니다. 이외에 자식 하나만 생성하는 평균 교차도 있습니다.

그림 5-19 교차

유전자가 0과 1로 구성된 염색체를 이진 인코딩binary encoding이라고 합니다. 그런데 데이터 내용의 순서나 실제 값을 나타낼 필요가 있을 때, 이진 인코딩은 불편한 점이 있습니다. 그럴 때는 유전자를 순열 인코딩permutation encoding[18]이나 값 인코딩value encoding[19] 등으로 표현할 수 있습니다.

또한 [그림 5-20] 같은 더 복잡한 교차도 할 수 있습니다.

그림 5-20 복잡한 교차

사이클 교차	부분 일치 교차	순서 교차	균등 순서 교차	균등 위치 교차
부모 1 1234 56 78	부모 1 12345678	부모 1 12345678	부모 1 12345678	부모 1 12345678
부모 2 65 48 7321	부모 2 65487321	부모 2 65487321	부모 2 65 48 73 21	부모 2 65 48 73 21
↓	↓	↓	↓	↓
자식 1 6483 52 71	자식 1 12 645 378	자식 1 123 65487	자식 1 14385672	자식 1 15384627
자식 2 15 237 468	자식 2 35487 621	자식 2 654 12378	자식 2 65384721	자식 2 62548371

일반적으로 이용하는 교차와 순열 인코딩에서 이용하는 교차는 [표 5-1], [표 5-2]가 있습니다.

표 5-1 일반적으로 이용하는 교차

교차	설명
1점 교차(one point crossover)	어떤 유전자 위치를 경계로 부모의 유전자를 바꿔 자식을 생성합니다.
다점 교차(multi point crossover)	염색체 위에 1점 교차의 경계를 복수로 설정해 자식을 생성합니다.
균등 교차(uniform crossover)	0은 확률 p, 1은 확률 $1 - p$로 설정한 후 부모의 유전자를 바꿔 자식을 생성합니다.
평균 교차(average crossover)	부모 유전자의 평균치를 자식의 유전자로 합니다.

---

18 역자주_ 각 염색체의 값이 순서를 나타내는 값이 있는 것을 말합니다.

19 역자주_ 직접 값을 사용하는 것을 말합니다.

표 5-2 순열 인코딩에서 이용하는 교차

교차	설명
사이클 교차 (cycle crossover)	① 부모 1의 특정 유전자 번호와 위치를 자식에게 물려줍니다. ② 부모 1과 같은 위치에 있는 부모 2의 유전자 번호를 파악합니다. ③ ②에서 파악한 유전자 번호가 있는 부모 1의 유전자 번호 위치를 찾은 후 부모 1의 유전자 번호와 위치를 자식에게 물려줍니다. ④ ①~③을 반복해 ①의 유전자 번호가 나올 때까지 자식에게 번호를 물려줍니다. ⑤ 자식 유전자에서 가장 왼쪽에 비어 있는 위치와 같은 부모 2의 유전자 번호와 위치를 물려준 후 부모 2를 기준으로 ②~④를 반복해서 자식 유전자 번호를 채웁니다. ⑥ 자식 유전자 번호를 모두 채울 때까지 ①~⑤를 반복합니다.
부분 일치 교차 (partially matched crossover)	① 경계 2개 사이에 있는 부모 1의 특정 유전자 번호들과 위치를 자식에게 물려줍니다. ② ①에서 물려준 유전자 번호와 위치를 제외하고 부모 2의 유전자 번호들과 위치를 자식에게 물려줍니다. ③ 물려받은 자식 유전자 번호 중 ①과 중복되는 번호가 있다면 해당 번호의 부모 1 유전자 번호 위치와 같은 부모 2의 유전자 번호로 바꿉니다. 이 과정을 반복해 ②에서 물려받은 번호는 ①의 번호와 중복되지 않게 해 모든 자식 유전자 번호를 채웁니다.
순서 교차 (order crossover)	① 경계 2개 사이에 있는 부모 1의 특정 유전자 번호들과 위치를 자식에게 물려줍니다. ② 부모 2의 가장 왼쪽을 기준으로 자식 유전자의 오른쪽 비어 있는 부분부터 유전자 번호를 차례로 채웁니다. 단, ①과 중복되는 번호는 제외하고 채웁니다.
순서 기반 교차 (order-based crossover)	① 무작위로 위치를 선택한 후 해당 위치의 부모 2 유전자 번호를 제외한 부모 1의 유전자 번호와 위치를 자식에게 물려줍니다. ② 부모 2의 유전자 번호 위치 순서에 맞춰서 자식 유전자의 비어 있는 위치에 제외한 유전자 번호를 채웁니다.
위치 기반 교차 (position-based crossover)	① 무작위로 위치를 선택한 후 해당 위치의 부모 1 유전자 번호와 위치를 자식에게 물려줍니다. ② 부모 2의 유전자 번호 위치 순서에 맞춰서 자식 유전자의 비어 있는 위치에 제외한 유전자 번호를 채웁니다.

돌연변이

돌연변이는 부모의 유전자를 재조합해 자식 한 명을 생성하는 것으로 적합도를 높인다는 기준으로 개체를 다루는 도태나 교차와 달리 무작위 탐색에 가깝습니다. 따라서 포괄적으로 개체를 다뤄서 최적 해결책을 찾는다는 효과가 있습니다. 돌연변이가 일어날 확률을 돌연변이율이라고 하며, 보통 교차를 일으킬 확률보다 훨씬 낮은 값으로 설정합니다.

돌연변이에는 [그림 5-21], [표 5-3] 같은 것이 있습니다.

그림 5-21 돌연변이

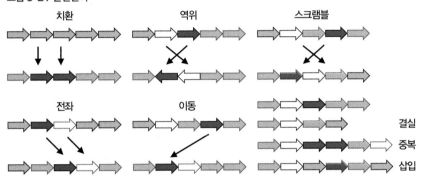

표 5-3 돌연변이의 종류

돌연변이	설명
치환(Substitution)	무작위로 선택된 유전자를 대립하는 유전자로 대체합니다.
섭동(Fluctuation)	(유전자가 실숫값인 경우) 무작위로 선택된 유전자에 매우 작은 양을 더하거나 줄입니다.
교환(Exchange)	무작위로 선택된 유전자 2개의 위치를 바꿉니다.
역위(Inversion)	무작위로 선택된 유전자 2개 사이의 순서를 반대로 바꿉니다.
스크램블(Scramble)	무작위로 선택된 유전자 2개 사이의 순서를 무작위로 바꿉니다.
전좌(Translocation)	무작위로 선택된 유전자 2개 사이의 특정 유전자를 다른 위치로 바꿉니다.
이동(Shift)	무작위로 선택된 유전자 2개 중 1개를 다른 유전자의 앞으로 이동시킵니다.
결실(Deletion)	어떤 길이의 유전자를 제거(유전자 길이가 변화)합니다.
중복(Duplication)	무작위로 선택된 유전자 2개를 복제(유전자 길이가 변화)합니다.
삽입(Insertion)	어떤 길이의 유전자를 추가(유전자 길이가 변화)합니다.

유전 알고리즘의 사용 예

유전 알고리즘의 사용 예로 자주 거론되는 문제는 외판원 문제Traveling Salesman Problem, TSP[20]가 있습니다. 그래프 탐색을 최적화하는 문제이기도 하지만 어떻게 추적해야 목적지까지 비용을 낮출 수 있는가를 탐구하는 것이기도 합니다. 프린트 기판에 효율적으로 구멍을 뚫는 작업 등에 응용하기도 합니다.

그림 5-22 외판원 문제

그래프 탐색의 예

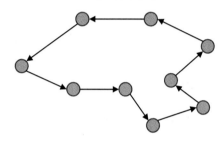

외판원 문제
복수 지점을 한 번만 통과하는 최단 거리(또는 최단 시간)를 이동해 출발점으로 돌아오는 경로를 계산하는 조합 최적화 문제

또한 다양한 분야에서 유전 알고리즘을 이용할 수 있습니다. 거미줄의 최적 형상을 계산할 때는 거미줄을 칠 때의 각도와 총 길이 등을 매개변수로 설정해 1,000 정도의 집단 크기로 개체를 만들고 개체 안에서 둥지에 효율적으로 벌레를 붙잡을 수 있는 형상을 적합도가 높은 둥지로 선발합니다.

수치 해석에서는 고속 열차 선두 차량의 모양을 결정하는 방법으로도 활용합니다. 또한 제트기 날개 설계에서 연비 효율과 기체 외부 소음 저감의 두 가지 목표를 동시에 최적화하는 데도 사용합니다. 금융 공학의 영역에서는 트레이딩 시스템의 설계나 포트폴리오 최적화에도 이용합니다.

그러나 유전 알고리즘에서는 적합도를 설계하거나 적합도를 효율적으로 높이는 미세한 교차 기법을 기계가 자율적으로 결정할 수 없으므로 상당 부분 사람이 보조해줘야 합니다.

---

20 역자주_ https://ko.wikipedia.org/wiki/외판원_문제

04 신경망

신경망을 설명합니다.

Point
- 신경망
- 계층(중간 계층, 은닉 계층)
- 계층 활성화 함수

헵의 법칙과 형식 뉴런

유전 알고리즘과 함께 생명 현상에서 영감을 얻은 기법으로 신경망[21]이 있습니다. 신경 세포 (뉴런)는 다른 신경 세포에게 전기 신호를 받았을 때 전기 신호가 일정 기준을 넘으면 다음 신경 세포로 신호를 전달합니다. 이 현상을 수학적 모델로 고안한 것이 신경망의 개념입니다. 방금 설명한 수학적 모델을 맥컬록–피츠McCulloch–Pitts 모델이라고 합니다.

그림 5-23 맥컬록–피츠 모델

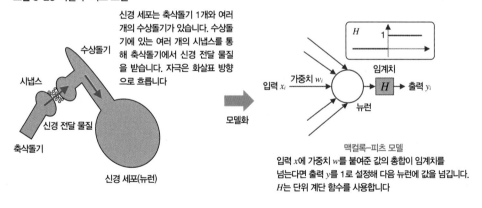

신경 세포는 축삭돌기 1개와 여러 개의 수상돌기가 있습니다. 수상돌기에 있는 여러 개의 시냅스를 통해 축삭돌기에서 신경 전달 물질을 받습니다. 자극은 화살표 방향으로 흐릅니다

모델화

맥컬록–피츠 모델
입력 x에 가중치 w를 붙여준 값의 총합이 임계치를 넘는다면 출력 y를 1로 설정해 다음 뉴런에 값을 넘깁니다. H는 단위 계단 함수를 사용합니다

---

21 역자주_ https://ko.wikipedia.org/wiki/인공신경망

실제 신경 세포끼리는 시냅스라는 부위를 통해 신경 전달 물질을 이동시킵니다. 이때 받는 쪽 신경 세포의 세포막 안팎에 미세한 전위차(막 전위[22])를 발생시키며 전기 신호로 시각화합니다.

맥컬록–피츠 모델로 고안된 신경 세포의 연결 모델을 형식 뉴런formal neuron(소자)[23]이라고 합니다. 입력을 통해 값을 얻어 합산한 후 필터를 거쳐 값을 출력합니다. 뉴런에서 값을 출력할 때의 일정 기준은 단위 계단 함수unit step function[24] H로 결정합니다. H는 $x < 0$일 때 $y = 0$, $x > 0$일 때 $y = 1$이 되는 함수이며, $x = 0$일 때는 $0 \leq y \leq 1$의 값을 취합니다.

이를 단순화하면 [그림 5–24]처럼 표현할 수 있습니다. 이때 함수 H는 f로 나타내며 '활성화 함수'라고 합니다.

그림 5-24 형식 뉴런

$$y = f\left(\sum xw\right)$$

1949년에는 시냅스를 통한 신경 세포의 상호작용이 증가하면 시냅스가 더 견고하게 강화되며, 상호작용이 감소하면 시냅스는 약해져 신경 회로를 사용하지 않게 된다는 가설이 등장했습니다. 이는 시냅스의 유연한 연결, 즉 가소성[25] 있는 변화를 의미하며 실제로 일어난다는 사실이 나중에 밝혀졌습니다. 이 가설은 처음 이를 제창한 도널드 헵의 이름을 따서 헵Hebb의 법칙이라고 합니다.

그런데 이 가설에서 더 관심이 쏠린 것은 시냅스 가소성을 이용한 학습과의 연관성이었습니다. 신경 세포의 연결이 더 견고하면 기억력 향상과 운동 능력 습득 같은 학습 작용에 도움을 준다는 사실을 알게 되었기 때문입니다.

이를 수학 개념으로 바꾸면 형식 뉴런에 헵의 법칙을 적용했을 때 입력값과 출력값에 의해 가중치가 변한다는 의미입니다.

---

22 역자주_ https://ko.wikipedia.org/wiki/막_전위
23 그래프 네트워크를 구성하는 부품으로 취급하기도 합니다.
24 역자주_ https://ko.wikipedia.org/wiki/단위_계단_함수
25 역자주_ 외부에서 힘을 받아 형태가 변화한 후 받은 힘이 없어져도 본래 형태로 돌아가지 않는 성질을 말합니다.

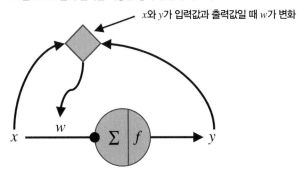

그림 5-25 헵의 법칙을 적용한 형식 뉴런의 피드백

x와 y가 입력값과 출력값일 때 w가 변화

신경망

형식 뉴런을 여러 개 이어서 '수학적인 신경회로'를 구성한 것이 신경망입니다. 신경망에서는 같은 종류의 형식 뉴런을 여러 개 병렬로 배열해 유닛을 형성하는 것을 '계층'이라고 합니다. 자주 나오는 신경망을 [그림 5-26]에 나타냈습니다.

그림 5-26 신경망 예

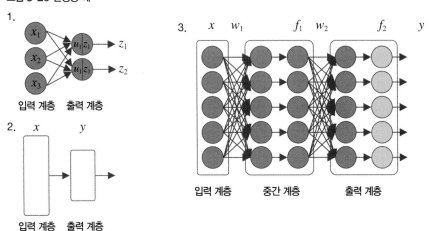

노드(원) 하나는 뉴런과 입력값의 상태를 나타내며 화살표 방향으로 프로세스가 진행됩니다. 노드 수는 계층에 따라 같거나, 많거나, 적을 수 있으며 노드 수가 많아지면 노드를 한곳에 모아 계층을 사각형으로 나타낼 수 있습니다.

입력받은 노드에 활성화 함수를 사용하기도 합니다. 또한 노드 속의 활성화 함수 부분을 다른 노드로 나타낼 수도 있습니다.

계층이 3개 이상일 때 입력 계층과 출력 계층 사이에 존재하는 층은 중간 계층 또는 은닉 계층이라고 합니다. 그리고 중간 계층의 수가 많은 신경망을 다층 신경망 또는 심층 신경망이라고 합니다.

형식 뉴런을 여러 개 연결한 신경망에는 [표 5-4] 같은 특성이 있습니다.

표 5-4 신경망의 특성

분산성 / 병렬성 (Dispersion/Parallelism)	같거나 비슷한 뉴런끼리 구성된 노드가 다수 있습니다. 서로 연결되어 정보를 교환합니다.
국소성(Locality)	개별 뉴런이 받는 정보는 결합해 있는 다른 뉴런의 입력 신호 상태, 자신의 내부 상태, 출력 신호의 상태, 다음 연결부의 뉴런 상태가 됩니다.
가중합(Weighted Sum)	입력받을 때 결합 상황에 따른 가중치(결합 하중) 연산을 실행해, 가중치가 적용된 입력의 합산 또는 합산한 값을 비선형 함수로 변환한 값을 내부 상태로 합니다.
가소성(Plasticity)	결합 하중은 뉴런이 얻는 정보로 변화시킵니다. 학습과 자기 조직화에 활용합니다.
일반성(Generality)	학습한 특정 상황에서 바람직한 행동을 하는 것은 물론이고 학습하지 않은 상황도 보간법과 외삽법 등으로 대응합니다.

활성화 함수

형식 뉴런에서 받은 입력값을 출력할 때 일정 기준에 따라 출력값을 변화시키는 비선형 함수를 활성화 함수라고 합니다.

맥컬록-피츠 모델에서는 단위 계단 함수를 사용했는데 그 외에도 계단 함수(스텝 함수)와 시그모이드 함수도 활성화 함수로 사용합니다.

그림 5-27 활성화 함수

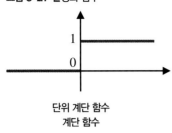

단위 계단 함수
계단 함수

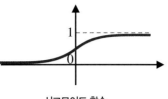

시그모이드 함수

- 단위 계단 함수

$$y = f(x) = \begin{cases} 1, x > 0 \\ c, x = 0, 0 \le c \le 1 \\ 0, x < 0 \end{cases}$$

- 시그모이드 함수

$$y = f(x) = \frac{1}{1 + e^{-x}}$$

- 계단 함수

$$y = f(x) = \begin{cases} 1, x \ge 0 \\ 0, x < 0 \end{cases}$$

계단 함수는 단위 계단 함수와 비슷하며 둘 다 디랙 델타 함수[Dirac delta function][26]와 관련된 $(-\infty, +\infty)$ 적분을 계산한 결과입니다.

시그모이드 함수[27]는 $x = -\infty$일 때 0, $x = +\infty$일 때 1에 무한히 접근하며, $x = 0$일 때 0.5가 되는 연속 함수입니다. 로지스틱 회귀에서 이용했던 로지스틱 함수의 역함수와 같은 방식으로 계산할 수 있습니다. $\text{sigmoid}(x)$ 또는 $\sigma(x)$ 같은 식으로 표기하기도 합니다.

시그모이드 함수와 비슷한 함수로서 $x = -\infty$일 때 -1, $x = +\infty$일 때 1에 무한히 접근하며, $x = 0$일 때 0이 되는 $\tanh(x)$(쌍곡선 탄젠트 함수)도 있습니다.

---

26 역자주_ https://ko.wikipedia.org/wiki/디랙_델타_함수
27 역자주_ https://ko.wikipedia.org/wiki/시그모이드_함수

퍼셉트론

신경망의 초기 연구 과정 중 1950년대에 제안된 것으로 맥컬록–피츠 모델을 기반으로 두는 학습 기계인 퍼셉트론이 있습니다.

그림 5-28 퍼셉트론의 구조

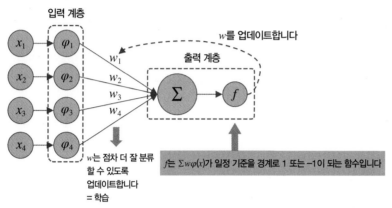

퍼셉트론 프로그램의 학습 알고리즘에는 헵의 법칙을 적용해 출력값에 따라 플러스와 마이너스로 진동하도록 가중치를 업데이트합니다. 그리고 두 가지 종류의 상태를 긍정과 부정적인 예로 설정해 출력값 $w\varphi(x)$에 긍정적인 예라면 플러스로, 부정적인 예라면 마이너스로 가중치 값을 업데이트합니다. η는 학습률^{learning rate}이라고 합니다.

그림 5-29 가중치의 업데이트 식

- 플러스일 때

$$w \Leftarrow w + \eta \cdot \varphi(x)$$

- 마이너스일 때

$$w \Leftarrow w - \eta \cdot \varphi(x)$$

단순 퍼셉트론에는 퍼셉트론 수렴 정리^{Perceptron convergence theorem}가 있습니다. 긍정적인 예와 부정적인 예에서 학습 데이터를 선형 분리할 수 있다면 반드시 유한한 횟수를 반복 실행해 평면 분리 상태를 찾을 수 있다는 개념입니다.

하지만 데이터를 선형 분리할 수 없다면 퍼셉트론 학습을 적용할 수 없습니다. 선형 분리할 수 있더라도 평면 분리 상태로 만드는 데 상당한 시간이 걸린다는 한계도 있습니다.

그림 5-30 선형 분리할 수 있는 데이터와 할 수 없는 데이터

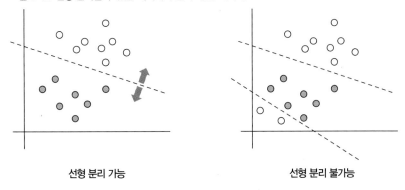

선형 분리 가능   선형 분리 불가능

볼츠만 머신

퍼셉트론은 입력에서 출력으로 흐르는 방향이 있었으므로 노드 하나에 연결되는 변은 단방향이었습니다. 그런데 1986년 힌튼 교수 등이 각 노드가 양방향으로 연결된 신경망 구조를 제안합니다. 이를 볼츠만 머신이라고 합니다. 이웃 노드가 받은 자신의 출력값을 다시 자신이 받는 피드백 메커니즘이 동작한다는 것이 핵심입니다.

그림 5-31 볼츠만 머신

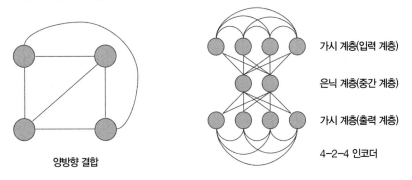

가시 계층(입력 계층)

은닉 계층(중간 계층)

가시 계층(출력 계층)

4-2-4 인코더

양방향 결합

볼츠만 머신이라는 이름이 붙은 이유는 노드 각각의 확률 분포 함수를 계산하면 해당 분포가 볼츠만 분포가 되기 때문입니다. 볼츠만은 통계역학[28] 분야를 개척했는데 특히 열역학 제2법칙[29]과 확률 계산의 관련성 연구에서 기체 중 원자와 분자 등이 혼란 상태에 빠지는 척도가 엔트로피임을 나타냈습니다. 엔트로피는 크면 불안정하고 작으면 안정된다는 점에서 네트워크의 에너지가 최솟값으로 수렴하는 것과 일맥상통합니다.

볼츠만 머신은 입력받은 값을 출력하는 단계에서 확률을 계산합니다. 따라서 일반적으로 사용하는 시그모이드 함수에 매개변수 T를 넣어 $f(x/T) = 1/(1 + e^{-x/T})$로 계산합니다. T는 네트워크 온도라고 하며, T 값에 따라 시그모이드 함수의 기울기가 가파르거나 완만하게 변합니다. $f(x/T)$의 계산 결과를 출력하는 값이 1이 될 확률을 P라고 하면 $1 - P$의 확률로 출력값은 0이 됩니다.

처음에는 온도 T를 높게 했다가 서서히 온도를 낮게 하면($T = 0$이 되도록 계산을 반복하면) 네트워크에 있는 에너지가 극솟값에 얽매이지 않고 최솟값으로 수렴합니다. 이 방법은 금속 재료 등을 가열한 후 서서히 냉각해 내부의 결함을 제거하는 '담금질'과 비슷하므로 시뮬레이션에 의한 담금질Simulated Annealing, SA 또는 담금질 기법[30]이라고 합니다.

볼츠만 머신도 퍼셉트론처럼 학습할 수 있습니다. 예를 들어 데이터의 입력과 출력에 관한 노드인 가시 계층과 내부 자유도를 높이는 노드인 은닉 계층으로 나눈 볼츠만 머신은 각 계층의 노드 수를 사용해 표현하는 $N-M-N$ 인코더라고 합니다($M < N$). [그림 5-32] 식으로 나타내는 정보량 기준 식으로 계층 2개의 환경 차이를 고려합니다.

그림 5-32 볼츠만 머신 학습의 정보량 기준 식

$$G = \sum_{\alpha} P_{\alpha}^+ \ln \frac{P_{\alpha}^+}{P_{\alpha}^-}$$

 ※ ln은 밑이 e인 자연로그

볼츠만 머신은 학습하는 기간과 학습하지 않는 기간의 단계를 반복 실행해서 학습하며 P_{α}^+와 P_{α}^-라는 확률을 나타냅니다.

---

28 역자주_ https://ko.wikipedia.org/wiki/통계역학
29 역자주_ https://ko.wikipedia.org/wiki/열역학_제2법칙
30 역자주_ https://ko.wikipedia.org/wiki/담금질_기법

- α : 노드의 상태 세트로 학습 데이터 수만큼 존재합니다.

- P_α^+ : 학습하는 기간 동안 가시 계층을 학습 데이터로 고정했을 때 상태 α가 얻을 수 있는 확률입니다.

- P_α^- : 학습하지 않는 기간 동안 모든 노드를 자유롭게 작동시켰을 때 상태 α가 나타날 확률입니다.

그림 5-33 가중치 업데이트 식

$$p_{ij}^+ = \sum_\alpha P_\alpha^+ x_i^\alpha x_j^\alpha$$

$$p_{ij}^- = \sum_\beta P_\beta^- x_i^\beta x_j^\beta$$

$$\Delta w_{ij} = (p_{ij}^+ - p_{ij}^-)$$

정보량 기준 식 G는 학습하는 기간과 학습하지 않는 기간의 확률 분포가 같을 때만 0이 되고, 그 외는 양의 값이 됩니다. 경사 하강법[31] 등을 이용해 이 값이 최소가 되도록 가중치 업데이트를 반복합니다. 가중치 업데이트는 노드의 상태에서 Δw_{ij}를 구합니다. 이때 η는 학습률이고, Δw_{ij}의 값은 정수로 정할 수도 있습니다. β는 모든 노드를 자유롭게 동작시키며 조합은 상태가 0, 1 두 가지므로 $2^{2N+M}(2N+M$은 노드 수)이 됩니다.

이 흐름은 [그림 5-34]처럼 정리할 수 있습니다.

그림 5-34 볼츠만 머신의 학습 알고리즘

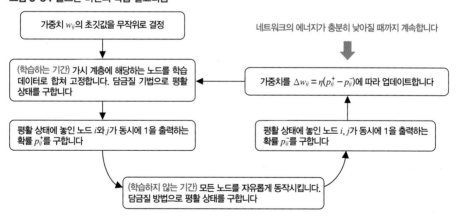

31 역자주_ https://ko.wikipedia.org/wiki/경사_하강법

볼츠만 머신은 1982년에 존 홉필드John Hopfield가 제안한 신경망 형태인 홉필드 네트워크의 하나며, 1970년대에 제안한 연상 기억 모델이나 커넥셔니즘과 관련이 있습니다. 따라서 노드가 있는 상태를 변화시켜 나가면 네트워크 자체가 (네트워크를 만든 사람도 예상할 수 없는) 능력과 기능을 보유할 수 있지 않을까 기대했습니다.

오차역전파법

볼츠만 머신은 연결된 노드 사이에 방향성이 없다는 점에서 피드백 메커니즘이 있음을 생각할 수 있습니다. 이 피드백 메커니즘은 진행 흐름이 한 방향으로 되어 있는 신경망에서도 생성할 수 있습니다. 앞에서 설명한 퍼셉트론의 가중치 업데이트가 피드백 메커니즘에 해당합니다. 특히 하나 이상의 중간 계층이 있는 계층형 신경망은 출력 계층에서 학습 데이터와 값의 오차를 이용해 중간 계층 뉴런의 특성을 변화시키는 구조를 만들 수 있습니다. 이를 오차역전파법 Backpropagation[32]이라고 합니다.

다층 퍼셉트론

입력 계층과 출력 계층만 있는 간단한 퍼셉트론의 약점은 선형 분리할 수 있는 데이터에만 적용할 수 있으며 계산 시간이 길다는 것입니다. 이 문제를 극복한 것이 다층 퍼셉트론입니다. 간단한 퍼셉트론을 여러 번 서로 연결해서 언뜻 보면 비선형으로 보이는 분포라도 억지로 대응하는 작업을 반복합니다. 그 결과 선형 분리할 수 있는 분포로 변환할 수 있습니다.

다층 퍼셉트론에서는 순방향으로 계층마다 출력을 계산한 후 오차역전파법을 이용해 출력 계층에서 역방향으로 가중치 업데이트를 실행합니다. 이 흐름은 네트워크를 학습시킨다는 전제와 정답 데이터가 있을 때의 동작입니다. 정답 데이터와의 조율은 최소 제곱 오차 등을 반영한 오차 함수(회귀분석에서 사용)를 만든 후 경사 하강법 등을 이용합니다.

---

32 역자주_ https://ko.wikipedia.org/wiki/오차역전파법

그림 5-35 다층 퍼셉트론

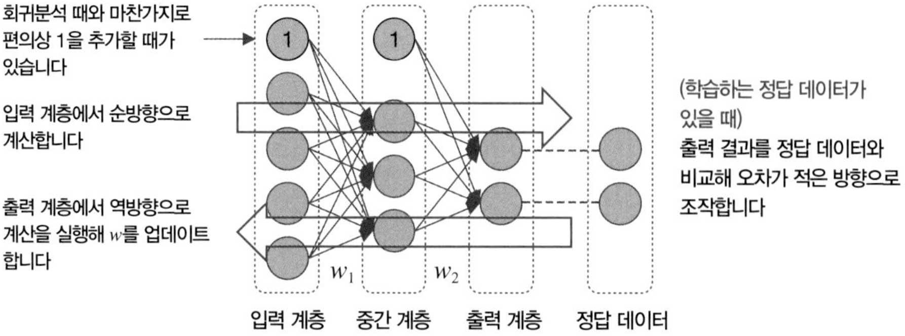

회귀분석 때와 마찬가지로 편의상 1을 추가할 때가 있습니다

입력 계층에서 순방향으로 계산합니다

출력 계층에서 역방향으로 계산을 실행해 w를 업데이트합니다

w_1　　w_2

(학습하는 정답 데이터가 있을 때) 출력 결과를 정답 데이터와 비교해 오차가 적은 방향으로 조작합니다

입력 계층　중간 계층　출력 계층　정답 데이터

신경망에서 출력 계층의 노드가 1개일 때는 이진 분류(0 또는 1) 또는 실수로 나타내며 출력 계층의 노드가 여러 개일 때는 여러 개 값을 클래스로 분류할 수 있습니다.

자기조직화

신경망의 학습 과정에서 네트워크가 데이터 입력과 출력 후의 가중치를 업데이트해서 스스로 일관성 있게 변화해 나가는 것을 자기조직화self-organization[33]라고 합니다. 자기조직화는 신경망뿐만 아니라 고분자 화학 물질이나 생물 구조에서도 볼 수 있습니다.

유기 박막을 형성할 때는 박막을 구성하는 고분자가 같은 종류끼리 모이기 쉽다는 성질을 이용합니다. 이를 통해 쓸데없는 에너지를 소비하지 않고 자연스럽게 막을 만들어 낼 수 있습니다. 특히 박막을 형성할 때 온도나 압력 등의 조건을 변경하면 다양한 박막을 형성할 수 있다는 점에서 유용합니다.

쥐 같은 설치류鼈齒類 수염에 결합한 신경 세포는 대뇌의 체성 감각 피질이라는 부위에서 수염에 오는 반응 하나하나에 대응합니다. 그런데 체성 감각 피질 근처에 있는 통 구조에서도 이 정보를 받아 유기적으로 대응한다고 알려져 있습니다.

---

33 역자주_ https://ko.wikipedia.org/wiki/자기조직화

그림 5-36 쥐의 통 구조

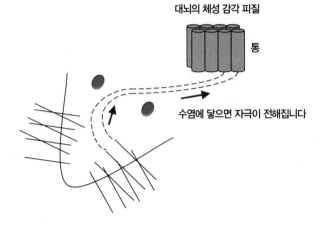

대뇌의 체성 감각 피질

통

수염에 닿으면 자극이 전해집니다

앞으로 신경망 연구가 더 활발해지면 스스로 필요한 부분에 대응하는 학습 방법도 발전할 것으로 기대합니다.

NOTE_ 맛있는 음식을 먹으면 식욕이 증진되는 이유는?

맛있는 음식을 먹었을 때 위장이 활발해지고 식욕이 느는 경험이 있었을 것입니다. 그 이유가 뇌 속 미각 영역에서 받은 자극을 근처에 있는 위장 영역에 전달하기 때문이라는 사실이 실험으로 밝혀졌습니다. 즉, 식욕 자체는 시상하부라는 다른 영역에서 명령을 내려 제어하지만, "미각 영역에 준 자극을 위장 영역에 전파하는 경로가 존재한다"라는 사실이 밝혀진 것입니다.

실제 신체 작용에는 자기조직화에서 설명한 쥐의 통 구조처럼 촉각에서 주는 자극을 수용하는 기능체들이 같은 장소에 모여 있음에도 혼선 없이 각각에 전달될 때가 있습니다. 또한 미각과 소화 기관처럼 같은 장소에 있지 않지만 관련되어 있을 법한 기능이라면 연락 경로를 두는 넓은 관점의 신체 작용도 있습니다.

이러한 뇌 속 각 기능의 공간 배치와 기능성을 신경망에서의 각 구성 요소 배치로 재구성하는 것은 많은 인공지능 과학자의 연구 주제입니다. 하지만 "단순히 재구성해 배치했기 때문에 그런 기능 분담이 자연스럽게 이뤄지는 것인가"는 별개의 이야기일지도 모릅니다.

O5 텐서플로를 이용한 신경망 만들기 예제

이번에는 텐서플로를 이용해 신경망을 직접 만들어 보겠습니다.

Point
- MNIST 데이터를 이해하고 활용합니다.
- 신경망 모델을 만듭니다.
- MNIST 데이터를 이용해 신경망을 학습시킵니다.
- 학습한 신경망의 성능을 평가합니다.

여기에서는 간단한 신경망을 구축하고 MNIST라는 손글씨 데이터를 대상으로 학습시킨 후 평가해서 얼마만큼 정확한 학습 결과를 보이는지 확인하겠습니다.

필요한 모듈 불러오기

텐서플로 라이브러리와 NumPy 라이브러리를 불러옵니다.

```
In[1]:
  import tensorflow as tf
  import numpy as np
```

MNIST 데이터 다운로드하기

MNIST란 손으로 쓴 0~9의 숫자 모음 데이터입니다. 다음 같은 특징이 있습니다.

- 학습용 데이터 55,000개, 검증용 데이터 5,000개, 테스트용 데이터 10,000개로 구성되어 있습니다.
- MNIST 데이터 각각은 이미지와 라벨 쌍으로 구성합니다.
- 텐서플로에는 편의를 위해 MNIST가 예제로 포함되어 있습니다.

텐서플로는 MNIST 데이터를 편리하게 다루도록 몇 가지 도구를 제공하므로 이를 활용하겠습니다. 먼저 tensorflow.examples.tutorials.mnist에서 입력 데이터 input_data를 불러온 후 이를 이용해 MNIST 데이터를 다운로드합니다.

- one_hot 매개변수는 True로 설정합니다.
- one hot은 적절한 개수의 이진수(0 또는 1)로 나타내는 것을 뜻합니다.
- MNIST의 one hot 방식은 3을 (0, 0, 0, 1, 0, 0, 0, 0, 0, 0)로 7을 (0, 0, 0, 0, 0, 0, 0, 1, 0, 0)로 나타냅니다.

```
In[2]:
from tensorflow.examples.tutorials.mnist import input_data
mnist = input_data.read_data_sets("./data/mnist/", one_hot=True)
```

```
Out[2]:
Extracting ./data/mnist/train-images-idx3-ubyte.gz
Extracting ./data/mnist/train-labels-idx1-ubyte.gz
Extracting ./data/mnist/t10k-images-idx3-ubyte.gz
Extracting ./data/mnist/t10k-labels-idx1-ubyte.gz
```

MNIST 데이터 살펴보기

len( )을 이용해 학습용 데이터의 이미지 개수와 라벨 개수를 확인합니다.

```
In[3]:
print len(mnist.train.labels)
print len(mnist.train.images)
```

```
Out[3]:
55000
55000
```

위에서 설명한대로 이미지와 라벨 개수가 각각 55,000개임을 알 수 있습니다.

이번에는 검증용 데이터와 테스트용 데이터 개수를 확인합니다. num_exmples를 활용하면 개수를 간단히 확인할 수 있습니다.

```
In[4]:
print mnist.validation.num_examples
print mnist.test.num_examples

Out[4]:
5000
10000
```

역시 앞에서 설명한 것처럼 검증용 데이터는 5,000개, 테스트용 데이터는 10,000개인 것을
확인할 수 있었습니다.

shape를 활용해 테스트용 데이터 중 라벨 형태를 확인할 수 있습니다.

```
In[5]:
mnist.test.labels.shape

Out[5]:
(10000, 10)
```

(10000, 10)의 의미는 다음과 같습니다.

- 테스트용 데이터 총 10,000개
- 각 데이터는 숫자 0~9를 one hot으로 구성했으므로 10개

학습용 데이터 중 라벨 내용은 다음처럼 확인할 수 있습니다.

```
In[6]:
mnist.test.labels[0:5, :]

Out[6]:
array([[ 0.,  0.,  0.,  0.,  0.,  0.,  0.,  1.,  0.,  0.],
       [ 0.,  0.,  1.,  0.,  0.,  0.,  0.,  0.,  0.,  0.],
       [ 0.,  1.,  0.,  0.,  0.,  0.,  0.,  0.,  0.,  0.],
       [ 1.,  0.,  0.,  0.,  0.,  0.,  0.,  0.,  0.,  0.],
       [ 0.,  0.,  0.,  0.,  1.,  0.,  0.,  0.,  0.,  0.]])
```

[0:5, :]은 0에서 4행까지 총 5개 행의 모든 열을 살펴보겠다는 뜻입니다. 따라서 (5, 10)의
형태로 출력했습니다. 각 행에서 1의 위치에 주목하면 10진수로 어떤 값을 의미하는지 알 수
있습니다. 10진수로 변환한 실행 결과는 다음과 같습니다.

```
In[7]:
mnist.test.cls = np.argmax(mnist.test.labels, axis=1)
mnist.test.cls[0:5]

Out[7]:
array([7, 2, 1, 0, 4])
```

np.argmax ( )에서 axis=1로 설정하면 각 행에서 가장 큰 값을 갖는 인자의 값을 가져와 mnist.test.cls에 할당합니다.

하이퍼파라미터 설정하기

학습률 leanring_rate와 학습 횟수 num_epochs를 설정합니다.

```
In[8]:
num_epochs = 30
learning_rate = 0.01
```

이 예제에서 신경망은 입력 계층 → 은닉 계층 1 → 은닉 계층 2 → 출력 계층으로 구성합니다. 각 계층에서의 노드 개수는 다음처럼 설정합니다.

- **입력 계층의 노드 개수**
  784(MNIST 이미지 각각은 28×28의 해상도이므로 입력 계층의 노드 개수는 784가 됩니다.)
- **은닉 계층 1의 노드 개수**
  256(은닉 계층에서의 노드 개수는 하이퍼파라미터입니다. 여기에서는 적당하게 256개로 설정했습니다.)
- **은닉 계층 2의 노드 개수**
  256(은닉 계층에서의 노드 개수는 하이퍼파라미터입니다. 여기에서는 적당하게 256개로 설정했습니다.)
- **출력 계층의 노드 개수**
  10(0에서 9까지 총 10개의 클래스로 구성(one hot)하므로 출력 계층의 노드 개수는 10입니다.)

```
In[9]:
num_node_input = 28*28
num_node_hidden1 = 256
num_node_hidden2 = 256
num_node_output = 10
```

모델 만들기

입력 계층을 플레이스홀더(tf.placeholder)로 정의합니다.

```
In[10]:
x_true = tf.placeholder(tf.float32, [None, num_node_input])
y_true = tf.placeholder(tf.float32, [None, num_node_output])
```

은닉 계층 1의 가중치 weight_1과 편향 bais_1을 설정합니다.

```
In[11]:
weight_1 = tf.Variable(tf.truncated_normal([num_node_input,
    num_node_hidden1], stddev=0.01))
bias_1 = tf.Variable(tf.zeros([num_node_hidden1]))
```

은닉 계층 2의 가중치 weight_2와 편향 bais_2를 설정합니다.

```
In[12]:
weight_2 = tf.Variable(tf.truncated_normal([num_node_hidden1,
    num_node_hidden2], stddev=0.01))
bias_2 = tf.Variable(tf.zeros([num_node_hidden2]))
```

출력 계층의 가중치 weight_3과 편향 bais_3을 설정합니다.

```
In[13]:
weight_3 = tf.Variable(tf.truncated_normal([num_node_hidden2,
    num_node_output], stddev=0.01))
bias_3 = tf.Variable(tf.zeros([num_node_output]))
```

은닉 계층 1인 hidden_1, 은닉 계층 2인 hidden_2, 출력 계층 y_pred에서 행렬 연산과 더하기 연산을 한 후 각각 relu( )를 이용해 비선형 상태로 만듭니다.

```
In[14]:
hidden_1 = tf.nn.relu(tf.add(tf.matmul(x_true, weight_1), bias_1))
hidden_2 = tf.nn.relu(tf.add(tf.matmul(hidden_1, weight_2), bias_2))
y_pred = tf.nn.relu(tf.add(tf.matmul(hidden_2, weight_3), bias_3))
```

예측값과 실제값의 차이를 이용해 교차 엔트로피cross entropy를 구해 주고 이를 평균한 값이 비용cost가 됩니다. 다음으로는 비용을 최소화하도록 학습시켜 위해 optimizer를 정의합니다.

```
In[15]:
cost = tf.reduce_mean(tf.nn.softmax_cross_entropy_with_logits(logits=y_pred,
    labels=y_true))
optimizer = tf.train.AdamOptimizer(learning_rate).minimize(cost)
```

학습하기

세션을 실행합니다.

```
In[16]:
sess = tf.Session()
sess.run(tf.global_variables_initializer())
```

MNIST의 학습용 데이터training data는 55,000개이므로 batch_size를 100으로 설정해서 해당 단위로 묶은 후 피드합니다.

```
In[17]:
batch_size = 100
total_batch = int(mnist.train.num_examples/batch_size)
```

batch_size 수 역시 하이퍼파라미터이므로 적절하게 설정해야 합니다. total_batch는 학습용 데이터 전체(55,000개)를 100으로 나눴으므로 550이 됩니다.

이제 학습을 시작합니다.

- 앞에서 정의한 num_epochs 값 만큼 학습을 진행합니다.
- 학습용 데이터를 100개씩 묶어서 피드합니다.
- 텐서플로에서는 MNIST 데이터의 피드를 편하게 하려고 next_batch( )라는 함수를 제공합니다.

In[18]:

```
for epoch in range(num_epochs):
    total_cost = 0

    for i in range(total_batch):
        batch_xs, batch_ys = mnist.train.next_batch(batch_size)
        sess.run(optimizer, {x_true:batch_xs, y_true:batch_ys})
        total_cost += sess.run(cost, {x_true:batch_xs, y_true:batch_ys})

    print "Epoch : {%04d}" % (epoch + 1),
        "Cost : {:.3f}".format(total_cost / total_batch)

print "최적화를 완료했습니다."
```

Out[18]:

```
Epoch : {0001} Cost : 1.300
Epoch : {0002} Cost : 1.210
Epoch : {0003} Cost : 1.195
Epoch : {0004} Cost : 1.185
Epoch : {0005} Cost : 1.179
Epoch : {0006} Cost : 1.175
Epoch : {0007} Cost : 1.173
Epoch : {0008} Cost : 1.172
Epoch : {0009} Cost : 1.169
Epoch : {0010} Cost : 1.165
Epoch : {0011} Cost : 1.107
Epoch : {0012} Cost : 0.962
Epoch : {0013} Cost : 0.951
Epoch : {0014} Cost : 0.887
Epoch : {0015} Cost : 0.741
Epoch : {0016} Cost : 0.730
Epoch : {0017} Cost : 0.722
Epoch : {0018} Cost : 0.721
Epoch : {0019} Cost : 0.717
Epoch : {0020} Cost : 0.716
Epoch : {0021} Cost : 0.712
Epoch : {0022} Cost : 0.711
Epoch : {0023} Cost : 0.708
Epoch : {0024} Cost : 0.711
Epoch : {0025} Cost : 0.705
Epoch : {0026} Cost : 0.704
Epoch : {0027} Cost : 0.704
Epoch : {0028} Cost : 0.704
Epoch : {0029} Cost : 0.704
```

```
Epoch : {0030} Cost : 0.703
최적화를 완료했습니다.
```

평가하기

예측값과 실제값이 같을 때를 셉니다. 이를 실수로 변환한 다음 평균을 내서 정확도를 정의합니다. 세션을 실행해 테스트 이미지와 라벨을 전달하면 정확도를 구할 수 있습니다.

```
In[19]:
correct_prediction = tf.equal(tf.argmax(y_pred,1), tf.argmax(y_true,1))
accuracy = tf.reduce_mean(tf.cast(correct_prediction, tf.float32))
print "정확도: ",
    sess.run(accuracy, {x_true: mnist.test.images, y_true: mnist.test.labels})

Out[19]:
정확도: 0.7791
```

지금까지 간단한 신경망을 구축한 후 MNIST 데이터를 대상으로 학습시키고 평가했습니다. 77.91%라는 정확도가 나쁘지 않다고 생각할지 모르겠지만 아직 이를 개선할 방법이 여러 가지 있습니다. 특히 앞으로 살펴볼 합성곱 신경망Convolutional Neural Network에서는 훨씬 더 높은 정확도를 확인할 수 있을 것입니다.

## CHAPTER 6

통계 기반 머신러닝 1
– 확률분포와 모델링

신경망을 이용한 머신러닝은 컴퓨터 자원을 많이 사용하므로 21세기 전에는 도입하는 데
한계가 있었습니다. 그러나 확률분포 함수와 수학적 모델을 기반에 둔 통계 기반 머신러닝
의 연구 개발은 지속해서 이뤄져 왔습니다. 이 장에서는 각종 확률분포와 베이즈 통계학의
기본인 베이즈 정리, 베이즈 추론, 마르코프 연쇄 몬테카를로(MCMC)법 등을 설명하겠습
니다.

01 통계 모델과 확률분포

통계 모델과 확률분포를 설명합니다.

Point
- 머신러닝
- 일반화 선형 모델과 기저 함수
- 주요 기저 함수
- 기타 비선형 함수

확률 기반

세상일의 대부분은 확률 기반으로 발생합니다. 예를 들어 "동전을 던질 때 앞면과 뒷면 어느 쪽이 나올까?", "태풍이 올 때 날씨는 어떨까?", "내일 교통사고가 발생할까?", "내일 태양이 뜰까?" 등은 모두 확률로 나타낼 수 있습니다.

96쪽 '회귀분석'에서 2차원 평면에 있는 설명 변수와 목적 변수를 점들에 피팅하는 선형 함수 구하기를 소개했습니다. 이때 피팅하기 좋은 함수를 구하려고 설정한 오차 함수에 확률이 관여합니다. 무엇인가 측정한 결과를 나타낼 때 어떤 확률분포에 따라 오차가 발생하기 때문입니다. 이러한 오차를 측정 오차라고 하며 정규분포 등의 분포로 나타납니다.

그림 6-1 측정 오차와 정규분포

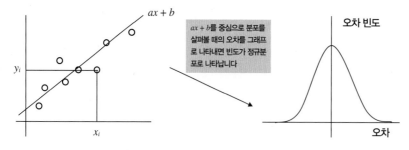

또한 설명 변수와 목적 변수가 갖는 어떤 확률에 근거한 관계를 '확률분포[1] 모델'이라고 합니다. 이 모델도 어떤 분포를 갖는 오차로 나타낼 수 있습니다.

머신러닝

5장에서 소개한 신경망에서도 데이터 입력을 통해 스스로 네트워크의 가중치를 변화시켜 나가는 것을 학습이라고 했습니다. 머신러닝은 신경망의 학습처럼 "기계가 학습한다"는 개념을 의미하는 용어입니다.

머신러닝은 입력 데이터의 특성과 분포 경향 등에서 자동으로 데이터를 나누거나 재구성을 합니다. 통계 기반 머신러닝에서는 여기에 확률 개념이 크게 관여합니다.

[그림 6-2]는 약간 정리되지 않은 형태지만 회귀분석이 머신러닝 및 신경망과 어떻게 연관되는지를 보여줍니다.

그림 6-2 회귀분석과 통계 기반 머신러닝의 연관성

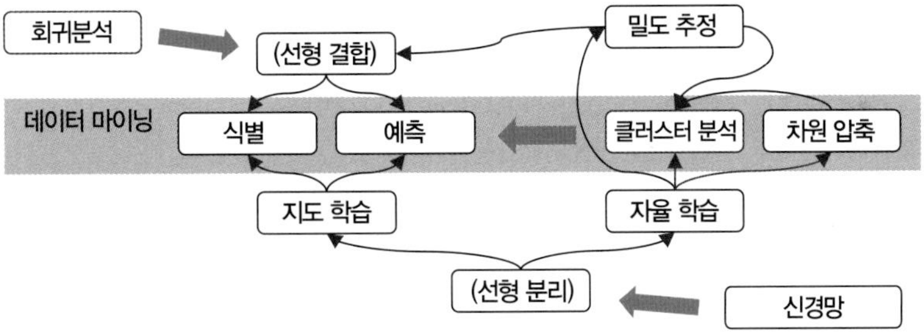

입력 데이터를 회귀분석할 때는 주로 식별과 예측 등을 목적으로 둘 때가 많으므로 데이터를 선형 결합으로 나타내는 특성을 이용합니다. 머신러닝 안에서는 데이터에 정답 정보가 결합된 학습 데이터(또는 훈련 데이터)로 데이터의 특징을 모델링하는 '지도 학습Supervised Learning[2]'이라고 말합니다.

---

1 역자주_ https://ko.wikipedia.org/wiki/확률분포
2 역자주_ https://ko.wikipedia.org/wiki/지도_학습

한편 신경망을 이용한 입력 데이터의 학습은 선형 분리로 변환하는 특성을 살립니다. 선형 분리할 수 있다면 회귀분석과 같은 선형 결합 방법도 사용할 수 있습니다.

신경망을 통하지 않고 입력 데이터에 지도 학습과 '자율 학습Unsupervised Learning[3]'을 사용할 수 있습니다. 자율 학습은 입력 데이터의 정답을 모르는 상태에서 사용하는 것으로 클러스터 분석clustering, 차원 압축, 밀도 추정 등이 해당합니다. 식별, 예측, 클러스터 분석 등을 실행해 데이터의 새로운 특징을 찾아내는 작업을 데이터 마이닝이라고 합니다. 현재 클러스터 분석이나 차원 압축은 결과를 사람이 직접 확인하는 과정이 있어야 하는데 앞으로는 사람이 확인하지 않고 식별과 예측을 실행하는 것을 목표로 삼고 있습니다.

기저 함수

기저 함수를 이해하려면 먼저 설명 변수와 목적 변수가 1대1로 대응할 때를 그래프로 나타낸 '정규 직교 기저orthonormal basis[4]'를 이해해야 합니다. 이는 좌표축 각각이 직교하는 '선형 독립linearly independent[5]' 상태에서 벡터로 나타내는 좌표축이라고도 설명할 수 있습니다.

정규 직교 기저는 차원 수만큼 변수를 늘릴 수 있으므로 3차원 이상도 나타낼 수 있습니다.

그림 6-3 정규 직교 기저

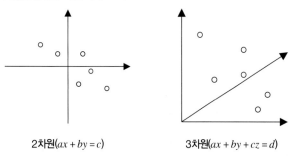

2차원($ax + by = c$)   3차원($ax + by + cz = d$)

---

3 역자주_ https://ko.wikipedia.org/wiki/자율_학습_(기계_학습)

4 역자주_ https://ko.wikipedia.org/wiki/정규_직교_기저

5 역자주_ https://ko.wikipedia.org/wiki/일차독립

즉, 회귀분석을 정규 직교 기저와 연관해 설명하면 선형 독립인 설명 변수의 합(선형 결합)에 있는 목적 변수를 나타내는 것입니다. 단, 선형 독립이 아니라면 설명 변수에 혼란^{Confounding}이 있음을 의미한다는 사실은 기억해두기 바랍니다.

지금까지 설명한 설명 변수를 함수 형태로 나타낸 것을 기저 함수$^{basis function}$[6]라고 합니다. 정규분포 이외의 분포를 다루는 일반화 선형 모델$^{generalized linear model}$[7]과 혼합 정규분포$^{mixture normal distribution}$ 등의 혼합 모델[8]은 기저 함수와 기저 함수의 선형 결합으로 모델을 나타내므로 중요한 개념입니다.

그림 6-4 혼합 정규분포

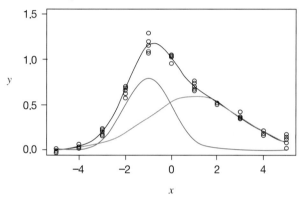

검은색 선은 진한 붉은색 선과 연한 붉은색 선의 정규분포 밀도 함수의 합입니다

원은 검은색 선에 정규분포를 따르는 오차를 추가한 값입니다

주요 기저 함수

기저 함수는 확률분포 모델에 따라 연속 확률분포와 이산 확률분포로 나뉩니다.

----

6 역자주_ https://ko.wikipedia.org/wiki/기저_함수
7 역자주_ https://ko.wikipedia.org/wiki/일반화_선형_모형
8 역자주_ https://ko.wikipedia.org/wiki/혼합_모델

그림 6-5 모델이 되는 주요 함수

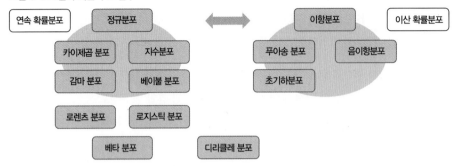

정규분포

정규분포는 가장 많이 사용하는 분포 개념으로 가우스 분포Gaussian distribution라고도 합니다. 실험의 측정 오차나 사회 현상 등 자연계의 현상은 정규분포[9]를 따르는 경향이 있습니다. 정규분포를 엄격하게 따르지 않더라도 계산이나 모델의 단순화 등을 위해 데이터의 분포를 정규분포로 가정할 때가 많습니다(이항분포의 근사치로도 사용합니다). [그림 6-6]은 정규분포의 식과 형태를 나타낸 것입니다. 정규분포는 $f(x)$, μ는 평균(기댓값), σ는 표준편차, σ^2는 분산입니다.

그림 6-6 정규분포의 식과 형태

· 정규분포 식

$$f(x) = \frac{1}{\sqrt{2\pi\sigma^2}} \exp(-\frac{(x-\mu)^2}{2\sigma^2})$$

$$E(x) = \mu$$

$$V(x) = \sigma^2$$

9 역자주_ https://ko.wikipedia.org/wiki/정규분포

감마 분포

감마 분포[10]는 특정 수의 사건이 일어날 때까지 걸리는 시간에 관한 연속 확률분포입니다. 감마 함수[11] Γ는 자연수 집합 N이 주어졌을 때 팩토리얼 $N!$와 같습니다. 모양 매개변수가 k고 크기 매개변수가 θ일 때 평균은 $k\theta$, 분산은 $k\theta^2$입니다.

감마 분포는 $k = 1$일 때 지수분포, k가 정수일 때 얼랑 분포[Erlang distribution], k가 반정수[12] $((2n - 1)/2)$고 θ가 2일 때는 카이제곱 분포라고 합니다.

그림 6-7 감마 분포의 식과 형태

• 감마 분포 식

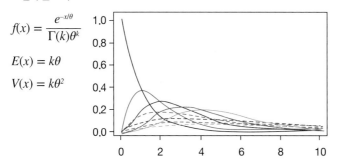

$$f(x) = \frac{e^{-x/\theta}}{\Gamma(k)\theta^k}$$

$$E(x) = k\theta$$

$$V(x) = k\theta^2$$

지수분포

감마 분포의 특별한 형태로 사건이 일어나는 시간 간격의 확률분포인 지수분포[13]가 있습니다. 푸아송 분포와도 깊은 연관이 있습니다.

λ는 단위 시간에 일어나는 평균 횟수며 평균은 $1/\lambda$, 분산은 $1/\lambda^2$입니다.

---

10 역자주_ https://ko.wikipedia.org/wiki/감마_분포
11 역자주_ https://ko.wikipedia.org/wiki/감마_함수
12 역자주_ https://ko.wikipedia.org/wiki/반정수
13 역자주_ https://ko.wikipedia.org/wiki/지수분포

그림 6-8 지수분포의 식과 형태

· 지수분포 식

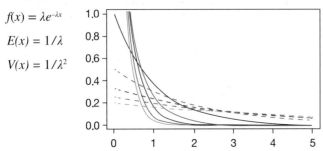

$$f(x) = \lambda e^{-\lambda x}$$

$$E(x) = 1/\lambda$$

$$V(x) = 1/\lambda^2$$

또한 비슷한 형태로 보통의 정규분포보다 최고점이 더 높은 라플라스 분포[14]가 있습니다. 평균은 μ, 분산은 $2\sigma^2$입니다.

그림 6-9 라플라스 분포의 식과 형태

· 라플라스 분포 식

$$f(x) = \frac{1}{2\sigma} \exp(-\frac{|x-\mu|}{\sigma})$$

$$E(x) = \mu$$

$$V(x) = 2\sigma^2$$

베타 분포

베타 분포[15]는 2개의 변수를 갖는 특수 함수인 베타 함수[16]를 이용한 분포로 베타 함수를 $B(\alpha, \beta)$로 나타낼 때 $\alpha > 0$, $\beta > 0$, $0 \le x \le 1$ (x는 설명 변수)이라는 조건이 있습니다. 매개변수 α

---

14 역자주_ https://en.wikipedia.org/wiki/Laplace_distribution

15 역자주_ https://ko.wikipedia.org/wiki/베타_분포

16 역자주_ https://ko.wikipedia.org/wiki/베타함수

와 β를 바꾸면 다양한 분포를 나타낼 수 있으므로 베이즈 통계학에서는 사전분포 모델로 이용할 때가 많습니다.

그림 6-10 베타 분포의 식과 형태

• 베타 분포 식

$$f(x) = \frac{x^{\alpha-1}(1-x)^{\beta-1}}{B(\alpha, \beta)} \qquad B(\alpha, \beta) = \Gamma(\alpha+\beta) \,/\, [\Gamma(\alpha)\Gamma(\beta)]$$

$$E(x) = \frac{\alpha}{\alpha+\beta}$$

$$V(x) = \frac{\alpha\beta}{(\alpha+\beta)^2(\alpha+\beta+1)}$$

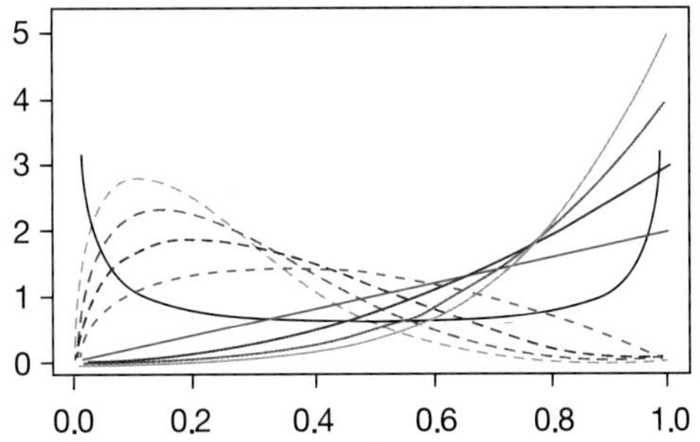

디리클레 분포

디리클레 분포Dirichlet distribution[17]는 베타 분포를 다변량으로 확장한 것으로 다변량 베타 분포라고도 합니다. k는 2 이상의 자연수, α는 매개변수, $B(\alpha)$는 베타 함수, Γ는 감마 함수입니다.

그림 6-11 디리클레 분포의 식

• 디리클레 분포 식

$$f(x) = \frac{1}{B(\alpha)} \prod_{i=1}^{K} x_i^{\alpha_i - 1} \qquad B(\alpha) = \frac{\prod\limits_{i=1}^{K} \Gamma(\alpha_i)}{\Gamma(\prod\limits_{i=1}^{K} \alpha_i)}$$

연속 함수지만 2차원 평면에서는 연속 함수로 나타낼 수 없습니다. 어떤 현상이 일어나는 횟수를 확률 변수로 두는 분포가 다항분포라면, 디리클레 분포는 확률 자체를 확률 변수로 두는 분포로 자연어 처리 등에 많이 사용합니다.

----

17 역자주_ https://ko.wikipedia.org/wiki/디리클레_분포

이항분포

동전 던지기처럼 앞뒤 두 가지 종류 중 어느 하나가 나오는가와 같은 실험을 베르누이 시행[18]이라고 합니다. 이 베르누이 시행을 여러 번 반복했을 때 확률분포가 이항분포[19]입니다. 정규분포나 푸아송 분포와 비슷합니다.

그림 6-12 이항분포의 식과 형태

- 이항분포 식

$$P(X = k) = \binom{n}{k} p^k (1 - p)^{n-k}$$

$$E(x) = np$$

$$V(x) = np(1 - p)$$

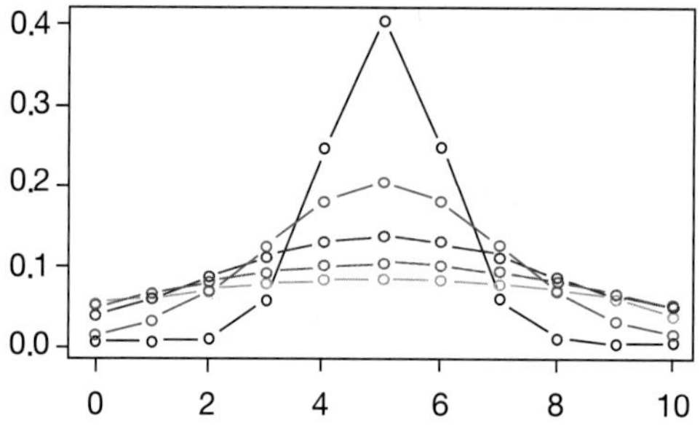

X는 확률분포고 확률 p로 성공하는 실험에 있어 p^k는 k번 성공할 확률을 나타내며, n번 실행하는 경우 ${}_nC_k$의 조합만큼 성공할 확률이 나타날 가능성이 있습니다.

이를 실패 횟수의 확률과 함께 계산하면 n번의 독립된 시도에서 k회 성공할 확률을 나타낼 수 있습니다.

음이항분포

이항분포와는 다르게 r번 성공하는 데 필요한 시행 횟수 k의 분포를 음이항분포[20]라고 합니다. 생명과학 분야에서 많이 사용합니다.

---

18 역자주_ https://ko.wikipedia.org/wiki/베르누이_시행

19 역자주_ https://ko.wikipedia.org/wiki/이항_분포

20 역자주_ https://en.wikipedia.org/wiki/Negative_binomial_distribution

그림 6-13 음이항분포의 식과 형태

· 음이항분포 식

$$P(X = k) = \binom{k-1}{r-1} p^r (1-p)^{k-r}$$

$E(x) = r / p$

$V(x) = r(1-p)/p^2$

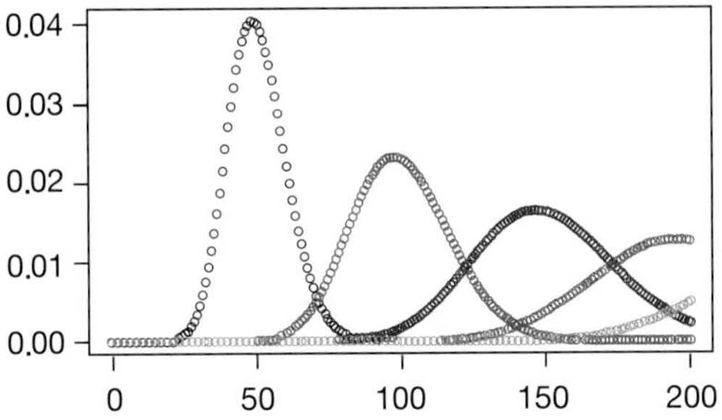

푸아송 분포

푸아송 분포[Poisson distribution][21]는 일정 시간 간격에 걸쳐 평균 λ번 일어나는 현상이 k번 발생할 확률분포(X)를 말합니다. 푸아송 분포가 단위 시간에 사건이 일어날 확률을 나타낸다면, 지수분포는 사건이 일어난 후 다시 발생할 때까지의 시간 간격에 관한 확률밀도를 나타냅니다. 이 때문에 "푸아송 분포와 지수분포는 같은 사건의 발생 확률을 다른 측면에서 본다"라고 말합니다.

그림 6-14 푸아송 분포의 식과 형태

· 푸아송 분포 식

$$P(X = k) = \frac{\lambda^k e^{-\lambda}}{k!}$$

$E(x) = \lambda$

$V(x) = \lambda$

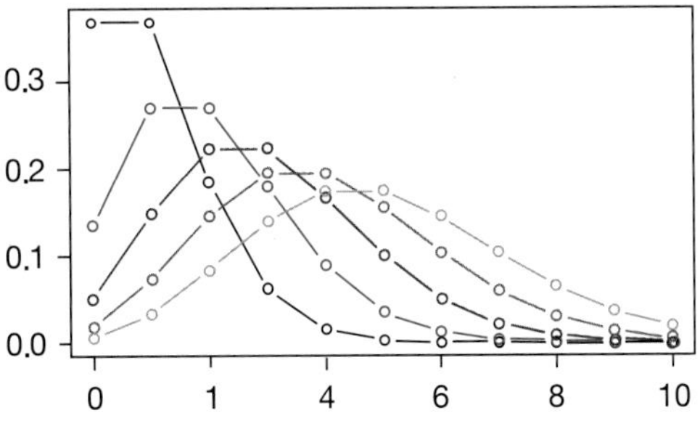

21 역자주_ https://ko.wikipediaa.org/wiki/푸아송_분포

카이제곱 분포

카이제곱 분포chi-squared distribution[22]는 감마 분포의 특별한 형태입니다. 통계적 추론statistical inference[23]에서는 카이제곱 검정[24](독립성 검정)으로 자주 이용합니다. 집단을 몇 가지로 나눴을 때 크기가 작은 집단에 보편성이 있는지를 확인할 수 있습니다. 임상 시험이나 사회과학 설문 조사 등에 자주 사용합니다. 평균 k는 2 이상의 자연수, x는 설명 변수, Γ는 감마 함수입니다.

그림 6-15 카이제곱 분포의 식과 형태

· 카이제곱 분포 식

$$f(x) = \frac{(1/2)^{k/2}}{\Gamma(k/2)} x^{k/2-1} e^{-x/2}$$

$$E(x) = k$$

$$V(x) = 2k$$

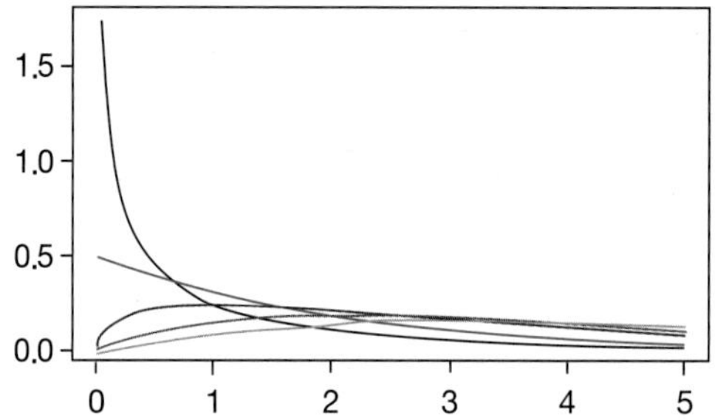

초기하분포

초기하분포[25]는 반복하지 않는 시도에서 사건이 발생할 확률분포입니다. 예를 들어 빨간 구슬과 흰 구슬이 들어 있는 주머니에서 구슬을 빼는 시도를 n번 할 때 빨간 구슬 k개를 꺼낼 수 있는 확률을 구할 수 있습니다. 구슬 전체 개수는 N, 원하는 구슬을 꺼낸 전체 성공 횟수는 K입니다.

22 역자주_ https://ko.wikipedia.org/wiki/카이제곱_분포
23 역자주_ https://ko.wikipedia.org/wiki/통계적_추론
24 역자주_ https://ko.wikipedia.org/wiki/카이제곱_검정
25 역자주_ https://en.wikipedia.org/wiki/Hypergeometric_distribution

그림 6-16 초기하분포의 식과 형태

• 초기하분포 식

$$P(X = k) = \binom{n}{k}\binom{N-n}{K-k} \bigg/ \binom{N}{k}$$

$$E(x) = nK/N$$

$$V(x) = (N-n)n(N-K)K/(N-1)N^2$$

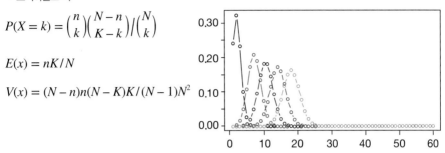

꺼낸 구슬을 가방에 다시 넣는 반복 시도의 확률은 이항분포와 같습니다. 또한 검정에 이용하기도 합니다.

코시 분포

코시 분포Cauchy distribution[26]는 로렌츠 분포Lorentz distribution라고도 하며 물리학에서는 브라이트−위그너 분포Breit−Wigner distribution라고도 합니다. 분광학에서의 공명 현상 등 전자파와 방사선의 스펙트럼 분석 등에서는 코시 분포를 자주 사용합니다. π는 원주율, γ는 척도모수scale parameter[27]라고 합니다.

그림 6-17 코시 분포의 식과 형태

• 코시 분포(로렌츠 분포) 식

$$f(x) = \frac{1}{\pi\gamma\left\{1 + \left(\dfrac{x-\mu}{\gamma}\right)^2\right\}}$$

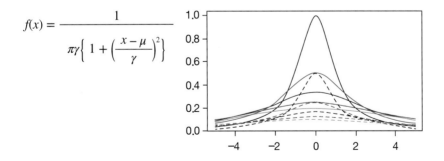

---

26 역자주_ https://en.wikipedia.org/wiki/Cauchy_distribution
27 역자주_ 확률분포가 퍼져 있는 정도를 결정하는 집단의 수입니다.

정규분포와 모양은 비슷하지만 그래프가 서서히 완만해지므로 중심이 그래프의 아래로 잡혀 있습니다. 따라서 평균과 분산이 발산해버려 값을 산출할 수 없습니다.

로지스틱 분포

확률분포의 확률 변수가 특정 값보다 작거나 같은 확률을 나타내는 누적분포 함수[28]가 로지스틱 함수인 분포를 로지스틱 분포Logistic distribution[29]라고 합니다. 형태는 정규분포와 비슷하지만 그래프의 아래가 길어 평균에서 멀어지더라도 정규분포처럼 곡선이 내려가지 않습니다. s는 표준편차, μ는 평균, π는 원주율입니다.

그림 6-18 로지스틱 분포의 식

* 로지스틱 분포 식

$$f(x) = \frac{e^{-\frac{x-\mu}{s}}}{s(1 + e^{-\frac{x-\mu}{s}})^2} \qquad s > 0$$

$$E(x) = \mu$$

$$V(x) = s^2\pi^2/3$$

베이불 분포

베이불 분포Weibull distribution[30]는 물체의 부피와 강도의 관계를 나타내는 분포입니다. 기기의 수명과 고장 시간 등의 신뢰성을 나타내는 지표로 이용할 수 있습니다. 베이불 분포의 특별한 형태로는 레일리Rayleigh 분포[31]가 있습니다. 레이더 신호와 산란된 신호 강도의 분포 모델로 사용할 수 있습니다. $k(m)$은 실행 횟수, $\lambda(\eta)$는 단위 시간에 일어나는 평균 횟수입니다.

---

28 역자주_ https://ko.wikipedia.org/wiki/누적_분포_함수

29 역자주_ https://en.wikipedia.org/wiki/Logistic_distribution

30 역자주_ https://ko.wikipedia.org/wiki/베이불_분포

31 역자주_ https://ko.wikipedia.org/wiki/레일리_분포

그림 6-19 베이불 분포의 식과 형태

- 베이불 분포 식

$$f(x) = \frac{m}{\eta}\left(\frac{x}{\eta}\right)^{m-1}\exp\left\{-\left(\frac{x}{\eta}\right)^m\right\}$$

$$E(x) = \eta\Gamma(1 + 1/m)$$

$$V(x) = \eta^2[\Gamma(1 + 2/m) - (\Gamma(1 + 1/m))^2]$$

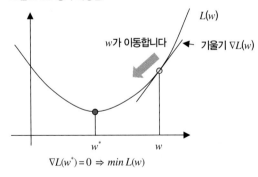

손실 함수와 경사 하강법

회귀하려는 모델 함수가 있을 때 회귀분석은 오차를 제곱한 것의 합계인 함수를 목적 함수로 설정하고 목적 함수가 최솟값이 되도록 계산합니다. 목적 함수와 비슷한 함수로 손실 함수[Loss function][32]가 있습니다. 손실 함수의 최솟값을 구할 때는 경사 하강법[gradient descent method] 또는 최대 가능도 방법[maximum likelihood method][33]을 사용합니다. 경사 하강법의 손실 함수는 가중치 벡터 w의 함수 L로 작성합니다. 손실 함수를 어떤 점 w_i로 편미분한 것을 L의 기울기 $\nabla L(w)$라고 합니다. 기울기 값이 $\nabla L(w^*) = 0$이 될 때의 w^*가 구하려는 가중치입니다.

그림 6-20 경사 하강법

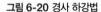

---

32 역자주_ https://ko.wikipedia.org/wiki/손실_함수
33 역자주_ https://ko.wikipedia.org/wiki/최대가능도_방법

경사 하강법의 한 가지인 최대 경사 하강법$^{\text{Method of steepest descent}}$[34]은 어떤 점 w_k와 w_{k+1}이 있을 때 기울기 $\nabla L(w)$, w_k, w_{k+1}의 관계와 립시츠 조건$^{\text{Lipschitz condition}}$[35]에 따라 $|L(w_{k+1}) - L(w_k)| \leq G|w_{k+1} - w_k|$가 되는 G를 규정합니다. 이때 $|\nabla L(w_k)| \leq G$는 수렴 조건입니다.

그림 6-21 최대 경사 하강법

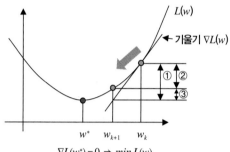

① $|\nabla L(w_k)||w_{k+1} - w_k|$　　　　② $|L(w_{k+1}) - L(w_k)| \leq G$

③ $\nabla L(w) \geq 0$이므로 $\min L(w)$에 근접하면 차이가 작아집니다

립시츠 조건

$|L(w_{k+1}) - L(w_k)| \leq G|w_{k+1} - w_k|$

$|L(w_{k+1}) - L(w_k)| \leq |\nabla L(w)||w_{k+1} - w_k| \leq G|w_{k+1} - w_k|$

$\Rightarrow |\nabla L(w_k)| \leq G$

보통 G, w_k, w_{k+1}의 간격(스텝 크기) 등은 휴리스틱하게 결정할 때가 많습니다. 또한 수렴 조건을 만족했을 때 w 값은 극댓값이나 극솟값 같은 지역 최적해가 되어 진정한 최적해 w^*와는 다를 수 있습니다. 또한 스텝 크기가 너무 작으면 w^*에 도달할 때까지의 시간이 너무 오래 걸릴 수 있습니다. 이를 방지하려고 유전 알고리즘 및 다른 경사 하강법을 사용해 뉴턴 방법$^{\text{Newton's}}$ ^{Method}[36]처럼 스텝 크기를 동적으로 변화시키기도 합니다.

경사 하강법의 가중치는 주어진 모든 데이터에 손실 함수를 계산해 구합니다. 그런데 가중치가 지역 최적해거나 데이터양이 많을 때는 컴퓨터 자원이 부족한 상황 등이 발생합니다.

34 역자주_ https://en.wikipedia.org/wiki/Method_of_steepest_descent

35 역자주_ https://www.encyclopediaofmath.org/index.php/Lipschitz_condition

36 역자주_ https://ko.wikipedia.org/wiki/뉴턴_방법

따라서 데이터 일부를 선택한 후 반복 실행해서 가중치를 업데이트하는 학습과 같은 효과를 얻는 확률적 경사 하강법Stochastic Gradient Descent[37]을 사용하기도 합니다.

---

37 역자주_ https://en.wikipedia.org/wiki/Stochastic_gradient_descent

베이즈 통계학과 베이즈 추론

베이즈 통계학과 베이즈 네트워크를 설명합니다.

Point
- 베이즈 정리
- 로짓 함수
- 최대가능도 추정
- EM 알고리즘
- 베이즈 판별 분석

베이즈 정리

베이즈 통계학은 조건부 확률에 관한 법칙인 베이즈 정리[38]를 기본으로 둡니다. 토머스 베이즈는 알려지지 않은 사전분포에 관측값을 쌓아 가면서 확실함을 더해가는 과정에 관심을 두고 연구했습니다. 그러던 중 이항분포에서 베이즈 정리의 특수한 형태를 발견했습니다. 그렇지만 오늘날 알려진 베이즈 정리의 일반화까지는 이르지 못했습니다.

본격적으로 베이즈 정리의 이론과 응용을 추진한 것은 피에르시몽 라플라스입니다. 독자적으로 베이즈 정리를 발견하고 이용했습니다.

베이즈 정리는 두 종류의 조건부 확률 사이의 관계를 정의합니다. [그림 6-22] 첫 번째 식은 B라는 조건 아래 A가 일어날 조건부 확률의 정의입니다.

[그림 6-22] 두 번째 식은 일반적인 형태의 베이즈 정리 식입니다. $P(A \cap B)$, $P(A|B)P(B)$, $P(B|A)P(A)$ 모두 A와 B가 함께 일어나는 동시 확률을 나타냅니다.

[그림 6-22] 세 번째 식은 A_1, A_2, $\cdots$, A_n이 서로 관계가 없는 사건일 때 사용할 수 있는 베이즈 정리 식입니다.

---

38 역자주_ https://ko.wikipedia.org/wiki/베이즈_정리

그림 6-22 베이즈 정리

$$P(A|B) = \frac{P(A \cap B)}{P(B)}$$

$$P(A|B) = \frac{P(B|A)P(A)}{P(B)}$$

$$P(A_i|B) = \frac{P(B|A_i)P(A_i)}{\sum_{j=1}^{n} P(B|A_j)P(A_j)}$$

경마 같은 도박에서는 승산^{Odds}이라는 표현을 사용합니다. 승산은 확률 p가 있을 때 $p/(1-p)$를 계산한 수치로 수치가 높을수록 이길 가능성이 작아집니다. 이 값의 로그를 취한 것을 로짓^{logit} 함수라고 하며 로지스틱 회귀 등에서 이용합니다.

승산을 2개 사용해 비율을 취한 것을 승산비$^{Odds\ ratio}$[39]라고 합니다. 두 집단에서 두 사건이 일어났을 때 해당 사건이 일어나기 쉬운 정도를 나타낼 때 사용됩니다. 예를 들어 임상 시험에서 투여한 약물의 효과가 어느 정도인지, 특정 두 시기에서 남녀의 인구 추세에 큰 차이가 있는지 등의 지표로 사용합니다. 승산비 역시 [그림 6-23]처럼 베이즈 정리로 나타낼 수 있습니다.

그림 6-23 승산비의 베이즈 정리 식

$$\frac{P(A|B)}{1-P(A|B)} \bigg/ \frac{P(A)}{1-P(A)} = \frac{P(B|A)}{P(B|A^c)}$$

A^c에서 c는 보수(complement, 각 자리의 숫자 합이 어떤 일정한 수가
되는 수)로 사건 A가 일어나지 않는 사건(여사건)을 뜻합니다

예 1: 질병 검사의 양성 적중률

질병 검사에서 질병에 걸릴 확률이 0.01, 병에 걸린 사람이 검사하면 0.99의 비율로 양성, 건강한 사람도 0.10의 비율로 양성이 된다고 가정하겠습니다.

---

39 역자주_ https://en.wikipedia.org/wiki/Odds_ratio

병에 걸린 사람이 양성일 확률이 높으므로 좋은 검사라고 생각하겠지만 검사했을 때 양성인 사람이 실제로 병에 걸려있을 가능성을 계산하면 0.091이 되어 10%도 되지 않는다는 사실을 알수 있습니다.

그림 6-24 양성 적중률의 계산 식

$$P(질병|양성) = \frac{P(양성|질병)P(질병)}{P(양성)} = \frac{0.99 \times 0.01}{0.01 \times 0.99 + 0.99 \times 0.10} = 0.091$$

예 2: 뺑소니 택시의 색상

뺑소니 택시 사건이 발생했습니다. 목격자의 증언에 의하면 뺑소니 택시의 색은 파란색이었다고 합니다. 거리에는 파란색과 녹색 두 종류의 택시가 다니며 각각 15%, 85%의 비율을 차지합니다. 비슷한 상황을 만들어 실험한 결과 목격자가 파란색이라고 했는데 실제로 파란색이었던 비율은 80%였습니다. 이때 "목격자가 본 택시의 색은 어느 쪽일 가능성이 클까?"를 계산하면 59%의 확률로 녹색이 됩니다.

그림 6-25 뺑소니 택시 색의 계산 식

$$\frac{P(파란색|목격)}{P(녹색|목격)} = \frac{P(목격|파란색)}{P(목격|녹색)} \times \frac{P(파란색)}{P(녹색)} = \frac{0.8}{0.2} \times \frac{0.15}{0.85} = \frac{12}{17}$$

$P(파란색|목격) + P(녹색|목격) = 1$에서

$$P(녹색|목격) = \frac{17}{12 + 17} \cong 0.59$$를 구할 수 있습니다

최대가능도 방법과 EM 알고리즘

관측 데이터가 의미 있는 값과 노이즈로 구성되었다고 생각해봅시다. 의미 있는 값을 구하려고 최소제곱법 등을 사용할 때는 손실 함수를 설정했습니다. 그런데 손실 함수 대신 가능도 함수를 설정할 때도 있습니다.

가능도 함수[40]가 최대가 되는 θ 값을 정했을 때 θ는 최대가능도 추정량$^{\text{Maximum Likelihood Estimation,}}$ MLE이라고 합니다. 최대가능도 추정량을 결정할 수 있을 때라면 가능도 함수는 의미 있는 데이터가 관측한다고 여깁니다.

또한 엔트로피가 높은 상태, 즉 노이즈가 가장 균형 있게 흩어져 있는 상태를 최대가능도 추정량으로 정해서 의미 있는 데이터를 구할 수도 있습니다.

그림 6-26 손실 함수와 가능도 함수

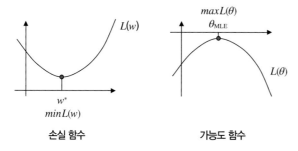

가능도 함수는 적분 형태가 나타낼 때가 많으므로 로그 가능도 방정식의 형태를 이용하면 답을 구하기 쉽습니다.

그림 6-27 로그 가능도 방정식

$$\frac{\partial \log L(\theta)}{\partial \theta_1} = \frac{\partial \log L(\theta)}{\partial \theta_2} = \cdots = \frac{\partial \log L(\theta)}{\partial \theta_k} = 0$$

복잡한 가능도 함수에서는 최대가능도 추정량을 직접 구할 수 없을 때가 많습니다. 보통 반복 계산으로 구하는 방법을 선택합니다.

의미 있는 값 x를 완전 데이터라고 하며 관찰할 수 있는 데이터 y는 불완전 데이터라고 합니다. x에 추가되는 어떤 작용 $s(x)$의 정보가 없으면 데이터 x를 한 가지 값으로 구할 수 없습니다.

---

40 역자주_ https://ko.wikipedia.org/wiki/가능도

그림 6-28 완전 데이터와 불완전 데이터의 관계도

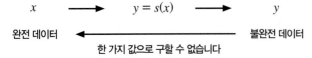

$$x \longrightarrow y = s(x) \longrightarrow y$$

완전 데이터 ◀——————————— 불완전 데이터

　　　한 가지 값으로 구할 수 없습니다

숨겨진 변수를 포함하는 모델에 사용하는 가상 데이터 전체의 가능도 함수를 바탕으로 불완전한 데이터에서 최대가능도 추정량을 구하는 방법을 EM$^{\text{expectation-maximization}}$ 알고리즘[41] (기댓값 최대화 알고리즘)이라고 합니다.

EM 알고리즘은 아래쪽 경계를 결정하기 위한 θ에 의존하는 볼록 함수 Q를 결정하는 E 단계와, Q에서의 θ를 극대화하는 M 단계를 반복 실행해 로그 가능도 함수의 최댓값을 탐색합니다. E 단계에서 구하는 Q는 사후 분포입니다.

그림 6-29 EM 알고리즘 식과 형태

- EM 알고리즘

E(Expectation) 단계: $Q(\cdot\,|\,\theta_m)$을 구합니다. θ_m은 $\hat{\theta}_{\text{MLE}}$의 m번째의 근사치

M(Maximization) 단계 : $\theta_{m+1} = \text{argmax}_\theta Q(\theta\,|\,\theta_m)$

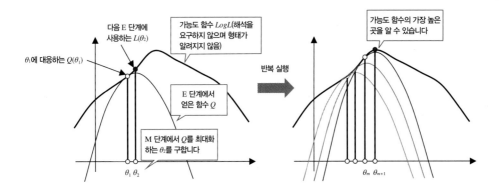

---

41 역자주_ https://ko.wikipedia.org/wiki/기댓값_최대화_알고리즘

베이즈 추론

베이즈 추론[42]에서 데이터의 모집단분포는 유일하지 않습니다. 즉, 관측하지 않은 데이터를 다룬다는 의미입니다. 추론해야 하는 대상이 매개변수 θ일 때 확률 밀도 함수 $\pi(\theta)$를 사전분포 ^{prior distribution} 혹은 주관분포^{subjective distribution}라고 합니다. x는 데이터를 의미하며 $f(x)$는 밀도 함수입니다.

그림 6-30 베이즈 추론

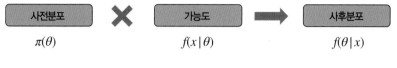

$$f(\theta|x) = \frac{1}{f(x)} \times f(x|\theta)\pi(\theta) \propto f(x|\theta)\pi(\theta)$$

사후분포는 사전분포와
가능도의 적분에 비례합니다

$$f(x) = \int f(x|\theta)\pi(\theta)d\theta$$

사후분포의 특징을 정하는 매개변수로는 베이즈 추정량, 사후 메디안 추정량, 최대 사후 확률 (MAP) 추정량의 세 가지가 있습니다.

베이즈 추정량

사후분포의 평균 제곱 오차^{average squared error}를 최소화하는 값을 베이즈 추정량[43]이라고 합니다. 사후분포의 평균값입니다.

그림 6-31 베이즈 추정량의 식

$$\hat{\theta}(x) = \underset{t}{\mathrm{argmin}} \int_{\theta} |t - \theta|^2 f(\theta|x)d\theta$$

---

42 역자주_ https://ko.wikipedia.org/wiki/베이즈_추론
43 역자주_ https://ko.wikipedia.org/wiki/베이즈_추정량

사후 메디안 추정량

사후분포의 평균 절대 오차mean absolute error를 최소화하는 값으로 사후분포의 중간값입니다.

그림 6-32 사후 메디안 추정량의 식

$$\hat{\theta}(x) = \underset{t}{\operatorname{argmin}} \int_{-\infty}^{\infty} |t - \theta| f(\theta|x) d\theta$$

MAP 추정량

사후밀도를 최대화하는 θ 값으로 사후 최빈값 추정량이라고도 합니다. MAP은 최대 사후 확률maximum a posteriori[44]이라고도 합니다.

그림 6-33 MAP 추정량의 식과 형태

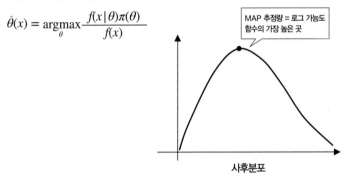

$$\hat{\theta}(x) = \underset{\theta}{\operatorname{argmax}} \frac{f(x|\theta)\pi(\theta)}{f(x)}$$

MAP 추정량 = 로그 가능도 함수의 가장 높은 곳

사후분포

오늘날 사용하는 베이즈 추정 대부분은 1을 밀도 함숫값으로 나눈 계수 $1/f(x)$를 계산할 수 없습니다. 하지만 $f(x|\theta)\pi(\theta)$를 $f(x, \theta)$로 나타낼 수 있으므로 MAP 추정량은 데이터 x와 가장 궁합이 좋은 매개변수입니다.

---

44 역자주_ https://ko.wikipedia.org/wiki/최대_사후_확률

켤레 사전분포

사전분포 $\pi(\theta)$와 사후분포 $f(\theta \mid x)$가 같은 유형의 분포일 때를 켤레 사전분포conjugate prior distribution라고 합니다. 사후분포를 다루기 쉽다는 특징이 있습니다. $\pi(\theta \mid \alpha)$처럼 추가 매개변수가 들어가면 사후분포에서는 $f(\theta \mid x, \alpha)$ 같은 형태로 표기됩니다. 이때 α를 하이퍼파라미터(초매개변수)라고 합니다.

켤레 사전분포의 몇 가지 예는 영문 위키백과(https://en.wikipedia.org/wiki/Conjugate_prior)에 있습니다. 또한 『파이썬을 활용한 베이지안 통계』(한빛미디어, 2014)[45]에서도 일부 다뤘습니다.

이항분포와 베타 사전분포로 이루어진 켤레 사전분포에서 두 분포 사이의 관계는 [그림 6-34]처럼 나타낼 수 있습니다. x는 데이터, p는 확률, N은 전체 실행 횟수, α, β, α_*, β_*는 베타 함수 B의 매개변수입니다.

그림 6-34 이항분포와 베타 사전분포의 식으로 나타내는 켤레 사전분포 식

- 가능도 함수: 이항분포 $B(N_i, p)$

$$f(x \mid p) = \prod_{i=1}^{n} \binom{N_i}{x_i} p^{x_i}(1-p)^{N_i - x_i}$$

- 사전분포: 베타 분포 $Beta(\alpha, \beta)$

$$\pi(p \mid \alpha, \beta) = \frac{1}{B(\alpha, \beta)} p^{\alpha-1}(1-p)^{\beta-1}$$

$$B(\alpha, \beta) = \Gamma(\alpha + \beta) \big/ [\Gamma(\alpha)\Gamma(\beta)]$$

- 사후분포: 베타 분포 $Beta(\alpha_*, \beta_*)$

$$\alpha_* = \alpha + \sum_{i=1}^{n} x_i, \ \beta_* = \beta + \sum_{i=1}^{n}(N_i - x_i)$$

- 사후 예측분포

$$f(x \mid \alpha, \beta) = \prod_{i=1}^{n} \binom{N_i}{x_i} \frac{B(\alpha_*, \beta_*)}{B(\alpha, \beta)}$$

---

45 역자주_ 원서의 참고 자료는 『베이즈 방법의 기초와 응용 – 조건부 분포에 의한 통계 모델링과 MCMC법을 이용한 데이터 분석』(일본평론사, https://www.nippyo.co.jp/shop/book /7038.html)

사후 예측분포posterior predictive distribution[46]는 새로운 데이터 D가 주어졌을 때 사후 확률 밀도 $f(\theta|D)$에서 확률 밀도 $f(x|\theta)$의 평균을 내면서 얻는 x의 밀도 함수입니다.

그림 6-35 사후 예측분포 식

$$f(x|D) = \int f(x|\theta)f(\theta|D)d\theta$$

앞 식은 "사후 예측분포 $f(x|D)$는 진정한 밀도 함수 $f(x)$에 가까운 것"이라는 개념에 기반을 둡니다. 따라서 데이터 D를 기준으로 나타나는 다음 데이터 x값을 예측하는 형태가 됩니다.

그림 6-36 사후 예측분포의 형태

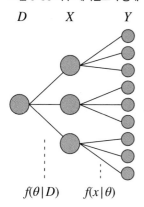

"매개변수 X값을 사후분포에서 선택한 후 이를 이용해 Y값을 계산"해서 예측분포를 얻습니다

베이즈 판별 분석

베이즈 추론의 예로 베이즈 판별 분석bayesian discriminant analysis이 있습니다. 판별 분석은 데이터 x가 어떤 모집단분포에서 유래했는지 파악하는 데 사용합니다. 이외에도 선형 판별 분석[47] 등이 있으며 지도 학습의 훈련 데이터를 바탕으로 결정하는 경우가 많습니다. 여기에 베이즈 통계학 개념이 포함된 요소를 추가한 것이 베이즈 판별 분석입니다.

---

46 역자주_ https://en.wikipedia.org/wiki/Posterior_predictive_distribution

47 역자주_ https://en.wikipedia.org/wiki/Linear_discriminant_analysis

N가지 종류의 데이터 x와 추론 대상 매개변수 i가 있는 모집단분포 $f(x \mid i)$와 사전분포 $\pi(i)$로부터 사후 확률이 최대가 되는 모집단 분포 $f(x \mid \hat{i})$의 유래를 판정합니다. 따라서 매개변수 $\hat{i}$는 MAP 추정량이 됩니다.

그림 6-37 베이즈 판별 분석의 식

$$f(i \mid x) = \frac{f(x \mid i)\pi(i)}{\sum_{j=1}^{N} f(x \mid j)\pi(j)} \propto f(x \mid i)\pi(i)$$

이때 사전분포가 결정되지 않으면 $\pi(i) = 1/N$이 되어 $\hat{i}$는 최대가능도 추정량이 됩니다. 또한 $f(x \mid i)$가 미지의 매개변수 θ를 포함하면 $f(x \mid i, \theta)$ 형태며 지도 학습 훈련 데이터에서 추정값 $\hat{\theta}$를 구해 실제 매개변수 θ 대신 사용합니다.

R을 이용한 선형/이차 판별 분석[48]

R 언어는 lda과 qda 함수를 이용해 선형 판별 및 이차 판별 분석을 할 수 있습니다. R에 기본으로 들어 있는 데이터인 'iris'[49]와 lda 함수를 사용해 계산합니다.[50] 세 종류의 붓꽃 데이터가 50행씩 150행이 있으며 홀수 행 데이터는 학습용으로 짝수 행의 데이터는 테스트용으로 나눈 후 setosa, versicolor, virginica 라벨을 s, c, v로 교체합니다.

첫 번째 lda 함수는 사전분포를 지정하지 않은 상태(각각 1/3의 확률)로 판별 분석을 합니다. 학습 데이터에서 Z1이 잘못 판정할 확률은 2/75입니다. Z1은 판별 분석 도구로 테스트 데이터의 판별 분석 결과는 3/75 확률로 잘못된 판정 결과를 냅니다.

두 번째 lda 함수에서는 사전분포로 s는 1/6, c는 3/6, v는 2/6의 확률을 부여하고 판별 분석 도구는 Z2라고 설정합니다. 이때 학습 데이터에서 Z2가 잘못 판정할 확률은 1/75, 테스트 데이터의 판별 분석 결과는 2/75 확률로 잘못된 판정 결과를 냅니다.

----

48 역자주_ 예제 추가 설명 페이지는 http://dw.hanbit.co.kr/exam/2331/ch06-rsample-lda/입니다.

49 세 가지 붓꽃 종의 길이를 정리한 데이터 세트입니다.

50 원서 참고 페이지는 https://www1.doshisha.ac.jp/~mjin/R/17.html입니다.

판별 분석 도구에는 LD1, LD2라는 판별 계수가 포함되어 있습니다. 이 판별 계수를 가중치로 설정하면 판별 함수를 도출할 수 있습니다. LD1 판별 계수를 바탕으로 둔 첫 번째 판별 함수의 점수를 막대 그래프로 그려서 살펴보면 판별 분석 도구 Z1과 Z2가 판별 분석을 잘못한 원인은 다음과 같습니다.

- 두 종류의 붓꽃 데이터 분포에 중복 데이터가 있습니다.
- 중복 데이터를 정확하게 판별할 수 없습니다.

그림 6-38 선형 판별 분석과 베이즈 선형 판별 분석

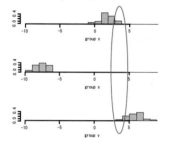

c와 v는 어느 쪽의 판별 분석 도구를 이용하든 같은 영역에 중복 데이터가 분포 하는 형태입니다. 이 상태가 잘못된 판정의 원인입니다

선형 판별 분석의 학습 데이터에서 판별 분석 도구 Z1을 이용했을 때 첫 번째 판별 함수 점수의 결과
plot(Z1, dimen = 1)

베이즈 선형 판별 분석의 학습 데이터 에서 판별 분석 도구 Z2를 이용했을 때 첫 번째 판별 함수 점수의 결과
plot(Z2, dimen = 1)

그림 6-39 베이즈 판별 분석의 지도 학습 데이터 판별 결과 및 테스트 데이터 판별 결과

Z1의 지도 학습 데이터 판별 결과

	c	s	v
c	24	0	1
s	0	25	0
v	1	0	24

Z2의 지도 학습 데이터 판별 결과

	c	s	v
c	24	0	1
s	0	25	0
v	0	0	25

Z1의 테스트 데이터 판별 결과

	c	s	v
c	24	0	1
s	0	25	0
v	2	0	23

Z2의 테스트 데이터 판별 결과

	c	s	v
c	24	0	1
s	0	25	0
v	1	0	24

마르코프 연쇄 몬테카를로(MCMC) 방법을 설명합니다.

Point
- 원주율의 근삿값 계산 문제
- 몬테카를로 방법
- 마르코프 연쇄 몬테카를로 방법
- 베이즈 계층 모델

원주율의 근삿값 계산 문제

베이즈 추론을 실행하려고 구축한 모델은 여러 번 계산을 반복하는 것이 중요합니다. 실제로 최적화된 '점'을 구하는 최소제곱법과 베이즈 최대가능도 추정이 아니라면 추론 결과에 수렴할 때까지 반복해서 계산하는 데 많은 컴퓨팅 자원이 필요 없기도 합니다.

하지만 '분포'를 구하는 현대 베이즈 추론에서는 분석할 수 없는 함수를 대상으로도 예측과 최적화 작업을 실행해야 합니다. 사람의 힘으로는 어려울 뿐만 아니라 실행 횟수를 대폭 늘려줘야 할 필요가 있습니다.

실행 횟수를 늘려야 할 때는 조금씩 다른 매개변수를 무작위로 샘플링할 수 있어야 합니다. 임의로 실행 횟수를 늘려서 구하려는 값으로 수렴할 수 있는 예는 뷔퐁의 바늘[51] 실험에서 유래한 원주율의 근삿값 계산 문제[52]가 있습니다.

---

51 역자주_ https://ko.wikipedia.org/wiki/뷔퐁의_바늘
52 무작위 시행으로 원주율의 근삿값을 계산할 수 있다는 사실은 1812년에 피에르 시몽 라플라스가 발견했습니다.

그림 6-40 원주율의 근삿값 계산 문제

몬테카를로 방법

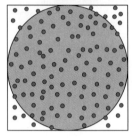

정사각형에 점을
무작위로 찍고
정사각형에 정확히
딱 맞는 원 안에
위치하는 점을 세면
원주율에 가까운 값
을 계산할 수 있습니다

뷔퐁의 바늘

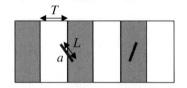

폭 T의 평행선이 있는 평면에 길이 L의 바늘을
떨어뜨렸을 때 바늘이 직선에 교차할 확률 a를
이용해 원주율의 근삿값을 계산할 수 있습니다

몬테카를로 방법

앞에서 설명한 원주율의 근삿값 계산은 몬테카를로 방법$^{Monte\ Carlo\ method}$[53]이라고 하는 알고리즘의 한 예입니다.

몬테카를로 방법은 1946년 원자폭탄과 수소폭탄의 연구 과정에서 얻은 아이디어입니다. 당시 연구자였던 스타니스와프 울람$^{Stanisław\ Marcin\ Ulam}$은 핵물질 안의 중성자 운동을 설명하는 데 무작위 시행을 적용할 수 있다고 깨달았습니다.

이후 존 폰 노이만$^{John\ von\ Neumann}$ 등과 함께 계산기를 통해 의사 난수 발생 방법과 결정론적 문제를 확률 모델로 변형했습니다.

1949년에 니콜라스 메트로폴리스와 스타니스와프 울람이 논문으로 발표했습니다.

> **NOTE_ 몬테카를로라는 명칭의 유래**
>
> 도박을 좋아했던 스타니스와프 울람의 삼촌에게 영감을 받아 도박이 활성화된 모나코의 '몬테카를로'를 이론의 이름으로 선택했다고 합니다.

---

53 역자주_ https://ko.wikipedia.org/wiki/몬테카를로_방법

몬테카를로 방법을 발표했을 때와 같은 시기에 니콜라스 메트로폴리스 등이 원자폭탄과 수소폭탄의 또 다른 연구 과정에서 난수를 샘플링하는 방법인 '메트로폴리스 추출 방법'을 고안했습니다.[54]

이는 울프레드 헤이스팅스가 다차원 난수를 생성하는 일반적인 방법으로 확장해 메트로폴리스-헤이스팅스 알고리즘Metropolis-Hastings algorithm[55]으로 발전합니다. 마르코프 연쇄 몬테카를로(MCMC) 방법의 기반이 되었습니다.

메트로폴리스-헤이스팅스 알고리즘은 확률분포 $P(x)$의 확률 밀도 분포 함수에 비례하는 함수가 있다면 어떤 $P(x)$에서든 샘플을 추출할 수 있습니다. 또한 샘플이 많으면 많을수록 목표로 하는 분포 $P(x)$와 차이가 줄어들며 샘플은 반복해서 생성됩니다.

하지만 다음 샘플을 생성할 확률은 현재 샘플 상태에 영향을 받습니다. 일치하는 함수는 아닐지라도 비례하는 함수를 계산할 수 있으면 된다는 측면에서 베이즈 통계와 궁합이 좋습니다.

샘플의 열 생성 과정은 마르코프의 성질이 있는 마르코프 연쇄Markov chain[56]라고 합니다. 즉, 마르코프 연쇄 몬테카를로 방법은 마르코프 연쇄를 사용해 고차원 난수를 점근[57]적으로 발생시키는 방법입니다.

그림 6-41 마르코프 연쇄

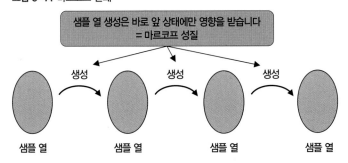

---

54 제2차 세계 대전 당시에는 기밀로 취급했다가 1953년 이후 공개되었습니다.

55 역자주_ https://ko.wikipedia.org/wiki/메트로폴리스-헤이스팅스_알고리즘

56 역자주_ https://ko.wikipedia.org/wiki/마르코프_연쇄

57 역자주_ 계산할 때 어떤 근삿값을 구한 후 해당 근삿값을 이용해 더 가까운 근삿값을 구합니다. 이 과정을 반복해서 정확도를 높입니다.

가능도 함수나 MAP 추정량 계산에서 동심 타원의 중심점이 최대가능도 추정량과 MAP 추정량일 때는 가능도가 높은 상태입니다. 따라서 [그림 6-42]의 검은색 점은 빨간색 화살표로 나타낸 것처럼 동심원의 중심 방향을 향해 이동합니다.

이때 메트로폴리스–헤이스팅스 알고리즘을 이용한 마르코프 연쇄 몬테카를로 방법에서는 이동하기 전 상태보다 가능도가 낮다면 이동을 허가하지 않습니다([그림 6-42]의 검정 화살표 방향으로 이동하지 않는다는 뜻입니다).

그림 6-42 메트로폴리스–헤이스팅스 알고리즘

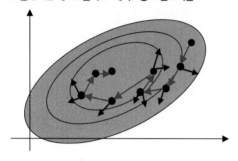

마르코프 연쇄 몬테카를로 방법은 전자계산기 이용을 전제로 한 방법인 만큼 컴퓨터 처리 능력의 향상과 함께 더 복잡한 모델도 현실적인 처리 시간 안에 샘플링할 수 있게 되었습니다. 따라서 마르코프 연쇄 몬테카를로 방법을 실제 이용할 때는 다른 초깃값에서 독립적으로 실행한 여러 샘플 열을 만든 후 샘플을 비교해 통합하는 것이 안전합니다.

베이즈 계층 모델

마르코프 연쇄 몬테카를로 방법을 활용하면 매개변수의 차원이 높은 복잡한 모델을 처리할 수 있습니다. 특히 베이즈 계층 모델Bayesian hierarchical model은 지금까지 소개한 모델 중에서 특히 자유도가 높은 통계 모델을 설계할 수 있습니다.

그림 6-43 베이즈 계층 모델[58]

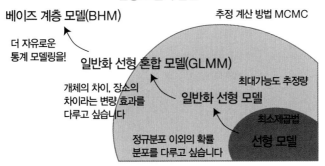

선형 모델의 발전

베이즈 계층 모델(BHM)

추정 계산 방법 MCMC

더 자유로운
통계 모델링을!

일반화 선형 혼합 모델(GLMM)

개체의 차이, 장소의
차이라는 변량 효과를
다루고 싶습니다

일반화 선형 모델

최대가능도 추정량

최소제곱법

선형 모델

정규분포 이외의 확률
분포를 다루고 싶습니다

데이터의 특징에 맞춰 선형 모델을 개선해 발전시켜 왔습니다

베이즈 계층 모델[59] 식은 [그림 6-44]와 같습니다.

그림 6-44 베이즈 계층 모델의 식

$$f(\theta, \lambda \,|\, x) = \frac{f(x\,|\,\theta)\pi(\theta\,|\,\lambda)\rho(\lambda)}{\int f(x\,|\,\theta)\pi(\theta\,|\,\lambda)\rho(\lambda)d\theta d\lambda} \propto f(x\,|\,\theta)\pi(\theta\,|\,\lambda)\rho(\lambda)$$

계층화하기 전 베이즈 모델 식과 비교하면 사전분포인 π에 λ가 매개변수로 추가되어 새로운 분포(초사전분포) $\rho(\lambda)$가 더해져 있습니다. 계층화할 때 θ가 더 고차원의 복잡한 구조가 되므로 더 낮은 차원의 매개변수가 하이퍼파라미터로, 초사전분포 $\rho(\lambda)$가 하이퍼파라미터의 사전 밀도로 추가되었습니다.

그림 6-45 베이즈 계층 모델 식의 비교

하이퍼파라미터   초사전분포

$$f(\theta, \lambda\,|\,x) = \frac{f(x\,|\,\theta)\pi(\theta\,|\,\boxed{\lambda})\boxed{\rho(\lambda)}}{\int f(x\,|\,\theta)\pi(\theta\,|\,\boxed{\lambda})\rho(\lambda)d\theta d\lambda} \propto f(x\,|\,\theta)\pi(\theta\,|\,\boxed{\lambda})\boxed{\rho(\lambda)}$$

계층화 전 $\quad f(\theta\,|\,x) = \dfrac{f(x\,|\,\theta)\pi(\theta)}{\int f(x\,|\,\theta)\pi(\theta)d\theta} \propto f(x\,|\,\theta)\pi(\theta)$

---

58 출처: 「MCMC와 계층적 베이즈 모델 데이터 해석을 위한 통계 모델링 입문」(http://hosho.ees.hokudai.ac.jp/~kubo/stat/2014/nicoFeb/kubo2014nicoFeb.pdf)

59 역자주_ https://en.wikipedia.org/wiki/Bayesian_hierarchical_modeling

이렇게 모델을 확장하면 확장 이전과 비교했을 때 데이터 전체를 다루는 규칙 계층과 개별로 변하는 지역 규칙 계층으로 분리해 나타낼 수 있습니다.

그림 6-46 전역/지역 매개변수

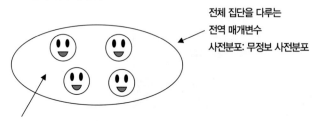

전체 집단을 다루는
전역 매개변수
사전분포: 무정보 사전분포

소집단/개체(개체 차이)를 다루는 지역 매개변수
사전분포: 계층 사전분포

생태학의 베이즈 계층 모델로는 개체 차이의 영향을 데이터로 나타나는 부분이 있습니다. 이때 개체 차이의 영향을 지역 규칙 계층으로 분리하면 유연한 통계 모델을 만들 수 있습니다. 이외에도 지진 데이터를 이용해 지진의 규모와 임의 지점 진도의 관계를 베이즈 계층 모델로 만드는 연구 등이 있습니다.

04 은닉 마르코프 모델과 베이즈 네트워크

은닉 마르코프 모델(HMM)과 베이즈 네트워크를 설명합니다.

Point
- 은닉 마르코프 모델(Hidden Markov Model, HMM)
- 베이즈 네트워크

은닉 마르코프 모델

79쪽 '마르코프 모델'에서 유한 오토마톤의 시간 경과에 따른 상태 변화의 법칙에 마르코프 성질을 포함한 것을 마르코프 과정 또는 마르코프 연쇄라고 설명했습니다. 마르코프 모델은 상태 X의 확률에 마르코프 성질을 이용해 $P(X_1, X_2, X_3, \cdots, X_n) = P(X_1)P(X_2 \mid X_1)P(X_3 \mid X_2) \cdots P(X_n \mid X_{n-1})$과 같은 식으로 단순화해 설명할 수 있는 등 몇 가지 유용한 특징이 있습니다.

그림 6-47 마르코프 모델

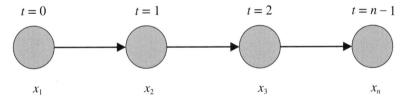

x_t의 상태는 x_{t-1}에만 의존 = 마르코프 성질

$P(X_1, X_2, X_3, \cdots, X_n)$

$= P(X_1)P(X_2 \mid X_1)P(X_3 \mid X_1, X_2) \cdots P(X_n \mid X_1, X_2, \cdots, X_{n-1})$ ◄─── 베이즈 정리

$= P(X_1)P(X_2 \mid X_1)P(X_3 \mid X_2) \cdots P(X_n \mid X_{n-1})$ ◄─── 마르코프 성질 적용

그런데 상태 X는 관측할 수 있는 상태를 확인할 뿐입니다. 실제로는 마르코프 연쇄를 더 따르는 프로세스를 진행합니다. 관측할 수 없으며 확인할 수 없는 부분이 있을 때는 이를 정리해 잠재적 변수로 취급합니다. 즉, 상태 X를 몇 가지 패턴으로 구성했을 때 패턴 각각에 어떤 특징이 있는지 추정해서 각 패턴 사이의 전이 모습을 확률로 나타낼 수 있다는 뜻입니다.

이러한 시계열 데이터의 혼합 분포 추정에 사용되는 모델을 은닉 마르코프 모델Hidden Markov Model, HMM[60]이라고 합니다.

그림 6-48 은닉 마르코프 모델

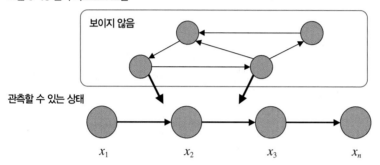

은닉 마르코프 모델에는 모델의 최적(최대 확률을 가진) 상태를 구하는 비터비Viterbi 알고리즘[61]과 학습 데이터에서 모델의 가능도를 최대화해서 매개변수의 최대가능도 추정량을 구하는 바움-웰치Baum-Welch 알고리즘이 있습니다.

비터비 알고리즘은 출력 기호 열에서 상태를 추정한 후 동적 계획법에 기반을 두고 최적 상태를 구합니다. 구문 분석 등에 이용합니다.

바움-웰치 알고리즘은 EM 알고리즘을 이용해 출력 기호 열에서 매개변수의 최대가능도 추정량을 구합니다. 음성 인식 시스템의 음소[62] 추출이나 자연어 처리의 단어 품사 추정 등 다양한 분야에서 이용합니다.

----

60 역자주_ https://ko.wikipedia.org/wiki/은닉_마르코프_모델
61 역자주_ https://en.wikipedia.org/wiki/Viterbi_algorithm
62 역자주_ 더 이상 작게 나눌 수 없는 음의 최소 단위입니다. 하나 이상의 음소가 모여서 음절을 이룹니다.

베이즈 네트워크

전문가 시스템은 주어진 조건에 적합한 답변을 합니다만 추론 규칙이 정교하지 않다는 약점이 있습니다. 그래서 확률 개념을 도입해 추론 규칙을 개선한 전문가 시스템으로 제안한 것을 베이즈 네트워크[63]라고 합니다.

베이즈 네트워크는 불확실성을 포함한 사건의 예측과 관측 결과를 이용해 장애 진단에 사용하는 그래픽 확률 모델입니다. 각 노드는 확률 변수이며 확률 변수 사이의 확률 의존 관계 정보를 유향 그래프로 나타내는 네트워크로 시스템을 구성합니다.

인접한 노드 사이에는 조건부 확률 테이블이 할당되어 있는데 이 점은 은닉 마르코프 모델과 비슷합니다. 예를 들어 "R: 비가 온다", "W: 바람이 강하다", "D: 전철이 지연된다", "C: 지각한다" 등의 확률 변수가 있고 노드 각각에 확률이 정의되어 있다면 비가 내리고 바람이 부는 날에 지각할 확률을 계산할 수 있습니다.

그림 6-49 베이즈 네트워크와 조건부 확률 테이블

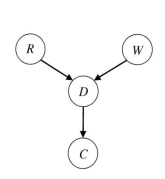

R: 비가 온다

R	P(R)
0	0.8
1	0.2

W: 바람이 강하다

W	P(W)
0	0.7
1	0.4

D: 전철이 지연된다

		P(D|R,E)	
R	E	D = 0	D = 1
0	0	0.8	0.2
0	1	0.9	0.1
1	0	0.2	0.8
1	1	0.3	0.7

C: 지각한다

	P(C|D)	
D	C = 0	C = 1
0	0.9	0.1
1	0	1

그런데 네트워크가 복잡해질수록 조건부 확률 테이블 역시 복잡해지며 일반적인 네트워크 구조는 확률 추론이 어려워 다양한 방법을 사용해서 사후 확률을 구해야 한다는 단점도 있습니다. 또한 무향 그래프이면서 루프가 없는 단일 결합 네트워크라면 베이즈 정리를 이용해 비교적 쉽

---

63 역자주_ https://ko.wikipedia.org/wiki/베이즈_네트워크

게 임의의 사후 확률을 구할 수 있지만 그렇지 않은 여러 개의 결합 네트워크는 확률 계산이 복잡해져 계산 비용이 증가합니다.

이를 효율화하는 방법을 찾고자 사전에 단일 결합 트리 구조 그래프로 변환해서 정밀도를 높이는 등 다양한 샘플링 기법을 이용해 차이를 줄이는 방법을 연구하고 있습니다. 한편 노이즈 데이터가 포함되어 불확실성이 있는 상황은 센서 등으로 관측한 결과를 기반으로 진단과 인식 등의 추론 도구를 이용합니다.

## CHAPTER 7

통계 기반 머신러닝 2
- 자율 학습과 지도 학습

이전 장까지 소개한 확률분포 함수를 기본에 둔 수학 모델, 데이터 분포 분리와 식별을 머신러닝 관점에서 설명합니다. 정답 정보, 즉 지도 학습 데이터가 없는 자율 학습과 지도 학습 데이터가 있는 지도 학습 각각에 주로 이용하는 알고리즘을 설명합니다.

자율 학습을 설명합니다.

Point
- 클러스터 분석
- 특잇값 분해
- K-평균 알고리즘
- 독립 성분 분석
- 주성분 분석
- 자기조직화지도(SOM)

자율 학습

학습이라는 것은 계산을 반복하면서 가중치 계수를 업데이트해서 모델이 되는 기저 함수와 분포에 접근하는 것을 의미합니다.

자율 학습Unsupervised Learning은 정답 정보가 없는 상태에서 학습을 통해 모델을 만드는 것입니다. 클러스터 분석, 차원 압축 등을 주로 이용하며 그림으로 결과를 나타내는 등 사람이 데이터의 특징을 파악할 수 있게 합니다. 이를 데이터 마이닝이라고 합니다.

클러스터 분석과 K-평균 알고리즘

자율 학습의 대표적인 접근 방법으로 클러스터 분석Cluster analysis[1]이 있습니다. 평면상에 그려져 있는 점들을 그룹으로 만듭니다. 그룹으로 만들 때는 점들 사이가 어느 정도 떨어져 있는지를 지표로 삼습니다.

---

1 역자주_ https://ko.wikipedia.org/wiki/클러스터_분석

그림 7-1 클러스터 분석

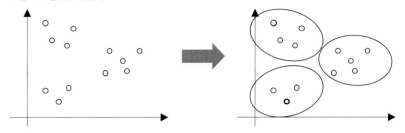

클러스터 분석할 때 자주 사용하는 방법에는 K−평균[K-means] 알고리즘이 있습니다. K−평균 알고리즘[2]은 다음과 같은 과정을 거칩니다.

- 우선 전체를 k개의 그룹으로 나눕니다.
- 각 점에 무작위로 그룹을 할당한 다음 그룹 각각의 중심(보통은 무게 중심)과의 거리(유클리드 거리 등)를 계산합니다.
- 어떤 그룹에 속해 있는 점이 다른 그룹과 거리가 더 가깝다면 해당 점을 거리가 가까운 그룹으로 변경합니다.
- 이러한 작업을 반복해서 가까운 점끼리 묶어 k개의 그룹으로 나눕니다.

그림 7-2 K−평균 알고리즘

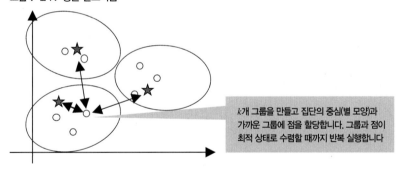

k개 그룹을 만들고 집단의 중심(별 모양)과 가까운 그룹에 점을 할당합니다. 그룹과 점이 최적 상태로 수렴할 때까지 반복 실행합니다

K−평균 알고리즘은 그룹의 중심점만 기준으로 삼다가 잘못된 그룹으로 할당할 수 있는 문제나 계산 시간이 길어지는 등의 문제가 있습니다. 따라서 K−평균 알고리즘으로 여러 번 그룹을 만들어 가장 좋은 결과를 채용하거나 그룹을 만들기 전 중심점을 되도록 떨어져 있게 설정하는 K−평균++ 알고리즘 등을 사용합니다. 최초에 정하는 k 값은 감으로 결정할 때가 많지만 계산으로 구해서 결정할 수도 있습니다.

----

2 역자주_ https://ko.wikipedia.org/wiki/K−평균_알고리즘

k를 결정할 때는 혼합 디리클레 모델을 사용합니다. 혼합 디리클레 모델은 베이즈 모델 기반의 접근 방식으로 디리클레 분포가 다항분포의 결합 사전분포라는 점을 이용합니다. 참고로 다항분포가 발생하는 각 사건의 확률을 나타내는 분포라면 디리클레 분포는 발생하는 사건의 개수를 나타내는 데 적합한 분포입니다. 따라서 푸아송 분포와 지수분포 같은 대응 관계에 가깝습니다.

혼합 디리클레 모델로 데이터(점)를 그룹에 할당할 때는 보통 기존의 가까운 그룹에 할당합니다. 따라서 혼합 디리클레 과정의 그룹 할당을 EM 알고리즘으로 반복 실행하면 그룹 개수와 그룹 각각에 할당하는 데이터 분포를 관찰할 수 있습니다.

그림 7-3 다항분포와 디리클레 분포의 관계

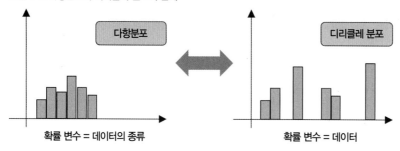

주성분 분석

클러스터 분석과 함께 자주 이용하는 데이터 처리 방법으로 주성분 분석Principal Component Analysis, PCA이 있습니다. 고차원의 데이터를 저차원으로 정리해 차원 압축(차원 감소)을 실행합니다.

예를 들어 야구 선수의 신장, 체중, 타율, 출전 경기 수 등의 다양한 데이터로 경기 성적의 상관관계를 파악한다고 가정해봅시다. 이때 어려운 점은 설명 변수(비교 기준이 되는 데이터)를 선택하는 것인데 주성분 분석을 실행하면 여러 가지 설명 변수를 정리하는 첫 번째 주성분, 두 번째 주성분 등의 축을 완성할 수 있습니다. 많은 주성분으로 구성된 직교 좌표계를 구축하는 것이 주성분 분석의 핵심입니다.

그림 7-4 주성분 분석 예

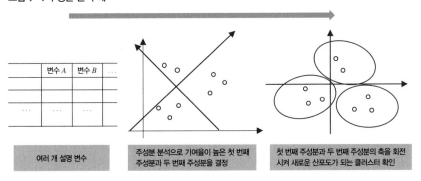

	변수 A	변수 B	...
...	...	...	

여러 개 설명 변수

주성분 분석으로 기여율이 높은 첫 번째 주성분과 두 번째 주성분을 결정

첫 번째 주성분과 두 번째 주성분의 축을 회전 시켜 새로운 산포도가 되는 클러스터 확인

첫 번째 주성분과 두 번째 주성분의 벡터 방향은 변하지 않으므로 고유 벡터라고 합니다. 주성분을 구할 때 함께 얻는 각 고윳값[3]으로 기여율을 결정합니다.

고윳값은 보통 물리학에서 에너지의 양을 보여주는 값으로 사용하는데 주성분 분석에서는 주성분 축 상의 분산 크기를 나타냅니다. 기여율이 높은 것부터 순서대로 첫 번째 주성분, 두 번째 주성분 등이 됩니다.

주성분을 위부터 선택할 때는 기여율이 높은 순서, 아래부터 선택하는 경우는 고윳값 1 이상의 주성분을 선택하도록 실행해 차원을 압축합니다.

그림 7-5 차원 압축

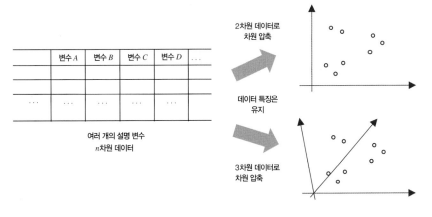

	변수 A	변수 B	변수 C	변수 D	...
...	...	...	...	...	

여러 개의 설명 변수
n차원 데이터

2차원 데이터로 차원 압축

데이터 특징은 유지

3차원 데이터로 차원 압축

----

3 역자주_ https://ko.wikipedia.org/wiki/고윳값

주성분은 각 설명 변수의 가중치를 갖는 선형 결합 식을 통해 데이터를 재구축할 수 있습니다. 즉, 데이터의 특징량 중 기여율이 높은 것만을 사용해 재구성합니다. 데이터의 특징을 잃지 않으면서 기여율의 크기를 낮출 수 있습니다. 또한 피크 값 등 지역적인 특징을 추출하는 등 데이터의 세밀한 특징에 맞춘 작업을 실행할 수 있습니다.

그림 7-6 주성분 분석을 사용한 데이터 재구축

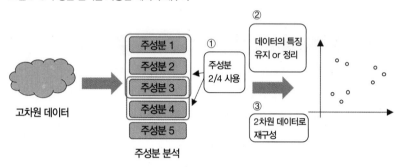

주성분 분석 외에 고차원 데이터를 차원 압축하는 방법으로 t-SNE[t-Distributed Stochastic Neighbor Embedding]가 있습니다. t-SNE는 정규분포를 따르는 확률로 고차원 데이터의 거리를 계산해 저차원으로 옮깁니다. 그리고 자유도가 1인 t 분포에 적용해서 차이가 작은지를 확인합니다.

그림 7-7 t-SNE[4]

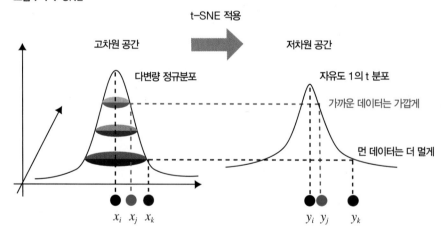

---

4 출처: 「t-SNE를 이용한 차원 압축 방법 소개」 (주식회사 ALBERT, http://blog.albert2005.co.jp/2015/12/02/tsne/)

t 분포는 정규분포보다 그래프의 아래가 긴 분포이므로 t 분포를 이용해 저차원으로 투영하면 거리가 가까운 데이터의 상태는 유지하고 거리가 먼 관계에 있는 데이터의 상태는 더 멀게 만들 수 있습니다. 주성분 분석보다 더 깔끔하게 클러스터 분석을 하는 방법이므로 많이 사용합니다.

특잇값 분해

주성분을 분석할 때는 행렬로 데이터를 나타낸 후 공분산행렬을 계산해 고윳값과 고유 벡터를 구합니다. 이를 특잇값[5] 분해Singular Value Decomposition, SVD라고 합니다. 주성분 분석에서 다루는 행렬은 고윳값을 분해해야 하므로 행과 열의 수가 같은 정방행렬로 정리할 필요가 있습니다. 하지만 특잇값은 정방행렬 형태가 아니어도 분해할 수 있으므로 고윳값과 비교했을 때 다루기 편합니다.

특잇값 분해는 $M = U\Sigma V^*$가 되는 m행 n열의 행렬 M을 m차 단위행렬Unitary matrix[6]인 U와 n차 전치행렬Adjoint matrix[7]인 V^*, 대각 성분이 $\sigma_1, \cdots, \sigma(\sigma_1 \geq \sigma_2 \geq \cdots \geq \sigma_q > 0, q \leq \min(m, n))$로 구성된 행렬로 분해하는 작업입니다. 이때 얻는 σ를 특잇값이라고 합니다.

그림 7-8 특잇값 분석

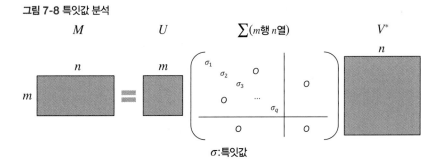

주성분 분석 대신에 특잇값 분해를 사용하면 의사 역행렬을 구할 수 있으므로 이를 사용해 최소제곱법 식을 계산할 수 있습니다.

---

5 역자주_ https://ko.wikipedia.org/wiki/특잇값
6 전치행렬이 역행렬이 되는 행렬(직교행렬)로, 고윳값의 절댓값, 특잇값, 행렬식의 절댓값이 1입니다.
7 단위행렬 A의 전치행렬이면서 켤레 복소수를 취한 행렬 A*입니다.

독립 성분 분석

주성분 분석과 특잇값 분해는 전체 데이터를 균일하게 분포하는 백색화[whitening]와 차원 압축을 처리합니다. 여기서 한 걸음 더 나아가 통계 독립성을 극대화하는 예측 성분을 찾는 것을 독립 성분 분석[Independent Composition Analysis, ICA][8]이라고 합니다.

독립 성분 분석은 제거할 수 없는 데이터를 다루는 데 목적을 둡니다. 예를 들어 어떤 신호에 포함된 노이즈는 가우스 노이즈 분포를 따르는 특성이거나 화이트 노이즈(백색 잡음)며, 제거할 수 없는 데이터입니다. 이때 독립 성분 분석 측정은 이러한 데이터를 별도로 다루려고 성분의 독립성을 측정하는 방법인 비가우스성[Non-Gaussianity]을 계산합니다.

독립 성분 분석은 블라인드 신호를 분리하는 특별한 방법이기도 합니다. 예를 들어 여러 군데 장착된 마이크에서 수집한 음원에서, 음성과 잡음이 섞인 음원 데이터를 별도로 분리합니다.

자기조직화지도

신경망을 이용한 자율 학습은 주어진 입력 데이터로 학습해 일관성 있게 변화한다는 자기조직화에 기반을 둡니다. 그래서 자율 학습의 출력 결과를 이용해 클러스터 분석한 것은 자기조직화와 연관이 커서 자기조직화지도[Self Organization Map, SOM][9]라고 합니다. 입력 벡터를 이용해 데이터의 거리를 계산한 후 어떤 지도[map]를 만드는 훈련과 훈련 결과에 따라 데이터의 연결 강도를 자동으로 재조정하는 매핑[mapping]으로 나뉩니다.

자기조직화지도의 진행 단계는 다음과 같습니다.

1. 먼저 데이터 사이의 연결 강도 수치를 모두 초기화합니다.
2. 신경망에서 어떤 입력 벡터를 받으면 데이터 연결 강도 사이의 거리를 계산해 지도(map)를 형성합니다.
3. 최소 거리의 데이터를 선택합니다.
4. 최소 거리 출력 데이터와 이웃해 있는 데이터의 연결 강도를 자동으로 재조정합니다.

---

8 역자주_ https://ko.wikipedia.org/wiki/독립_성분_분석
9 역자주_ https://ko.wikipedia.org/wiki/자기조직화지도

자기조직화지도는 1차원이든, 2차원이든, 3차원이든 반복 실행하면 비슷한 벡터가 가까운 곳에 모입니다. 입력 벡터가 어떤 공간에 배치되어 있을 때 훈련과 매핑으로 얻는 자기조직화지도의 형성 결과는 신경망으로 만든 사상 공간입니다.

그림 7-9 SOM의 예

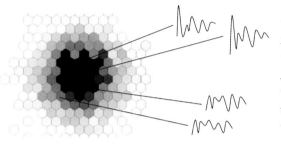

입력 데이터(파형 데이터)를 자기조직화지도로 나타내면 비슷한 파형이 가까운 곳으로 모이는 양상을 확인할 수 있습니다. 점으로 표시하기도 하고 육각형으로 표시할 때도 있습니다

02 지도 학습

정답 정보가 들어 있는 데이터를 기준으로 모델을 만드는 지도 학습supervised learning을 설명합니다.

Point
- 서포트 벡터 머신
- 베이즈 필터, 나이브 베이즈 분류기
- ID3 (결정 트리의 구축)
- 랜덤 포레스트
- 타당성 검증

- 식별 모델의 평가와 ROC 곡선
- 나이브 베이즈 분류
- ROC 곡선의 평가법
- 홀드 아웃 검증과 교차 검증

서포트 벡터 머신

서포트 벡터 머신Support Vector Machine, SVM[10]은 데이터 분포를 나누는 기준을 결정하는 지도 학습 모델 중 하나입니다.

앞에서 설명한 회귀분석이 데이터에 맞춘 직선과 곡선의 특징을 분석하는 데 중점을 둔다면, 서포트 벡터 머신은 어떤 패턴으로 데이터를 분류한 후 데이터 사이의 거리에 따라 어떤 카테고리에 속할 것인지 판단하는 데 중점을 둡니다. 다층 퍼셉트론 같은 신경망을 이용한 데이터 분류와 비슷합니다.

[그림 7-10]은 서포트 벡터 머신을 그림으로 나타낸 것입니다. 먼저 2개의 클래스(점선으로 나눈 점의 그룹)에 속한 데이터 사이의 거리(마진)를 최대화하면서 가운데를 통과하는 식별 함수를 구합니다.

이때 마진 영역의 가장자리에 해당하는 위치에 있는 데이터를 서포트 벡터라고 하며 서포트 벡터와 식별 함수 사이의 공간을 마진 영역이라고 합니다.

---

10 역자주_ https://ko.wikipedia.org/wiki/서포트_벡터_머신

그림 7-10 SVM

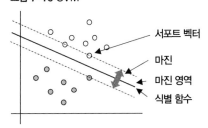

서포트 벡터

마진

마진 영역

식별 함수

또한 [그림 7-10]은 선형 식별 함수를 나타낸 것인데 바로 뒤에서 설명할 커널 트릭이라는 방법을 이용해 비선형 식별 함수를 결정할 수도 있습니다.

이제 선형 식별 함수를 좀 더 자세히 살펴봅시다. 마진을 최대화했을 때 선형 식별 함수는 모든 훈련 데이터를 올바르게 식별할 수 있어야 하며 훈련 데이터와 식별 함수의 값이 0이 되는 식별 초평면과의 최소 거리가 가장 크도록 최적화합니다.

이 문제는 라그랑주 승수법Lagrange multiplier method[11]으로 풀 수 있으며 식별 함수는 서포트 벡터로만 결정할 수 있습니다.

그림 7-11 선형 식별 함수와 최적화

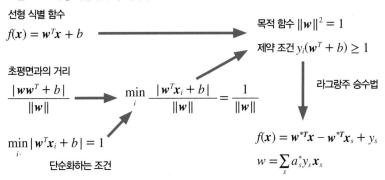

선형 식별 함수

$$f(\boldsymbol{x}) = \boldsymbol{w}^T \boldsymbol{x} + b$$

목적 함수 $\|\boldsymbol{w}\|^2 = 1$

제약 조건 $y_i(\boldsymbol{w}^T + b) \geq 1$

초평면과의 거리

$$\frac{|\boldsymbol{w}\boldsymbol{w}^T + b|}{\|\boldsymbol{w}\|}$$

$$\min_i \frac{|\boldsymbol{w}^T \boldsymbol{x}_i + b|}{\|\boldsymbol{w}\|} = \frac{1}{\|\boldsymbol{w}\|}$$

라그랑주 승수법

$$\min_i |\boldsymbol{w}^T \boldsymbol{x}_i + b| = 1$$

단순화하는 조건

$$f(\boldsymbol{x}) = \boldsymbol{w}^{*T} \boldsymbol{x} - \boldsymbol{w}^{*T} \boldsymbol{x}_s + y_s$$

$$w = \sum_s a_s^* y_s \boldsymbol{x}_s$$

또한 식별 함수는 입력 데이터의 내적만 이용하는 형태인데 내적은 비선형 식별 함수를 만드는 방법을 찾는 데도 이용할 수 있습니다. 다항식과 가우스 함수 등의 커널 함수[12]를 이용해 원래

---

11 역자주_ https://ko.wikipedia.org/wiki/라그랑주_승수법
12 역자주_ 2개의 벡터를 내적한 매핑 함수를 말합니다.

공간의 데이터 분포를 선형 분리할 수 있는 공간으로 바꿉니다. 이를 커널 트릭[13]이라고 합니다. 커널 트릭은 주성분 분석과 클러스터 분석 등에 응용하며 이를 묶어 커널법이라고 합니다.

실제로 데이터를 깔끔하게 나눌 수 있을 때가 많지 않으므로 잘못 식별된 데이터에 페널티를 설정해 오차에 대응합니다. 마진 최대화와 페널티를 함께 고려해 최적화하는 방법을 소프트 마진이라고 합니다. 페널티로 사용하는 손실 함수는 경첩[hinge] 모양을 나타내므로 경첩 함수 또는 경첩 손실 함수라고 합니다.

그림 7-12 경첩 함수

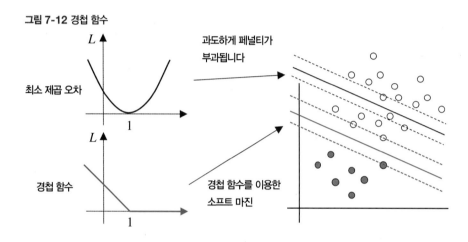

베이즈 필터와 단순 베이즈 분류

베이즈 정리는 학습과의 친화성이 높아 지도 학습 알고리즘에 이용합니다. 특히 베이즈 필터[14] 중에서 단순(나이브) 베이즈 분류[Naïve Bayes Classification][15]가 유명합니다.

베이즈 필터를 이용하는 대표적인 예는 스팸 메일 판정이나 문서의 카테고리 분류입니다. 보통 어떤 메일이 '스팸'인지 확인할 때는 메일에 내장된 필터에서 스팸으로 분류한 단어가 있는지를

---

13 역자주_ 좀 더 쉽게 설명하면 차원을 높이지 않고도 차원을 올리는 효과를 내는 것을 말합니다.

14 역자주_ https://en.wikipedia.org/wiki/Naive_Bayes_spam_filtering

15 역자주_ https://ko.wikipedia.org/wiki/나이브_베이즈_분류

확인합니다. 그런데 필터의 초기 설정이나 키워드 관리는 복잡하고 관리해야 하는 양이 많습니다. 이때 베이즈 필터를 이용하면 확률 통계를 기반에 두고 스팸 메일의 특징을 분석하고 분류할 수 있습니다.

그림 7-13 베이즈 필터

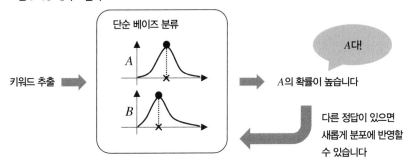

문서에 단어 i가 포함되어 있는지를 나타내는 $X_i = \{\,0,\,1\,\}$일 때 문서 클래스 c의 특정 단어가 다른 클래스에도 포함될 동시 확률[16]은 [그림 7-14] 식으로 구합니다.

그림 7-14 클래스의 특정 단어가 다른 클래스에도 포함될 동시 확률 식

$$p(x, c) = p(x\,|\,c)p(c) = p(c\,|\,x)p(x)$$

학습해야 할 문서 수를 m, 클래스 각각에 속한 문서 수를 $freq(c)$라고 하면 어떤 문서가 클래스 c에 속하는 클래스 확률 $p(c)$는 [그림 7–15] 식으로 나타낼 수 있습니다.

그림 7-15 클래스 확률의 식

$$p(c) = \frac{freq(c)}{m}$$

클래스 확률 식에서 클래스마다 특정 단어가 나타날 확률 식은 [그림 7–16]처럼 정리할 수 있습니다.

---

16 역자주_ 두 가지 이상 사건이 모두 일어날 확률을 말합니다.

그림 7-16 클래스마다 특정 단어가 나타날 확률 식

$$p(x_i = 1 \mid c) = \frac{freq(x_i = 1,\ label = c)}{freq(c)}$$

이외에도 단백질을 구성하는 아미노산 서열이 돌연변이 했을 때 영향력을 구하는 프로그램 PolyPhen-2[17]도 단순 베이즈 분류를 기반에 둡니다.

다음 과정을 통해 영향력을 구합니다.

1. 과거에 병의 원인으로 보고된 단백질의 아미노산 변화 정보를 바탕으로 조사하려는 아미노산 변화를 지정합니다.

2. 조사하려는 아미노산 변화의 관련 데이터(단백질의 모티브 등)를 분석하면서 병의 원인으로 보고된 아미노산 변화와 비교해 현재 조사하는 아미노산의 변화가 질환과 밀접한 관계가 있는지 영향력을 구합니다.

그림 7-17 PolyPhen-2

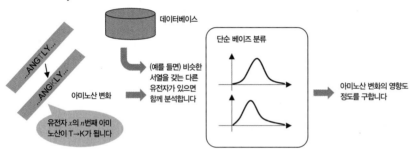

ID3

정답 데이터를 이용해 결정 트리를 만드는 알고리즘의 하나로 ID3[18]가 있습니다. ID3는 의사 결정 트리를 기반으로 모든 데이터를 제대로 분류할 때까지 노드를 추가합니다. 이때 데이터를 제대로 분류하는 결정 트리는 여러 개가 나올 수 있지만 분류 효율성과 의사 결정 트리의 일반성을 고려해 최대한 단순한 형태가 되는 것을 목표로 합니다.

---

17 역자주_ http://genetics.bwh.harvard.edu/pph2/

18 역자주_ https://en.wikipedia.org/wiki/ID3_algorithm

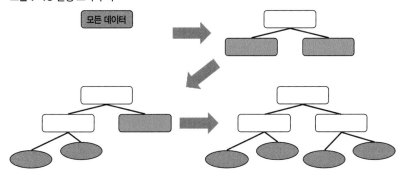

그림 7-18 결정 트리 구축

ID3에서 결정 트리를 만드는 방법

ID3의 결정 트리는 다음 순서로 만듭니다.

1. 집합 A 안의 데이터가 모두 같은 클래스에 속하면 해당 클래스의 노드를 만듭니다.
2. 집합 A에서 속성을 하나 선택(특성 B)해 식별 노드를 만듭니다.
3. 속성 B의 속성값에 따라 집합 A를 부분 집합으로 나누고 각각의 자식 노드를 만듭니다.
4. 자식 노드 각각에 1~3번을 재귀적으로 반복합니다.

속성을 선택할 때 기준은 엔트로피가 낮은 상태, 즉 최대한 같은 데이터가 모이도록 분류하는 것입니다. 이를 위해 정보량의 기댓값($-\Sigma p_i \log_2 p_i$, i는 얻을 수 있는 속성과 클래스의 값)을 사용할 수 있습니다.

또한 집합 A 클래스에서 나눈 각각의 속성에 기댓값을 계산한 결과가 가장 작은 속성이면 다음에 선택되는 속성이 됩니다. 이처럼 전체 최적화를 위해 집합을 나눠서 소집단의 최적화를 반복하는 방법을 분할 정복 알고리즘이라고 합니다.

한편 결정 트리를 만들 때 해당 데이터의 분포와 겹치면 결정 트리 노드의 경계선이 [그림 7-19] 같은 형태로 나타납니다.

그림 7-19 결정 트리의 형태(분류 트리)

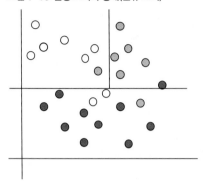

랜덤 포레스트

서포트 벡터 머신과 함께 데이터의 분포를 분류하는 유명한 방법은 랜덤 포레스트[19]입니다. 랜덤 포레스트는 무작위로 뽑은 데이터를 이용해 학습하면서 많은 결정 트리를 구축하며 의사 결정 트리를 만들 때마다 결정 트리 구성을 약간씩 변화시킵니다. 최종 단계에서 구축한 결정 트리 중 최적의 결정 트리를 선택합니다.

그림 7-20 랜덤 포레스트

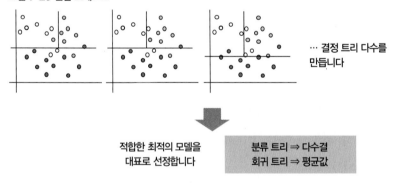

… 결정 트리 다수를 만듭니다

적합한 최적의 모델을 대표로 선정합니다

분류 트리 ⇒ 다수결
회귀 트리 ⇒ 평균값

---

19 역자주_ https://ko.wikipedia.org/wiki/랜덤_포레스트

타당성 검증

모델을 만들 때는 모델이 얼마나 정확한 결과를 계산하는지를 객관적으로 측정해야 합니다. 이 때 실행하는 것이 타당성 검증[20]입니다.

식별 모델의 평가와 ROC 곡선

ROC 곡선[21]은 식별 모델의 성능을 평가하는 방법입니다. ROC는 제2차 세계 대전 때 수신된 레이더 신호에서 적 전투기를 찾으려는 미국의 레이더 연구에서 탄생한 개념입니다.

ROC 곡선을 만들려면 데이터의 정답(양성positive과 음성negative) 결과 세트와 식별 결과 세트를 준비해 혼동행렬confusion matrix[22]을 만듭니다. 식별 결과를 두 가지 종류로 하면 혼동행렬은 2×2 로 나눈 표 형태가 됩니다.

표 7-1 혼동행렬

	식별 결과 양성(+)	식별 결과 음성(−)	합계
양성(+)	TP (TP/(TP + FN) ⇒ 진양성률 = 민감도) (TP/(TP + FP) ⇒ 정밀도) (TP/(TP + TN) ⇒ 재현율)	FN (FN/(TP + FN) ⇒ 거짓 음성률)	TP + FN
음성(−)	FP (FP/(FP + TN) ⇒ 거짓 양성률)	TN (TN/(FP + TN) ⇒ 진음성률 = 특이도)	FP + TN
합계	TP + FP	FN + TN	TP + FN + FP + TN

혼동행렬 표는 각각 TP^{True Positive}, FN^{False Negative}, FP^{False Positive}, TN^{True Negative}으로 나눌 수 있습니다. 식별 결과가 양성인 수를 분모로 했을 때의 TP 비율은 정밀도(또는 양성적중률), FP의 비율은 거짓 양성률, FN의 비율은 거짓 음성률이라고 합니다. 식별 결과가 음성인 수를 분모

---

20 역자주_ https://ko.wikipedia.org/wiki/검사와_타당성_검증
21 수신자 조작 특성 또는 수신자 동작 특성이라고도 합니다(https://ko.wikipedia.org/wiki/수신자_조작_특성)
22 역자주_ 참 긍정, 거짓 부정, 거짓 긍정, 참 부정의 개수를 나타내는 행렬을 말합니다.

로 했을 때의 TN 비율은 진음성률(또는 특이도)라고 합니다. 그리고 양성인 수를 분모로 했을 때의 TP 비율은 진양성률(또는 민감도)이라고 합니다. 또한 전체 수에서 식별 결과가 올바른 수의 비율을 정확도accuracy, 양성인 수를 어느 정도 비율로 제대로 식별했는지를 나타내는 재현율recall도 계산할 수 있습니다. 정밀도와 재현율은 이율배반적인 관계이므로 정밀도와 재현율의 조화 평균을 계산하는 F 값F measure을 종합 지표로 이용합니다.

그림 7-21 혼동행렬에서 각종 지표를 계산하는 식

$$민감도(sensitivity) = \frac{TP}{(TP + FN)}$$

$$정밀도(precision) = \frac{TP}{(TP + FP)}$$

$$재현율(recall) = \frac{TP}{(TP + FN)}$$

$$특이도(specificity) = \frac{TN}{(FP + TN)}$$

$$F\ 값(F\ measure) = 2 \times \frac{(정밀도 \times 재현율)}{(정밀도 + 재현율)}$$

ROC 곡선은 [그림 7-22]처럼 만들 수 있습니다. 식별 결과와 정답 세트를 식별 결과의 점수 순서로 정렬해 임계치를 설정합니다. 이때 임계치보다 위를 양성으로 해서 결과를 혼동행렬로 나타내면 진양성률과 거짓 양성률을 계산할 수 있습니다. 임계치를 변화시키면 ROC 곡선이 만들어집니다.

그림 7-22 ROC 곡선

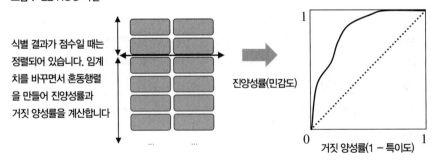

식별 결과가 점수일 때는 정렬되어 있습니다. 임계치를 바꾸면서 혼동행렬을 만들어 진양성률과 거짓 양성률을 계산합니다

진양성률(민감도)

거짓 양성률(1 − 특이도)

ROC 곡선을 이용한 평가

ROC 곡선의 주요 평가 방법은 세 가지가 있습니다.

- **AUC(Area Under Curve) 값**
  AUC는 ROC 곡선의 아랫부분 면적 값을 의미합니다. 이 값이 0.9 이상이면 "정확도(accuracy)가 높다"
  고 말합니다. 여러 모델이 있을 때는 AUC 값들을 서로 비교할 때가 많습니다.

- **왼쪽 위에서 곡선까지 거리**
  AUC 값이 높으면 높을수록 ROC 곡선은 왼쪽 위에 가까운 형태가 되므로 왼쪽 위에서 곡선의 거리인 a가
  짧으면 짧을수록 성능이 좋습니다. 가장 짧은 a를 갖는 모델은 효율적인 매개변수(=곡선을 만들 때의 임곗값
  에 해당)를 사용한 것으로 추측할 수 있습니다.

- **Youden Index**
  AUC 값과 길이 0.5의 대각선(낮은 성능을 나타냄) 사이 거리 b가 가장 멀 때 '진양성률 + 거짓 양성률 = c'
  를 Youden Index라고 합니다. 이 값이 큰 모델은 가장 좋은 평가를 받은 매개변수입니다.

그림 7-23 ROC 곡선

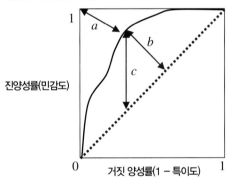

홀드 아웃 검증과 교차 검증

학습 결과로 식별이 얼마나 잘 되었는가는 데이터 세트를 나눠서 검증할 수도 있습니다. 데이
터 세트는 학습할 때 사용하는 지도 학습 데이터, 정답 세트인 훈련 데이터, 평가와 검증에 사
용하는 테스트 데이터로 나눌 수 있습니다. 이렇게 데이터 세트를 나누면 과도한 학습을 피할
수 있습니다. 또한 랜덤 포레스트에서 데이터를 무작위로 추출해 대량의 결정 트리를 생성하는
것과도 연결됩니다.

검증 방법은 다음과 같습니다.

- **홀드 아웃 검증(holdout method)**
  데이터를 훈련 데이터와 테스트 데이터로 나눈 후 테스트 데이터를 사용하지 않는 검증 방법입니다. 테스트 데이터는 사용했을 때의 정밀도를 평가해 성능을 판단합니다. 보통 교차 검증에는 사용하지 않습니다.

- **K겹 교차 검증(K-fold cross-validation)**
  데이터를 K개의 그룹으로 나눈 후 그룹 하나를 제외한 나머지 데이터를 훈련 데이터로 설정합니다. 사용하지 않은 하나의 그룹에서는 테스트를 실행합니다. 테스트 데이터에서 얻은 정밀도에 평균과 표준 편차를 구하는 것으로 평가를 실행합니다. K는 5~10으로 설정할 때가 많습니다.

- **LOOCV(leave-ont-out cross-validation)**
  K겹 교차 검증에서 K가 데이터 개수와 같을 때를 뜻합니다. 데이터 수가 적을 때 사용합니다.

그림 7-24 검증 방법

홀드 아웃 검증

훈련 데이터   테스트 데이터

K겹 교차 검증

훈련 데이터   테스트 데이터

훈련 데이터   테스트 데이터 훈련 데이터

순서대로 테스트 데이터를 할당해 반복 실행

03 텐서플로를 이용한 K-평균 예제

텐서플로를 이용한 K-평균 예제를 살펴봅니다.

Point
- K-평균을 구현합니다.
- pandas 라이브러리를 이용해 데이터를 처리하는 방법을 살펴봅니다.
- seaborn 라이브러리를 이용해 데이터를 시각화하는 방법을 살펴봅니다.

이번 예제에서는 분류 대상인 1,000개의 점을 정의한 후 K-평균을 이용해 분류해보겠습니다.

필요한 모듈 불러오기

pandas는 엑셀 데이터나 CSV 데이터 등을 처리하는 라이브러리입니다. Seaborn은 시각화를 우아한 형태로 만들 수 있게 도와주는 라이브러리입니다. 아래 코드를 참고해 두 라이브러리를 불러옵니다.

```
In[1]:
import tensorflow as tf
import numpy as np
import matplotlib.pyplot as plt
import pandas as pd
import seaborn as sns
```

데이터 정의하기

먼저 예제에 사용할 점 개수 num_dots, 클러스터 개수 num_clusters, 학습 횟수 num_epochs를 정의해 줍니다.

```
In[2]:
num_dots = 1000
num_clusters = 3
num_epochs = 100
```

이제 데이터를 정의할 차례입니다. 분류의 대상이 될 1,000개의 점을 구분합니다.

```
In[3]:
dots = []
for i in xrange(num_dots):
    if np.random.random() > 0.66:
        dots.append([np.random.normal(0.0, 1.0), np.random.normal(2.0, 0.5)])
    elif np.random.random() > 0.33:
        dots.append([np.random.normal(2.0, 1.3), np.random.normal(-1.0, 0.6)])
    else:
        dots.append([np.random.normal(-1.0, 0.8), np.random.normal(-2.0, 1.2)])
```

크게 (0.0, 2.0), (2.0, −1.0), (−1.0, −2.0)의 3개 데이터 덩어리로 구성하도록 설정했습니다.

다음으로 pandas 라이브러리를 이용해 좌표를 데이터 프레임 형태로 저장합니다.

```
In[4]:
df = pd.DataFrame({"x": [v[0] for v in dots], "y": [v[1] for v in dots]})
```

데이터 정의가 끝났습니다. df.head( )를 이용해 데이터 일부를 살펴보겠습니다.

```
In[5]:
df.head(10)
```

```
Out[5]:
   x         y
0  1.108665  1.372450
1  -0.274423  -1.622566
2  0.685857  -0.519320
3  3.149376  -0.059453
4  0.868784  1.809896
5  1.134742  -1.128359
6  -1.791197  -1.382560
```

7	-1.322832	-4.437527
8	3.683241	0.226663
9	2.074652	2.558436

마지막으로 seaborn 라이브러리를 이용해 데이터를 시각화해봅니다.

In[6]:
```
sns.lmplot("x", "y", data=df, fit_reg=False, size=7)
plt.show()
```

그림 7-25 시각화 결과

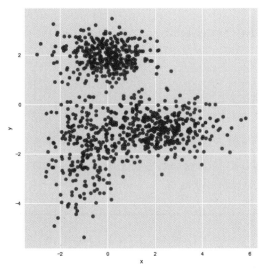

K-평균 그래프 생성하기

K-평균 그래프를 생성하기 위해서는 우선 K-평균 그룹을 시각화해야 합니다. 먼저 dots를 tf.constant에 넣어 vector 변수에 저장합니다. 그리고 get_shape( )을 이용해 차원을 확인합니다. 데이터는 (x, y) 좌표 형태를 보이는 1,000개의 점으로 구성했으므로 (1000, 2)라는 차원을 확인할 수 있습니다.

In[7]:
```
vectors = tf.constant(dots)
vectors.get_shape()
```

Out[7]:
```
TensorShape([Dimension(1000), Dimension(2)])
```

이제 tf.Variable( )을 이용해 vectors를 무작위로 섞습니다. 이때 num_clusters를 이용해 무작위로 섞어 centroids라는 변수에 저장합니다. get_shape( )을 이용해 차원을 확인하면 (3, 2)라는 차원을 확인할 수 있습니다.

In[8]:
```
centroids = tf.Variable(tf.slice(tf.random_shuffle(vectors), [0, 0], [num_clusters, -1]))
centroids.get_shape()
```

Out[8]:
```
TensorShape([Dimension(3), Dimension(2)])
```

vectors는 (1000, 2), centroids는 (3, 2)라는 차원이므로 2개 사이에 차이를 구하는 연산을 할 수 없습니다. 이럴 때는 차원을 확장해야 합니다. vectors는 첫 번째 차원을 확장해 (1, 1000, 2)로 만들고 centroids는 두 번째 차원을 확장해 (3, 1, 2)로 만듭니다.

In[9]:
```
expanded_vectors = tf.expand_dims(vectors, 0)
expanded_centroids = tf.expand_dims(centroids, 1)

print expanded_vectors.get_shape()
print expanded_centroids.get_shape()
```

Out[9]:
```
(1, 1000, 2)
(3, 1, 2)
```

(1, 1000, 2)의 expanded_vectors와 (3, 1, 2)의 expanded_centroids 사이는 자동으로 브로드캐스팅합니다. 따라서 expanded_vectors − expanded_centroids를 계산해 유클리드 거리를 구할 수 있습니다. 거리가 가장 작은 순으로 assignments에 인자들이 저장됩니다.

```
In[10]:
 distances = tf.reduce_sum(tf.square(tf.subtract(expanded_vectors,
     expanded_centroids)), 2)
 assignments = tf.argmin(distances, 0)
 assignments.get_shape()

Out[10]:
 TensorShape([Dimension(1000)])
```

이제 각 클러스터에 속하는 점들을 모은 다음에 이 점들의 평균을 구해 새로운 중심점을 계산합니다.

```
In[11]:
 means = tf.concat([tf.reduce_mean(tf.gather(vectors,
     tf.reshape(tf.where(
         tf.equal(assignments, c)),[1, -1])),reduction_indices=[1])
     for c in xrange(num_clusters)], 0)
```

이를 통해 중심점을 업데이트합니다.

```
In[12]:
 centroids_updated = tf.assign(centroids, means)
```

그래프 실행하기

이제 229쪽 'K-평균 그래프 생성하기'서 생성한 그래프를 실행합니다.

```
In[13]:
 with tf.Session() as sess:
     sess.run(tf.global_variables_initializer())
     for step in xrange(num_epochs):
         _, centroid_values,
         assignment_values = sess.run([centroids_updated, centroids, assignments])
 print "중심점"
 print centroid_values
```

Out[13]:
중심점
[[2.40067291 -0.91806924]
 [-0.72542769 -1.83680773]
 [-0.08374371 1.93120611]]

시각화해 보여주기

마지막으로 pandas와 seaborn 라이브러리를 이용해 데이터를 시각화합니다.

In[14]:
```
data = {"x": [], "y": [], "cluster": []}
for i in xrange(len(assignment_values)):
    data["x"].append(dots[i][0])
    data["y"].append(dots[i][1])
    data["cluster"].append(assignment_values[i])
df = pd.DataFrame(data)
sns.lmplot("x", "y", data=df, fit_reg=False, size=7, hue="cluster", legend=False)
plt.show()
```

그림 7-26 시각화 결과

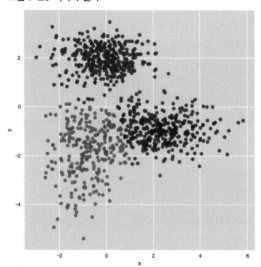

## CHAPTER 8

강화 학습과 분산 인공지능

통계 기반 머신러닝은 학습기가 입력하는 데이터에 맞춰 가중치를 업데이트하면서 인공지능 프로그램의 분류와 식별 성능을 향상시켰습니다. 이제 인공지능 프로그램의 성능을 더 높이는 방법들을 살펴볼 차례입니다. 8장에서는 학습기를 여러 개 생성하는 앙상블 학습, 프로그램이 외부와의 상호작용을 일으키는 환경에서 피드백을 받으면서 자율적으로 학습하는 강화 학습, 전이 학습 등을 살펴봅니다.

01 앙상블 학습

앙상블 학습의 기초를 설명합니다.

Point
- 앙상블 학습
- 배깅
- 부스팅

앙상블 학습

통계 기반 머신러닝으로 만든 학습기와 분류기는 분류와 식별을 실행할 때 학습기 하나에서 원하는 성능을 낼 수 있도록 설계합니다. 즉, 학습기 수가 적은 모델을 구축할 때가 많습니다. "사람이 학습기의 동작을 이해하려면 가능한 한 구조가 단순한 것이 바람직"하기 때문입니다.

그러나 학습기 하나로 원하는 성능을 낼 수 없을 때는 앙상블 학습ensemble learning[1]이 효과적입니다. 앙상블 학습은 개별로 학습한 여러 학습기를 조합해 일반화 성능[2]을 향상할 수 있습니다.

배깅

앙상블 학습 중 하나로 배깅Bagging[3]이 있습니다. 배깅은 부트스트랩 방법을 이용해 학습 데이터에서 m개의 복원 추출을 B회만큼 반복합니다. 그러면 작게 나눈 m개의 데이터를 포함하는 B회의 학습 데이터를 생성할 수 있습니다.

---

1 역자주_ https://ko.wikipedia.org/wiki/앙상블_학습법
2 더 많은 미지의 문제에 대응할 수 있는 능력입니다. 일반화 성능이 낮다는 것은 과도한 학습이 발생했다는 뜻입니다.
3 역자주_ https://ko.wikipedia.org/wiki/배깅

그림 8-1 배깅[4]

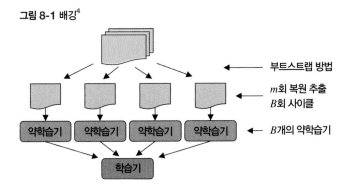

각각의 학습 데이터로 학습하면서 약학습기 h를 구축한 후 통합하면 학습기 H가 됩니다. H는 학습 데이터의 식별이나 확인에는 가장 우수한 결과를 선택하며 회귀일 때는 h의 평균을 이용합니다.

랜덤 포레스트와의 차이

랜덤 포레스트도 배깅과 마찬가지로 무작위 데이터를 추출한 후 작은 데이터 세트에서 학습을 실행합니다. 배깅은 학습 데이터의 설명 변수를 모두 사용하며 랜덤 포레스트는 설명 변수도 무작위로 추출한다는 차이가 있습니다.

....

4 출처: 앙상블 학습(http://www.slideshare.net/holidayworking/ss-11948523)

부스팅

배깅은 여러 개 약학습기를 동시에 선택한 후 공평하게 이용하는 방법이었습니다. 지금 살펴볼 부스팅boosting은 약학습기를 순서대로 하나씩 결합해 강학습기를 얻는 방법입니다. 기대하는 인식 결과를 내고 싶은 데이터 세트와 그렇지 않은 데이터 세트로 나눈 후 특화된 데이터마다 만드는 약학습기를 순서대로 결합하면 인식 결과의 정확도가 높은 강학습기를 얻을 수 있습니다.

대표적인 부스팅 알고리즘으로 에이다부스트가 있습니다.

그림 8-2 부스팅

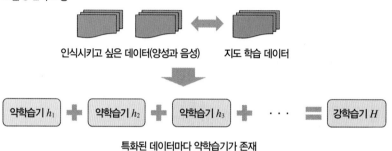

인식시키고 싶은 데이터(양성과 음성)　　지도 학습 데이터

약학습기 h_1 ＋ 약학습기 h_2 ＋ 약학습기 h_3 ＋ ⋯ ＝ 강학습기 H

특화된 데이터마다 약학습기가 존재

에이다부스트 알고리즘

에이다부스트AdaBoost[5] 알고리즘은 2개의 값 분류에 관한 약학습기 구축 알고리즘입니다. 부트스트랩 방법 등을 이용해 약학습기를 여러 개 구축한 후 양성과 음성을 정답으로 가진 지도 학습 데이터 X와 정답 Y의 쌍 (X, Y)가 있을 때 $x_1, \cdots x_m \in X$, $y_1, \cdots y_m \in Y = \{-1, 1\}$이 됩니다.

이후 약학습기를 확률분포 $D_t(i)(i=1, \cdots, m)$에 따라 선택합니다. 가중치의 초깃값은 $D_1 = 1/m$으로 설정한 후 $t=1, \cdots, T$ 식으로 단계 수를 늘립니다.

다음은 반복 과정의 순서입니다.

　1. 여러 개 약학습기의 오류율 ε_t를 계산하고 ε_t가 최소인 약학습기 h_t를 선택합니다.

---

5 역자주_ https://ko.wikipedia.org/wiki/에이다부스트

$$\varepsilon_t = \sum_{i: h_t(x_i) \neq y_i} D_t(i)$$

2. $\varepsilon_t > 0.5$가 되면 종료합니다.

3. h_t의 중요도 ε_t를 계산합니다.

$$\alpha_t = \frac{1}{2} \ln\left(\frac{1 - \varepsilon_t}{\varepsilon_t}\right)$$

4. 가중치를 업데이트합니다.

$$D_{t+1}(i) = \frac{D_t(i)\exp(-\alpha_t y_i h_t(x_i))}{Z_t}$$

오류율은 선택한 약학습기의 인식률이 얼마나 높은지를 나타냅니다. 오류율이 0.5를 넘으면 예측보다 정밀도가 낮다는 뜻이므로 약학습기 만들기를 종료합니다. 그리고 오류율에서 중요도를 계산한 후 그 값을 이용해 가중치 D를 업데이트합니다.

이때 정답과 일치하는 데이터는 가중치를 줄이고 일치하지 않는 데이터는 가중치를 늘리는 식으로 업데이트합니다($h_i(x_i)$ = { -1, 1 }, y_i = { -1, 1 }이 되기 때문입니다). 그러면 식별하기 쉬운 데이터 특징에 대응하는 학습기부터 식별하기 어려운 데이터 특징에 대응하는 학습기까지 완성된 구조가 만들어집니다.

Z_t는 업데이트 후 가중치 $D_{t+1}(i)$의 합을 1로 만드는 값입니다.

이렇게 얻은 T개의 약학습기 식별 결과를 중요도로 설정한 후 가중치를 적용해서 더하면 강학습기 H를 완성합니다.

그림 8-3 학습기 H의 식

$$H(x) = \text{sign}\left(\sum_{t=1}^{T} \alpha_t h_t(x)\right)$$

그림 8-4 에이다부스트 알고리즘

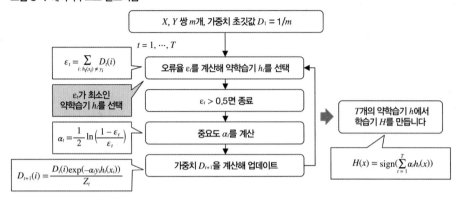

에이다부스트 알고리즘의 응용 알고리즘에는 2개의 값이 아니라 여러 개의 값 분류에 적용한 멀티 클래스 에이다부스트Multi-class AdaBoost 알고리즘, 강학습기 H의 식에서 $\Sigma(-\alpha_t h_t(x_i))$를 손실 함수로 생각해서 에이다부스트 알고리즘을 확장한 MadaBoost나 U-Boost 알고리즘이 있습니다.

NOTE_ 부스팅 참고 자료

부스팅을 좀 더 이해하고 싶다면 다음 자료를 참고하기 바랍니다.

- 「앙상블 학습」(http://www.slideshare.net/holidayworking/ss-11948523)
- 「OpenCV로 배우는 이미지 인식: 제3회-객체 검출」(http://gihyo.jp/dev/feature/01/opencv/0003, 구글 번역 링크 https://goo.gl/ojcGRC)
- 「부스팅의 기하학적 구조와 통계적 특성」(http://www.murata.eb.waseda.ac.jp/noboru.murata/slide/mura02_smapip.pdf)

02 강화 학습

진화 학습을 중심으로 강화 학습을 설명합니다.

Point
- 강화 학습 이론
- 확률 시스템
- 보상과 가치 함수
- 벨만 방정식
- Q 학습

강화 학습 이론

사람은 태어날 때부터 지식을 갖지 않습니다. 성장 과정 중 외부 환경을 접하면서 경험(학습)을 쌓아가는 것입니다. 기계도 마찬가지입니다. 예를 들어 뉴로모픽^{Neuromorphic} 컴퓨터는 환경과의 상호작용으로 자율적으로 학습하는 것을 목표로 둔 시스템입니다. 그러나 현실적으로는 사람이 미리 지식 기반, 규칙, 통계 모델 등에 기반을 둔 학습기를 준비하며 기계는 학습기를 참조해 사람이 해야 할 평가를 대신하는 형태로 되어 있습니다. 따라서 기계가 사람처럼 미지의 데이터에도 대응하도록 스스로 학습기를 변화시킬 수 있는 구조가 필요합니다. 이를 뒷받침하는 것이 강화 학습^{reinforcement learning}[6]입니다.

강화 학습 이론은 시행착오를 통해 보상을 받아 행동 패턴을 학습하는 과정을 모델화한 것입니다. 강화 학습이라는 이름은 심리학의 조작적 조건화^{operant conditioning}[7]에 기반을 두고 자발적인 행동의 빈도를 증가시키는 것을 강화^{reinforcement}라고 하는 데서 유래했습니다.

> **NOTE_ 심리학의 조작적 조건화**
> 자발적인 시행착오의 결과로 얻은 보상으로 행동을 결정하는 것을 말합니다. 스위치를 누르면 먹이가 나오는 스키너 상자를 이용한 실험이 대표적입니다. 비둘기 같은 동물은 먹이라는 보상으로 스위치를 누르는 것을 기억합니다.

---

6 **역자주_** https://ko.wikipedia.org/wiki/강화_학습
7 **역자주_** https://ko.wikipedia.org/wiki/조작적_조건화

확률 시스템

통계 기반 머신러닝에서는 베이즈 추론을 제외하고 동적 계획법 같은 배치 처리 최적화 기법을 이용할 때가 많았습니다. 이러한 최적화 기법을 이용하는 대상을 확정 시스템이라고 합니다.

그런데 강화 학습에서 취급하는 대상은 마르코프 결정 과정Markov Decision Process, MDP[8]이라는 불확실성을 전제하므로 확률 시스템이라고 합니다.

그림 8-5 확정 시스템과 확률 시스템

확률 시스템에서는 데이터를 지속해서 추가 투입하는 스트리밍 처리로 머신러닝을 실행할 수 있습니다.[9] 스트리밍 처리에 적응한 머신러닝은 배치 처리를 이용한 머신러닝(일괄 학습 또는 오프라인 학습)과 비교해서 온라인 머신러닝(온라인 학습)이라고 합니다. "베이즈 통계나 강화 학습과의 궁합이 좋다"고 합니다.

정책과 강화 학습

강화 학습은 외부에서 입력 데이터를 받은 에이전트(여기에서는 프로그램)가 학습기에서 생성된 규칙들 속에서 규칙을 선택한 다음 외부를 대상으로 행동합니다. 행동하면 에이전트는 외부에서 보상을 얻을 수 있으며 이를 통해 학습기를 업데이트합니다.

---

8 역자주_ https://en.wikipedia.org/wiki/Markov_decision_process
9 스트리밍 처리에 대응할 때가 많다는 특징이 있습니다.

그림 8-6 강화 학습의 구조

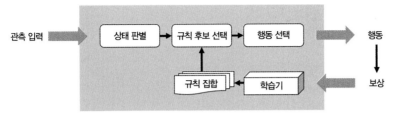

에이전트가 다음에 취할 행동을 어떻게 결정할지는 확률로 결정합니다. 해당 시점의 규칙에 따르는 지침을 정책policy이라고 하며 여기에서는 π로 표시합니다. 시간 t일 때 상태가 s_t고 정책이 π라면 채택하는 행동 a_t의 상태 전이 확률을 규정할 수 있습니다. 결과적으로 시간 $t + 1$에서 상태 s_{t+1}을 결정합니다.

이처럼 강화 학습은 시간 t에서의 상태와 행동에 의존하는 마르코프 결정 과정에 기반을 두고 학습을 진행합니다. 그리고 행동의 결과로 보상 r_{t+1}을 부여합니다.

그림 8-7 마르코프 결정 과정과 강화 학습

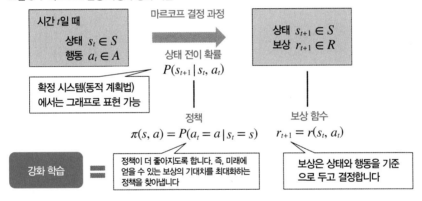

보상은 상태와 행동을 기준으로 결정합니다. 강화 학습은 좋은 정책을 계속 채택하는 것이 목표이므로 "미래에 얻을 수 있는 보상의 기대치를 극대화하는 정책을 결정해 가는 것"으로 말할 수 있습니다.

보상과 가치 함수

행동의 결과로 얻어지는 보상이 최대가 되려면 미래에 얻을 수 있다고 예상하는 보상도 고려할 필요가 있습니다.

할인 누적 보상

최초 상태에서 최종 상태까지 얻은 보상의 합계를 누적 보상이라고 하며 계산 식은 $\sum_{k=0}^{T} r_{t+k+1}$ 입니다. 또한 도중 어떤 상태에서 누적 보상을 극대화하려고 미래의 상태와 행동을 평가하는 함수를 가치 함수value function라고 합니다. 이는 동적 계획법과 에이스타(A^*) 알고리즘의 이익과 비용(평가 함수)에 해당합니다.

그러나 누적 보상은 $T \to \infty$가 되었을 때 발산할 가능성이 있습니다. 여기에 할인 누적 보상 R_t 를 사용합니다. γ는 할인율이라고 하며, γ 값이 작으면 미래의 보상을 낮게 평가하며 영향력을 낮춥니다.

그림 8-8 할인 누적 보상의 식

$$R_t = \sum_{k=0}^{\infty} \gamma^k r_{t+k+1} \quad (0 \leq \gamma \leq 1)$$

γ 값 때문에 R_t가 최대가 되는 정책이 달라집니다. 보통 0.9 같은 1에 가까운 큰 값을 취할 때 가 많습니다.

> **NOTE_ 할인율**
>
> 할인율 개념은 상업에서의 상품 가치 계산과 같습니다. 할인 누적 보상의 지표는 투자 의사 결정 이론에도 이용하며 순 현재 가치(Net Present Value, NPV)라고 합니다.

더 나은 정책을 찾으려면 상태를 정확히 예측해야 할 뿐만 아니라 상태의 행동 가치도 가치 함수를 이용해 정확히 예측해야 합니다. 가치 함수에는 상태 가치 함수state-value function $V_\pi(s)$와 행동 가치 함수action-value function $Q_\pi(s, a)$가 있습니다.

상태 가치 함수

상태 s가 정책 π에 따를 때 얻을 수 있는 할인 누적 보상 기대치입니다. 상태 s에서 시작했을 때 미래에 얼마나 할인 누적 보상을 얻을 수 있는지를 나타냅니다.

그림 8-9 상태 가치 함수

$$V_\pi(s) = E_\pi[R_t \mid s_t = s] = E_\pi\left[\sum_{k=0}^{\infty} \gamma^k r_{t+k+1} \mid s_t = s\right]$$

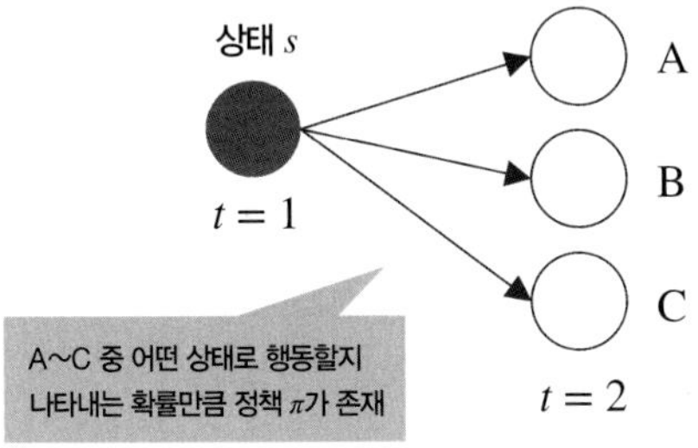

상태 s

A

B

C

$t = 1$

$t = 2$

A~C 중 어떤 상태로 행동할지 나타내는 확률만큼 정책 π가 존재

행동 가치 함수

정책 π에 따라 상태 s에서 행동 a를 취해 얻을 수 있는 할인 누적 보상의 기대치를 나타냅니다. $Q_\pi(s, a)$를 Q 값[Q-value]이라고 합니다. 상태 가치 함수 $V_\pi(s)$는 정책 π와 행동 가치 함수 $Q_\pi(s, a)$로 나타낼 수 있습니다.

그림 8-10 행동 가치 함수의 식

$$Q_\pi(s, a) = E_\pi[R_t \mid s_t = s, a_t = a]$$
$$V_\pi(s) = \sum_{\alpha} \pi(s, a) Q_\pi(s, a)$$

행동 가치 함수를 최대화하는 함수를 최적 행동 가치 함수[optimal action-value function] $Q^*(s, a)$라고 합니다. 이때의 정책은 최적 정책이라고 하며 π^*로 나타냅니다.

그림 8-11 최적 행동 가치 함수의 식

$$Q^*(s, a) = Q_{\pi^*}(s, a) = \max_\pi Q_\pi(s, a)$$

벨먼 방정식

상태 가치 함수와 행동 가치 함수는 보이지 않는 미래의 보상을 계산할 수 있게 할인 누적 보상을 이용합니다. 그런데 할인 누적 보상 계산은 시행착오를 하면서 학습하는 온라인 머신러닝으로 대응하기 쉽고 궁합도 좋습니다.

마르코프 결정 과정에서 상태 가치 함수 $V_\pi(s)$의 재귀적 표현을 벨먼 방정식이라고 합니다. 가치 함수에 관한 벨먼 방정식은 상태 s와 행동 a, 그리고 다음 상태 s'와 다음 행동 a'를 이용해 나타냅니다.

그림 8-12 가치 함수에 관한 벨먼 방정식

$$V_\pi(s) = \sum_\alpha \pi(s, a) \sum_{s'} P(s_{t+1} = s' | s_t = s, a_t = a)[r_{t+1} + \gamma V_\pi(s')]$$

$$Q_\pi(s, a) = r(s, a) + \gamma \sum_{s'} V_\pi(s') P(s' | s, a)$$

$$V_\pi(s') = \sum_{a'} \pi(s', a') Q_\pi(s', a')$$

시간 t에서의 가치 함수는 보상 r_{t+1}과 $V_\pi(s')$로 결정하므로 r_{t+1}과 $V_\pi(s')$를 통해 답을 얻을 수 있습니다. 답을 구하는 방법에는 SARSA[State-Action-Reward-State-Action][10]법, 액터-크리틱[Actor-Critic]법, Q 학습[Q-learning] 등이 있습니다.

Q 학습

강화 학습의 대표적인 예인 Q 학습은 최적 행동 가치 함수 $Q^*(s, a)$의 Q 값을 추정해 최선의 정책을 결정합니다.

정책 π가 최적 정책 π^* 아래 있다면 항상 행동 가치를 극대화하도록 행동을 선택하는 것이 좋습니다. 이때 다음 상태의 Q 값과 현재 Q 값과의 차이를 얻으면 TD 오차[Temporal Difference Error][11] δ_t가 발생하고 상태에 수렴하지 않으므로 0이 되지 않습니다.

---

10 역자주_ https://en.wikipedia.org/wiki/State-Action-Reward-State-Action
11 역자주_ https://ko.wikipedia.org/wiki/시간차_학습

TD 오차에 $\alpha\,(0 < \alpha \le 1)$로 표시된 학습률(학습 계수)을 적용하면 평형 상태에 근접하는 정도를 지정할 수 있습니다. α는 클수록 빨리 업데이트되지만 불안정해지기 쉬우므로 0.1 정도로 설정할 때가 많습니다.

그림 8-13 Q 학습

Q 학습은 최적 행동 가치 함수의 Q 값을 추정합니다

행동 가치 함수

$$\delta_t = (r_{t+1} + \gamma \max_{a_{t+1} \in A} Q(s_{t+1}, a_{t+1})) - Q(s_t, a_t) \quad \text{TD 오차}$$

$$Q(s_t, a_t) \leftarrow Q(s_t, a_t) + \alpha \delta_t$$

정책

$$a_t^* = \operatorname*{argmax}_a Q(s_t, a)$$

$$\pi(s_t, a_t) = P(a_t | s_t)$$

$P(a_t | s_t)$에 따라 그리디(탐욕) 방법 랜덤 방법, ε-그리디 방법, 볼츠만 선택 등이 됩니다

TD 오차를 0에 근접시킴으로써 최적 행동 가치 함수의 Q 값을 추정하는 것이 Q 학습이지만, 한편으로 정책에 대해서도 별도로 검토해야 합니다.

학습 결과를 극대화하기 위해서는 높은 Q 값을 갖도록 행동을 선택하면 좋을 것입니다. 이때 행동의 선택 방법에 대해서는 다음과 같은 알고리즘이 있습니다.

그리디 방법

그리디 방법Greedy method은 탐욕 알고리즘[12]이라고도 하며 Q 값이 가장 높은 행동만을 선택합니다. $\delta(a, b)$는 크로네커 델타[13]라는 함수입니다.

그림 8-14 그리디 방법

$$P(a_t | s_t) = \delta(a_t, a_t^*)$$

$$\delta(a, b) = \begin{cases} 1 & (a = b) \\ 0 & (a \ne b) \end{cases}$$

---

12 역자주_ https://ko.wikipedia.org/wiki/탐욕_알고리즘
13 역자주_ https://ko.wikipedia.org/wiki/크로네커_델타

그리디 방법은 다른 행동이 좋은 결과를 가져올 가능성이 있더라도 그때 최선인 행동만을 선택하므로 탐색을 하지 않습니다. 사고 정지 상태라고 할 수 있습니다.

랜덤 방법

랜덤 방법은 행동을 무작위로 선택합니다. 따라서 탐색적으로 행동을 선택할 수 있지만 어떨 때라도 할인 누적 보상이 높아지지 않습니다.

ε-그리디 방법

ε-그리디 방법은 랜덤 방법과 그리디 방법을 결합한 방법입니다. 확률이 ε이면 탐색적 랜덤 방법, 확률이 $(1 - \varepsilon)$이면 지식을 이용하는 그리디 방법으로 행동을 선택합니다. "ε 값에 따라 어느 한쪽의 특성이 강하도록" 할 수 있습니다.

그림 8-15 ε-그리디 방법

$$P(a_t \mid s_t) = (1 - \varepsilon)\delta(a_t, a_t^*) + \frac{\varepsilon}{\#(A)}$$

볼츠만 선택

볼츠만 선택은 역온도$^{\text{inversive temperature}}$ β라는 계수를 제공합니다([그림 8-16] 참고). 앞에서 언급한 ε-그리디 방법은 Q 값의 크기와 관계없이 ε에 따라 행동을 선택했다면 볼츠만 선택은 Q 값이 크면 선택받기 쉬우며 Q 값이 작으면 선택받기 어렵다는 점에서 "개선되었다"라고 할 수 있습니다. 또한 β 값을 크게 하면 지식 활용의 측면이 강하고 작게 하면 무작위성이 강합니다.

그림 8-16 볼츠만 선택

$$P(a_t \mid s_t) \propto \exp(\beta Q(s_t, a_t))$$

Q 학습에서 TD 오차를 계산할 때 신경망으로 최적화해 딥러닝에 대응시킨 것으로 Deep Q-Network^{DQN}라는 방법이 있습니다. 구글의 자회사인 딥마인드^{DeepMind}가 개발했으며 벽돌 깨기, 팩맨, 알파고^{AlphaGo}의 학습 훈련에 이용했습니다.

03 전이 학습

전이 학습을 설명합니다.

Point
- 도메인과 도메인 적응
- 메타 학습

도메인과 도메인 적응

어떤 작업(과제)에 관한 학습을 끝낸 학습기로 새로운 작업을 해결해야 하는 상황이 있다고 가정해봅시다. 새로운 작업은 기존 작업이 아니므로 학습용 데이터가 많지 않거나 앙상블 학습에서 설명한 일반화 성능을 이용해서 해결하기 어려울 수 있습니다.

이때 이용하는 방법으로 전이 학습transfer learning이 있습니다. 전이 학습은 새로운 작업을 효율적으로 해결하려고 기존 작업에서 얻은 학습 데이터와 학습 결과를 재사용하는 것입니다.

전이 학습으로 문제를 해결하는 방법을 '도메인 적응'이라고 합니다. 이미 학습한 작업에 특화된 지식과 학습기 영역을 원 도메인source domain, 앞으로 대응해야 할 새로운 영역을 목표 도메인target domain이라고 합니다. 가급적 원 도메인의 정보를 최대한 활용하면서 목표 도메인을 잘 지원하는 학습기를 효율적으로 얻는 것이 전이 학습의 목표입니다.

예를 들어 원 도메인이 한국어에 관한 언어 모델일 때 한영 번역 모델을 구축하는 예가 있을 수 있습니다.

그림 8-17 전이 학습의 구성

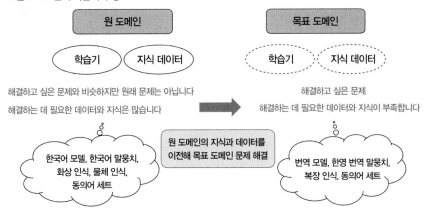

전이 학습은 원 도메인과 목표 도메인의 학습 데이터 각각에 라벨이 있는지에 따라 구분합니다. 귀납 전이 학습Inductive Transfer Learning, 변환 전이 학습Transductive Transfer Learning, 자기 교시 학습Self-Taught Learning, 자율 전이 학습Unsupervised Transfer Learning 등이 있습니다. 보통 변환 전이 학습과 자기 교시 학습을 사용할 때가 많습니다.

그림 8-18 전이 학습 종류

		목표 도메인	
		라벨 있음	라벨 없음
원 도메인	라벨 있음	귀납 전이 학습	변환 전이 학습
	라벨 없음	자기 교시 학습	자율 전이 학습

문제 접근 방법은 지식을 보내는 원 도메인의 처리와 지식을 받는 목표 도메인의 처리로 나누며 원 도메인은 사례 기반 방법과 특징 기반 방법을 검토할 수 있습니다. 목표 도메인에서는 원 도메인에서 정한 모델을 기반으로 대응합니다. 주요 방법은 [그림 8-19]와 같습니다.

그림 8-19 전이 학습의 접근 방법

지식을 보내는 쪽(원 도메인)		지식을 받는 쪽(목표 도메인)
사례 기반	특징 기반	모델 기반
사례에 가중치 처리	특징 공간을 변환	원 도메인의 데이터를 그대로 받아 목표 도메인에서 변환하는 모델 채용
TrBagg(배깅의 전이 학습 버전) TrAdaBoost(AdaBoost의 전이 학습 버전) 공변량 시프트	도메인 사이 스펙트럼 분류 유사도 학습	베이즈 계층 모델 혼합 모델 신경망 Migratory-Logit

한편 원 도메인과 목표 도메인에 라벨이 없는 데이터를 이용하는 전이 학습을 자율 전이 학습이라고 합니다. 원 도메인에서 클러스터 분석을 실행해 얻은 거리와 목표 도메인 거리와의 관련성에서 2개의 도메인 사이에 매핑이 이뤄집니다.[14] 유사도 학습의 하나라고 할 수 있습니다. 또한 딥러닝을 이용[15]해 새로운 이미지 인식 작업을 할 때 기존에 있는 지식을 재사용하는 전이 학습을 이용할 때가 많습니다.

준 지도 학습과의 차이점

식별하려는 데이터와 지도 학습 데이터가 다른 분포를 따를 때(실제로 많습니다)가 있습니다. 이때 식별하려는 데이터의 일반화 성능을 향상시킬 때는 전이 학습을 이용하며 소수의 지도 학습 데이터와 다수의 라벨이 없는 데이터를 다룰 때는 준 지도 학습Semi-Supervised Learning[16]을 이용합니다. 주로 라벨 없는 데이터를 사용해 학습기의 일반화 성능을 향상시킬 때 이용합니다.

멀티태스킹 학습

원 도메인과 목표 도메인 사이에서 서로 지식을 보내고 받으면서 공통 부분의 지식을 향상시키는 방법을 멀티태스킹 학습이라고 합니다. 멀티태스킹 학습은 모든 도메인에서 학습기의 성능을 향상시키는 것을 목표로 합니다.

---

14 「추가 정보를 이용한 자율 전이 학습 방법 제안」(http://www.nlab.ci.i.u-tokyo.ac.jp/pdf/miru2014okamoto.pdf)

15 「케라스(Keras)로 배우는 전이 학습」(https://elix-tech.github.io/ja/2016/06/22/transfer-learning-ja.html, 구글 번역 링크 https://goo.gl/HWKeJc)

16 역자주_ https://ko.wikipedia.org/wiki/준_지도_학습

메타 학습

특정 도메인에 매우 좋은 일반화 성능을 갖는 학습기라도 다른 도메인에는 대응하기 어려울 때가 많습니다. 보통 일반적인 용도로 만들어진 학습기나 알고리즘과 비교했을 때 성능이 크게 다르지 않기 때문입니다. 이를 No free lunch 정리[17]라고 합니다. 도메인을 제한해서 생기는 프레임 문제를 설명할 때 이용합니다.

메타 학습[18]은 "학습 방법을 학습한다"라고 설명할 수 있습니다. 예를 들어 관측 데이터를 기반으로 둔 수많은 가설 공간과 모델 중에서 적절한 모델을 선택하는 학습기가 있다면 더 상위 도메인에 기반을 둔 학습기를 선택하려고 메타 지식을 습득해 학습기를 구축합니다.

---

17 역자주_ 손실 함수의 최댓값/최솟값을 탐색하는 모든 알고리즘은 모든 손실 함수에 적용한 결과의 평균을 냈을 때 같은 성능이 된다는 정리입니다(https://en.wikipedia.org/wiki/No_free_lunch_theorem).

18 심리학이나 인지 과학에서 자신의 행동을 객관적으로 파악하는 것을 메타 인지라고 하며 학습을 통해 메타 인지를 구축하는 것을 메타 학습이라고 합니다.

분산 인공지능을 설명합니다.

Point
- 지능형 에이전트
- 칠판 모델

지능형 에이전트

학습하는 능력을 얻은 프로그램은 환경을 인식해 스스로 행동을 결정할 수 있게 됩니다. 이 동작 주체를 지능형 에이전트 혹은 에이전트라고 합니다. 비록 장치 등의 실체 없이 정기적/비정기적인 입력 구동으로 동작하는 소프트웨어 에이전트도 지능형 에이전트입니다.

에이전트는 합리적 에이전트, 자율 에이전트, 멀티 에이전트 등으로 나눌 수 있습니다. 자율 에이전트는 에이전트의 외부에서 준비한 지식 기반보다 스스로 학습한 지식을 우선해서 이용합니다. 따라서 시스템 설계자의 원래 의도를 뛰어넘는 예상외의 행동을 하는 '창발 시스템의 하나'입니다.

멀티 에이전트에는 같은 유형의 여러 개 에이전트가 동작하는 동종homogeneous 타입과 다른 유형의 에이전트가 각각 동작하는 이종heterogeneous 타입이 존재합니다.

그림 8-20 에이전트의 종류

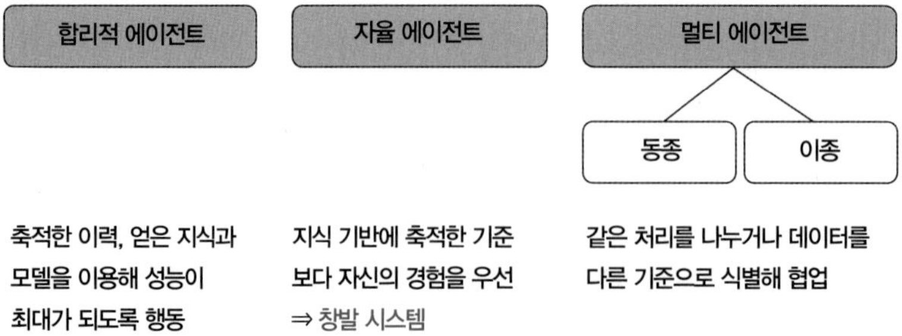

합리적 에이전트	자율 에이전트	멀티 에이전트
		동종 / 이종
축적한 이력, 얻은 지식과 모델을 이용해 성능이 최대가 되도록 행동	지식 기반에 축적한 기준보다 자신의 경험을 우선 ⇒ 창발 시스템	같은 처리를 나누거나 데이터를 다른 기준으로 식별해 협업

지능형 에이전트[19] 중에는 작업을 나누는 방법, 즉 협상 프로토콜로 자원을 관리하는 에이전트인 매니저에게 요구 및 입찰을 하는 계약망 프로토콜contract net protocol[20]을 이용합니다.

칠판 모델

여러 개의 에이전트가 협업하는 작업에 대응할 때 기억 영역을 공유하는 것을 칠판 모델[21]이라고 합니다. 공유 메모리에 데이터와 가설이 기록된 것이 칠판과 비슷하다고 해서 붙여진 이름입니다. 에이전트가 공유 메모리의 데이터를 읽어서 추론한 결과를 역시 공유 메모리에 기록하면 또 다른 에이전트가 이용할 수 있습니다. 이 작업을 반복해 해결하기 어려운 작업에도 대응합니다.

---

19 역자주_ https://ko.wikipedia.org/wiki/지능형_에이전트
20 역자주_ https://en.wikipedia.org/wiki/Contract_Net_Protocol
21 역자주_ https://en.wikipedia.org/wiki/Blackboard_system

## CHAPTER 9

딥러닝

딥러닝은 신경망의 계층과 유닛 수를 증가시킨 구조로 학습을 실행하는 개념입니다. 9장에서는 신경망을 이용한 학습 방법을 살펴본 후 딥러닝 네트워크 구조 중 최근 주목하고 있는 대표적 사례인 합성곱 신경망(CNN)과 순환 신경망(RNN)을 설명합니다.

신경망의 다층화를 설명합니다.

Point
- 다층 퍼셉트론
- 활성화 함수와 기울기 소실 문제
- 확률적 경사 하강법
- 훈련 오차와 테스트 오차
- 정규화와 드롭아웃
- 그 밖의 다양한 신경망 학습

다층 퍼셉트론

딥러닝[1]을 본격적으로 설명하기 전 신경망을 간략하게 되짚어 보면서 딥러닝을 추가로 설명하겠습니다.

신경망을 이용하는 지도 학습은 입력 계층, 중간 계층, 출력 계층으로 구성된 다층 퍼셉트론을 이용하면서 큰 돌파구가 열렸습니다. 또한 지도 학습 데이터와의 차이를 줄이려고 네트워크 입력에 대한 가중치를 업데이트하는 오차역전파법도 중요한 역할을 합니다.

그림 9-1 다층 퍼셉트론

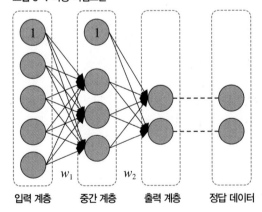

입력 계층   중간 계층   출력 계층   정답 데이터

---

1 역자주_ https://ko.wikipedia.org/wiki/딥_러닝

활성화 함수와 기울기 소실 문제

신경망의 활성화 함수는 출력 계층의 값이 커지면 최종 출력이 1로 수렴하는 단위 계단 함수와 로지스틱 함수를 사용했습니다.

그러나 딥러닝에서 이 함수들을 이용하면 학습을 진행하지 못할 때가 발생합니다. 2011년 세이비어 글로렛Xavier Glorot 등은 쌍곡 탄젠트 함수와 소프트 플러스[2] (계산 식은 $f(x) = \ln(1 + e^x)$)보다 좋은 결과를 얻을 수 있는 정류 선형 유닛Rectified Linear Unit, ReLU[3] (렐루 함수)을 알린 바 있습니다.

시그모이드 함수와 쌍곡 탄젠트 함수는 미분 계산을 기반으로 두는 함수지만 ReLU는 0 또는 입력값을 그대로 내보내므로 계산이 편리합니다. 심층 신경망Deep Neural Network, DNN은 시그모이드 함수에 전파와 역전파를 여러 번 적용하다 보면 가중치가 발산하거나 곡선의 기울기가 0이 되어 버리는 기울기 소실 문제vanishing gradient problem[4]가 발생하므로 ReLU를 사용합니다.

그림 9-2 활성화 함수

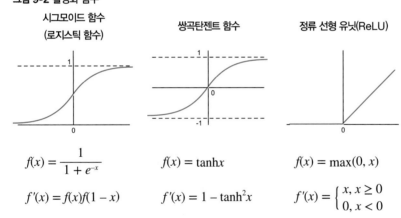

| 시그모이드 함수 (로지스틱 함수) | 쌍곡탄젠트 함수 | 정류 선형 유닛(ReLU) |

$$f(x) = \frac{1}{1 + e^{-x}}$$

$$f(x) = \tanh x$$

$$f(x) = \max(0, x)$$

$$f'(x) = f(x)f(1 - x)$$

$$f'(x) = 1 - \tanh^2 x$$

$$f'(x) = \begin{cases} x, x \geq 0 \\ 0, x < 0 \end{cases}$$

---

2 역자주_ https://en.wikipedia.org/wiki/Activation_function#cite_ref-16
3 역자주_ https://en.wikipedia.org/wiki/Rectifier_(neural_networks)
4 역자주_ https://en.wikipedia.org/wiki/Vanishing_gradient_problem

확률 기반 경사 하강법

통계 기반 머신러닝의 모델 함수에는 최대가능도 방법과 경사 하강법을 이용합니다. 또한 모델 함수에 설정하는 손실 함수와 오차 함수에는 최급 하강법steepest descent[5]을 사용할 수 있습니다. 이는 모든 데이터에 이용하는 배치 학습에 적합합니다.

신경망 학습에서는 데이터 일부를 뽑은 미니 배치를 이용해 가중치를 반복해서 업데이트하는 확률적 경사 하강법Stochastic Gradient Descent, SGD[6]을 이용합니다.

그림 9-3 경사 하강법

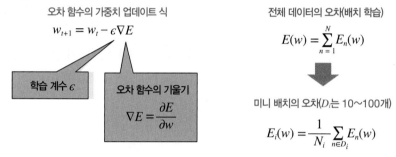

오차 함수의 가중치 업데이트 식

$$w_{t+1} = w_t - \epsilon \nabla E$$

학습 계수 ϵ

오차 함수의 기울기

$$\nabla E = \frac{\partial E}{\partial w}$$

전체 데이터의 오차(배치 학습)

$$E(w) = \sum_{n=1}^{N} E_n(w)$$

미니 배치의 오차(D_i는 10~100개)

$$E_i(w) = \frac{1}{N_i} \sum_{n \in D_i} E_n(w)$$

미니 배치 데이터 D_i는 처음부터 준비하고 개수는 10~100 정도로 하는 것이 일반적입니다.

훈련 오차와 테스트 오차

학습 과정에서 얼마나 지도 학습 데이터에 오차가 발생하는지 나타내는 값을 훈련 오차라고 합니다([그림 9-4] 왼쪽 참고). 학습기 구축 과정의 목표는 훈련 오차를 작게 만드는 것입니다. 매개변수 업데이트 횟수를 가로축으로, 오차를 세로축으로 설정했을 때 만들어지는 곡선을 학습 곡선이라고 합니다.

---

5 역자주_ https://en.wikipedia.org/wiki/Method_of_steepest_descent
6 역자주_ https://en.wikipedia.org/wiki/Stochastic_gradient_descent

훈련 오차를 작게 만들려면 매개변수 업데이트 횟수를 늘려 학습 곡선의 기울기를 낮게 만들면 됩니다.

데이터 모집단의 오차 기대치는 일반화 오차라고 합니다. 원래대로라면 학습기가 어느 정도의 성능인지를 확인하려고 미지의 데이터에 관한 오차인 일반화 오차를 얻을 수 있어야 합니다.

그러나 미지의 데이터를 준비하는 것은 어려우므로 테스트 데이터를 이용해 오차를 확인합니다. 이때 오차를 테스트 오차라고 합니다([그림 9-4] 오른쪽 참고).

그림 9-4 훈련 오차와 테스트 오차

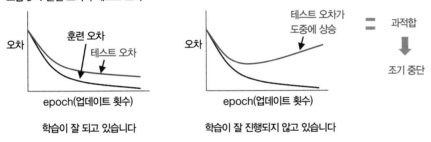

학습이 잘 되었을 때는 훈련 오차와 테스트 오차의 학습 곡선이 비슷한 경향을 나타냅니다. 그러나 학습 오차와 테스트 오차의 학습 곡선이 다르다면 학습이 잘 안 되고 과적합(과도한 학습)을 일으켰을 가능성이 큽니다. 이때는 테스트를 도중에 중지(조기 종료)할 때가 많습니다.

정규화와 드롭아웃

앞서 설명한 과적합을 억제하는 방법으로 가중치 계수에 제한을 가하는 정규화가 있습니다. 또한 가중치의 상한을 설정하기도 합니다.

신경망에서 과적합을 억제하는 또 한 가지 방법으로는 드롭아웃이 있습니다.

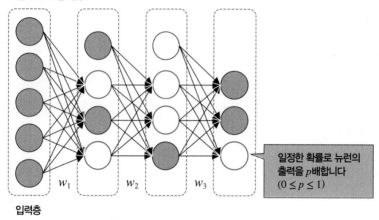

그림 9-5 드롭아웃

일정한 확률로 뉴런의
출력을 p배합니다
$(0 \le p \le 1)$

입력층

드롭아웃은 확률 기반으로 다층 네트워크 유닛을 선별한 상태에서 학습을 실행하는 것입니다. 유닛 선별은 가중치를 업데이트할 때마다 하며 드롭아웃의 대상이 된 유닛은 출력할 때의 가중치가 일률적으로 p배$(0 \le p \le 1)$가 됩니다. 이를 통해 학습할 때 네트워크의 자유도를 강제로 줄여 과적합을 억제합니다.

그 밖의 신경망 학습

추가로 신경망 학습에 적용할만한 사항은 다음과 같습니다.

데이터 정규화

데이터의 평균과 분산을 이용하는 것을 정규화normalization 또는 표준화standardization라고 합니다. "평균을 0으로 한다", "분산(표준 편차)을 1로 한다" 같은 작업을 할 때가 많습니다. 또한 "상관관계를 0으로 한다" 같은 작업을 백색화whitening라고 합니다.

보통 이런 데이터 정규화를 전처리라고 하며 전처리 후 학습할 때는 식별할 때도 같은 전처리를 합니다.

데이터 확장

이미지 인식은 평행 이동, 대칭, 회전, 명암이나 색상 변경, 노이즈 추가 등을 한 후 지도 학습 데이터로 학습해서 이미지 품질이 낮은 상태에서도 인식 정도를 향상시키도록 합니다.

여러 가지 네트워크 이용

구조가 다른 여러 개의 신경망을 구축하고 각각 학습한 다음 모델의 평균model averaging을 구하면 학습의 일반화 성능을 향상시킬 수 있습니다. 앙상블 학습과 비슷한데 드롭아웃으로도 비슷한 효과를 얻을 수 있습니다.

학습률 ε의 결정 방법

학습 진행에 따라 학습률을 감소시키거나 계층마다 다른 학습률을 이용해서 효율적으로 학습할 수 있습니다. 학습률을 자동으로 결정하는 알고리즘으로 확률적 경사 하강법의 하나인 에이다그래드AdaGrad를 많이 사용합니다. 오차 함수의 가중치 업데이트를 [그림 9-6] 식처럼 조정합니다.

그림 9-6 오차 함수 가중치 업데이트 식 조정

$$-\varepsilon \nabla E_t \rightarrow -\frac{\varepsilon}{\sqrt{\sum_{t'=1}^{t}(\nabla E_{t'})^2}} \nabla E_t$$

신경망 학습의 개선은 「신경망과 딥러닝 – 제3장: 신경망 학습의 개선」(http://nnadl-ja. github.io/nnadl_site_ja/chap3.html, 구글 번역 링크 https://goo.gl/h2VKhN)을 참고하세요.

제한 볼츠만 머신

제한 볼츠만 머신을 설명합니다.

Point · 볼츠만 머신과 제한 볼츠만 머신
· 선행 학습

볼츠만 머신과 제한 볼츠만 머신

볼츠만 머신([그림 9-7] 왼쪽)은 노드들이 무향 그래프로 연결된 네트워크입니다. 노드는 계층 구조로 연결할 수 있으며 가시 계층과 은닉 계층으로 나눌 수 있습니다.

볼츠만 머신은 퍼셉트론처럼 입력과 출력을 하는 유향 그래프가 아니므로 계산하기 어렵습니다. 그래서 제안한 것이 제한 볼츠만 머신Restricted Boltzmann Machine, RBM[7]([그림 9-7] 오른쪽)입니다. 제한 볼츠만 머신은 볼츠만 머신의 두 계층 중 같은 계층의 유닛은 서로 연결하지 않도록 구성되어 있습니다.

그림 9-7 볼츠만 머신과 제한 볼츠만 머신

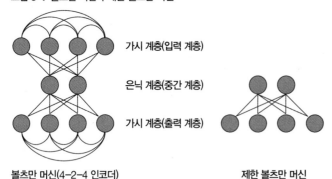

가시 계층(입력 계층)

은닉 계층(중간 계층)

가시 계층(출력 계층)

볼츠만 머신(4-2-4 인코더)   제한 볼츠만 머신

---

7 역자주_ https://goo.gl/6eAWAJ

선행 학습

다층 네트워크는 기울기 소실 문제가 발생해 학습이 제대로 되지 않을 때가 있습니다. 계층을 깊게 할수록 그 경향이 더 두드러집니다. 가중치 매개변수의 초깃값을 무작위로 결정하는 것도 원인 중 하나입니다. 이를 해결하는 방법으로 선행 학습^{pre-training}이 있습니다.

선행 학습은 다층 네트워크를 입력받은 순서대로 제한 볼츠만 머신 같은 두 계층의 네트워크로 분리(오토인코더^{Autoencoder}로 설정)합니다. 그리고 자율 머신러닝으로 초깃값을 결정한 후 마지막에 출력 계층을 추가할 때만 가중치를 임의로 설정합니다.

출력 계층 직전까지의 다층 네트워크는 특징 추출기가 되어 기울기 소실 문제를 억제합니다. 따라서 학습을 제대로 진행할 수 있습니다.

03 심층 신경망

심층 신경망을 설명합니다.

Point
- 지도 학습과 자율 학습
- 심층 신뢰 신경망
- 오토인코더
- 스파스 코딩

지도 학습과 자율 학습

지금까지 소개한 다층 퍼셉트론이나 볼츠만 머신은 계층을 더 두껍고 깊게 할 수 있습니다. 유닛 수와 계층 수가 3자리 이상이 되도록 다층 구조를 취하는 신경망은 심층 신경망Deep Neural Network, DNN이라고 합니다.

심층 신경망을 사용하는 학습을 딥러닝이라고 합니다. 딥러닝도 지도 학습과 자율 학습으로 나누는 네트워크 형태 각각을 정확하게 구별하기는 어렵습니다.

그림 9-8 지도 학습과 자율 학습의 분류

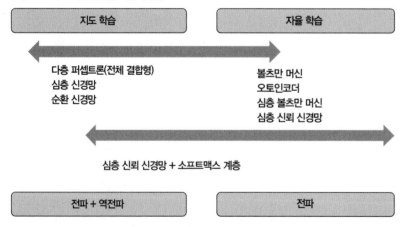

보통 자율 학습은 전파만 이용할 때가 많으며 지도 학습은 전파와 역전파를 모두 이용해 가중치를 업데이트하면서 학습합니다.

심층 신뢰 신경망

2006년 힌튼 교수 등은 제한 볼츠만 머신을 이용한 다층화를 고안한 심층 신뢰 신경망$^{Deep Belief}$ ^{Network}[8]을 제안했습니다.

그림 9-9 심층 신뢰 신경망

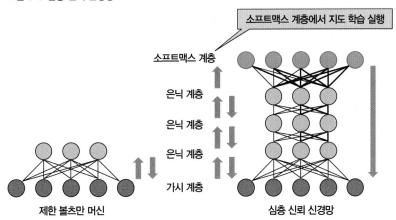

이 기술은 가시 계층에서 순서대로 제한 볼츠만 머신의 구조를 꺼내 학습합니다. 선행 학습 및 오토인코더와 밀접하게 연관되어 있습니다.

심층 신뢰 신경망은 제한 볼츠만 머신의 축적만으로는 단순한 자율 학습입니다. 하지만 최상위 계층으로 소프트맥스 계층을 추가해 지도 학습 데이터와 연계하고 하층의 전체 네트워크에 역전파하도록 되어 있다는 특징이 있습니다. 이러한 조정으로 지도 학습을 할 수 있습니다.

---

8 http://qiita.com/t_Signull/items/f776aecb4909b7c5c116, 구글 번역 링크 https://goo.gl/VSJKkE 참고

오토인코더

오토인코더[9]는 전파형 네트워크의 하나입니다. 다음 특징이 있습니다.

- 입력 데이터 1을 통해 얻은 출력 데이터 1을 다시 입력 데이터 2로 설정합니다.
- 입력 데이터 2에서 얻은 출력 데이터 2를 입력 데이터 1과 비교합니다.
- 출력 데이터 2와 입력 데이터 1이 서로 더 가까운 상태가 되는 특징을 얻습니다.
- 얻은 특징을 통해 더 나은 데이터를 얻습니다.

그림 9-10 오토인코더

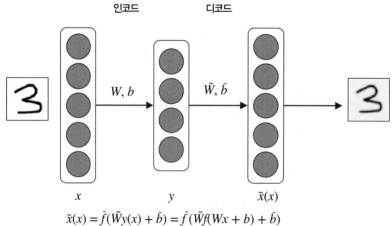

$$\tilde{x}(x) = \tilde{f}(\tilde{W}y(x) + \tilde{b}) = \tilde{f}(\tilde{W}f(Wx + b) + \tilde{b})$$

오토인코더는 지도 데이터가 없는 자율 학습입니다. 네트워크 형태로는 제한 볼츠만 머신과 비슷하며 선행 학습에 이용합니다. 다음과 같습니다.

- 먼저 인코딩이라는 입력 계층(제한 볼츠만 머신은 가시 계층)에서 $y = f(Wx + b)$를 구합니다.
- 특징(중간 계층, 은닉 계층의 특징)을 얻습니다.
- 다시 입력 계층과 같은 유닛 수가 있는 출력 계층을 만들고 가중치 W와 바이어스 b를 바꾼 $\tilde{W}$와 $\tilde{b}$를 이용해 입력 데이터를 복원하는 디코딩을 수행합니다.

이 과정에서 중간 계층의 유닛 수가 입력 계층, 출력 계층의 유닛 수와 같거나 $W\tilde{W} = I$(단위행렬)면 항등 사건이므로 "더 적은 표현으로 특징을 나타낸다"는 목표에서 벗어납니다. 따라서

---

9 더 자세한 내용은 『딥 러닝 제대로 시작하기』(제이펍, 2016) 5장을 참고하기 바랍니다.

중간 계층의 유닛 수는 입력 계층보다 적어야 합니다. 그리고 여기에서 얻은 오차 함수를 최소화하는 W와 $\tilde{W}$는 실제로 입력 데이터에 관한 지도 학습 데이터가 없는 주성분 분석과 같습니다.

스파스 코딩

시각 정보를 뇌가 인식하는 이유는 뇌 안에서 단순한 필터에 대응하는 소수의 세포군이 반응하기 때문이라고 합니다. 이 때문에 "뇌 안에는 뉴런 소수가 반응해 복잡한 표현을 나타내는 기구가 있는 것이 아닐까?"라는 가설이 있습니다. 여기에서 설명한 기구를 스파스 코딩이라고 말합니다. 이를 딥러닝과 비교하면 최종적으로 얻는 결과가 복잡하더라도 신경망의 내부는 '0이 대부분'인 스파스가 일반화 성능과 효율 향상을 수반하는 것이 아닐까"라고 생각할 수 있습니다. 따라서 딥러닝과 머신러닝에서 스파스 코딩은 중요한 주제로 다룹니다.

> **NOTE_ 스파스 코딩 참고 자료**
>
> 스파스 코딩에 관한 참고 자료는 다음과 같습니다.
> - 「스파스 모델링, 스파스 코딩과 수리학」(제11회 WBA 청년 모임)(http://www.slideshare.net/narumikanno0918/11wba-55283892)
> - 「딥러닝의 원리와 사업화 현황」(http://news.mynavi.jp/series/deeplearning/001, 구글 번역 링크 https://goo.gl/yLx9Ja)
> - 「scikit-learn의 스파스 코딩과 사전(Dictionary) 학습 - 이론편」(http://d.hatena.ne.jp/takmin/20121224/1356315231, 구글 번역 링크 https://goo.gl/kwwlcU)
> - 「일본 음향 학회 2015년 추계 연구 발표 대회 초보자 세미나: 스파스 신호 표현이란?」(http://asj-fresh.acoustics.jp/wordpress/wp-content/uploads/2015/12/2015f_beginners_koyama.pdf)

수학에서는 벡터나 행렬의 많은 원소가 0일 때 이를 스파스sparse하다고 합니다. 이미지 데이터를 입력할 때 입력 데이터는 정규화 등으로 스파스한 성질을 갖게 할 수 있습니다. 이때 이미지의 기저[10]를 계산하면 뇌의 일차 시각 피질에서 볼 수 있는 지역성, 방위 선택성, 주파수 선택성과 비슷한 상태를 확인할 수 있습니다. 스파스 구조의 데이터 분석은 "많은 요소 중 0이 아닌

---

10 주성분 분석에서 얻는 데이터의 특징을 표현한 것입니다(172쪽 '기저 함수' 참고). 주성분 분석에서는 직교 기저로 데이터를 분해해 나타냅니다.

요소가 어느 것인지"라는 조합과 값을 찾아낼 필요가 있습니다. 따라서 계산량 매우 많은 NP-난해NP-hardness 문제[11]라고 합니다. 이러한 구조에서 데이터의 특징을 나타낼 수 있다면 특징 추출과 데이터 압축에 효율적입니다.

---

11 역자주_ https://ko.wikipedia.org/wiki/NP-난해

04 합성곱 신경망

합성곱 신경망을 설명합니다.

Point
- 합성곱 처리
- 합성곱 신경망의 구성

합성곱 처리

합성곱 신경망의 C는 합성곱Convolutional을 의미합니다. 2개의 함수 중 하나를 평행 이동시키면서 합성곱을 취한 적분 값을 계산합니다. 다양한 기능을 포함한 이미지 편집 소프트웨어는 행렬에 따라서 매개변수를 지정해 화소 값을 편집(합성곱 필터 적용)합니다.

이러한 화소 값 편집 작업은 이미지에 평활화, 언샤프 마스킹[12], 에지 추출, 엠보싱 등으로 반영합니다.

그림 9-11 합성곱(회선) 필터의 예

0	0	0	0	0
0	1/9	1/9	1/9	0
0	1/9	1/9	1/9	0
0	1/9	1/9	1/9	0
0	0	0	0	0

평활화 필터

0	0	0	0	0
0	−1	−1	−1	0
0	−1	9	−1	0
0	−1	−1	−1	0
0	0	0	0	0

언샤프 마스킹(Unsharp Masking)

----

12 역자주_ https://en.wikipedia.org/wiki/Unsharp_masking

합성곱 신경망의 구성

합성곱 신경망은 주로 네 가지 계층으로 구성되어 있습니다. 합성곱 계층과 풀링 계층을 거쳐 입력 이미지의 특징을 추출해서 출력하는 이미지인 특징 맵$^{feature\,map}$을 얻습니다.

그림 9-12 합성곱 신경망의 구성

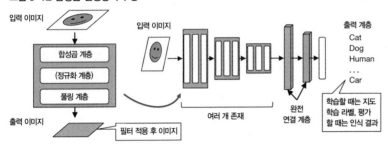

합성곱 계층과 풀링 계층 사이에 정규화 계층을 포함하기도 합니다. 정규화 계층은 합성곱 계층에서 처리된 이미지에 관해 전체 화소 값의 평균을 0으로 하는 감산 정규화 또는 분산을 정렬하는 나누기 정규화 등을 수행합니다.

이처럼 합성곱 계층과 풀링 계층 사이를 반복해서 거친 후 마지막에는 완전 연결 계층$^{Fully\,Connected\,Layer}$[13]을 구성해서 출력합니다.

출력 내용으로 분류 결과 또는 식별 결과(라벨링한 사물의 이름)를 얻고 싶을 때는 소프트맥스^{softmax} 함수를 이용합니다. 각 라벨을 모두 합한 값이 1이게 변환(정규화)해서 확률 형태로 나타낼 수 있습니다.

합성곱 계층에서 필터를 통과([그림 9-13] 왼쪽)하면 특징 맵은 필터의 크기에 따라 이미지 크기를 작게 합니다. 이때 이미지 크기를 변화시키지 않으려면 필터를 적용하는 이미지에 패딩을 설정해야 합니다.

패딩은 보통 0을 넣는데 이미지에 따라 다른 값을 주기도 합니다. 이렇게 얻어진 특징 맵을 풀링 계층에 전달합니다.

---

13 2016년에 제안한 Network in network(NIN)라는 기술 덕분에 완전 연결 계층을 구성할 필요가 없어지고 있습니다.

그림 9-13 특징 맵과 풀링

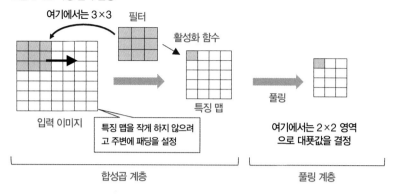

풀링 계층에서는 단순히 이미지를 축소합니다. 축소 처리는 필수는 아니지만 후속 네트워크에서의 처리 부담을 가볍게 하는 효과와 축소 처리에 의한 특징량의 압축 효과가 있습니다. 특히 특징량의 압축은 사물 인식에 유리하게 작용합니다. 풀링은 주목하는 영역의 화소 값에 평균 풀링, 최대 풀링, Lp 풀링 같은 방법을 사용합니다. 특히 Lp 풀링은 주목 영역의 중심값을 더 강조해 반영하는 방식입니다.

합성곱 신경망을 이용한 이미지 인식은 기존의 그 어떤 이미지 인식 방법보다 월등한 성능을 보여줍니다. 2012년에 열린 이미지넷 경진 대회에서 토론토 대학의 알렉스넷[AlexNet]은 합성곱으로 이미지 분류 작업을 구현해 특징량 추출을 이용한 이미지 분류 작업과 큰 성능 차이를 보이며 우승한 바 있습니다. 2014년 대회에서는 구글의 구글넷[GoogLeNet]이 우승했고 2015년에는 마이크로소프트 리서치의 레스넷[ResNet]이 우승한 바 있습니다.

> **NOTE_ 레스넷과 Deep Residual Learning**
>
> 레스넷과 Deep Residual Learning의 더 자세한 설명은 다음 웹 페이지를 참고하기 바랍니다.
> - 「[Survey] Deep Residual Learning for Image Recognition」(http://qiita.com/supersaiakujin/items/935bbc9610d0f87607e8, 구글 번역 링크 https://goo.gl/rI19NM)
>
> 레스넷을 구현한 예제는 다음 웹 페이지를 참고하기 바랍니다. 레스넷을 체이너, 케라스, 텐서플로, 토치(Torch), 카페 등 다양한 개발 환경으로 구현한 곳입니다.
> - 「Deep Residual Learning(ResNet)의 구현으로 비교하는 딥러닝 프레임워크」(http://www.iandprogram.net/entry/2016/06/06/180806, 구글 번역 링크 https://goo.gl/5p5Ysx)

알렉스넷, 구글넷, 레스넷[14] 모두 합성곱 신경망을 이용하며 구글넷 이후에는 완전 연결 계층을 없앤 형태의 합성곱 신경망을 일반적으로 사용합니다.[15]

---

14 Deep Residual Learning을 이용했다고 알려져 있습니다.
15 「딥러닝과 이미지 인식 – 역사 · 이론 · 실천」(http://www.slideshare.net/nlab_utokyo/deep-learning-40959442)

05 순환 신경망

순환 신경망을 설명합니다.

Point
- 순환 신경망의 구조
- LSTM(Long Short-Term Memory)

순환 신경망의 구조

순환 신경망Recurrent Neural Network, RNN은 몇 단계 전으로 거슬러 올라가 데이터를 반영할 수 있는 신경망입니다. 시계열 데이터 등의 맥락을 고려해 학습할 수 있으므로 음성 같은 파형 데이터나 자연어 등의 학습에 이용합니다. 순환 신경망은 합성곱 신경망과 달리 가중치에 대응하는 선형 원소가 두 종류(가중치 W와 반환 경로 H) 존재합니다. 중간 계층이 반환 경로 H를 통해 반복적으로 걸려있는 것이 순환 신경망의 특징입니다. 시계열 상의 데이터의 흐름을 네트워크에 나타내면 [그림 9-14]와 같습니다.

그림 9-14 순환 신경망의 구조

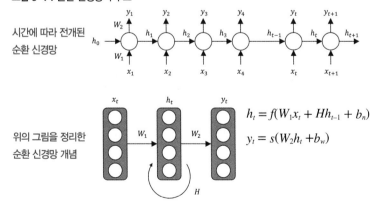

$$h_t = f(W_1 x_t + H h_{t-1} + b_n)$$

$$y_t = s(W_2 h_t + b_w)$$

[그림 9-14]를 좀 더 자세히 설명하면 다음처럼 정리할 수 있습니다.

- 입력 x에 대응하는 출력 y가 각각의 시간 t에 존재하고 시간 t에 따라 x의 입력이 발생합니다. h는 시간당 중간 계층에 관한 입력입니다.
- 네트워크 입력은 x_t와 h_{t-1}, 출력은 h_t와 y_t며 h_t는 이론적으로 이전 시간에서 x의 영향을 받는 것입니다.
- h_t와 y_t를 구하는 식 각각에서 b_h, b_w는 각각 H, W의 편향을 나타내며 f는 활성화 함수, s는 소프트맥스 함수 입니다.

순환 신경망[16]의 학습은 확률적 경사 하강법을 이용하며 실시간 순환 학습Real-Time Recurrent Learning, RTRL이나 시간 기반 오차역전파BackPropagation Through Time, BPTT로 가중치를 업데이트합니다.

시간 기반 오차역전파는 단계 수를 거슬러 올라가며 업데이트할 수 있습니다. 그러나 너무 먼 단계를 거슬러 올라가면 기울기 소실 문제가 발생해 학습이 어려워집니다. 그밖에 심층 순환 신경망Deep RNN과 양방향 순환 신경망Bidirectional RNN도 있습니다.

그림 9-15 심층 순환 신경망과 양방향 순환 신경망

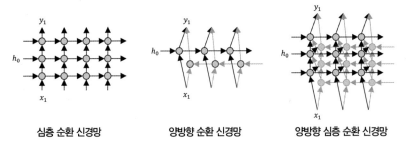

|심층 순환 신경망|양방향 순환 신경망|양방향 심층 순환 신경망|

Long Short-Term Memory

순환 신경망은 거슬러 올라가는 단계 수가 많아지면 기울기 소실 문제 때문에 제대로 학습할 수 없습니다. 이 문제를 개선한 것이 Long Short-Term MemoryLSTM입니다.

---

16 참고로 같은 RNN이라는 약자를 사용하는 신경망으로 재귀 신경망(Recursive Neural Network)이 있습니다. 두 가지는 엄연히 다른 네트워크임에 주의하기 바랍니다.

그림 9-16 LSTM의 구조

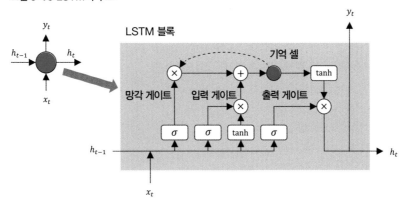

LSTM은 신경망의 중간 계층에서의 각 유닛을 LSTM 블록이라는 메모리 유닛으로 치환한 구조입니다. LSTM 블록에는 입력input 게이트, 망각forget 게이트, 출력output 게이트라는 세 가지 게이트가 있으며 메모리 셀에 저장된 1단계 이전의 상태를 망각 게이트에서 참조(요소곱[17])합니다. 그리고 입력 게이트와 망각 게이트를 잘 여닫으면서 출력을 조정합니다.

---

17 element-wise multiplication 또는 하다마드 곱(Hadamard product)이라고도 합니다. 같은 위치의 행렬 요소끼리 곱셈하는 연산을 말합니다.

06 텐서플로를 이용한 오토인코더 예제

여기에서는 대표적인 자율 학습인 오토인코더 구현을 살펴봅니다.

Point • 오코인코더의 개념을 이해합니다.
• 모델을 학습시키고 결괏값을 비교합니다.

오토인코더 모델 구성

오토인코더는 다음과 같은 조건으로 구성합니다.

- 입력값으로 이미지만 포함합니다(라벨 없음).
- 은닉 계층의 노드 수가 입력 계층의 노드 수보다 적도록 구성합니다.
- 출력 계층의 노드 수는 입력 계층의 노드 수와 같습니다.
- 은닉 계층의 노드 수가 적으므로 주요 특징량(feature) 위주로 추출합니다. 마치 주성분 분석과 비슷한 효과를 얻을 수 있습니다.
- 출력 계층에서는 입력 계층의 값을 복원(reconstruction)할 수 있습니다.

필요한 모듈 불러오기

텐서플로, Numpy, matplotlib.pyplot 라이브러리와 MNIST 데이터를 입력 데이터로 불러옵니다.

```
In[1]:
import tensorflow as tf
import numpy as np
import matplotlib.pyplot as plt
```

In[2]:
```
from tensorflow.examples.tutorials.mnist import input_data
mnist = input_data.read_data_sets('./data/mnist/', one_hot=True)
```

Out[2]:
```
Extracting ./data/mnist/train-images-idx3-ubyte.gz
Extracting ./data/mnist/train-labels-idx1-ubyte.gz
Extracting ./data/mnist/t10k-images-idx3-ubyte.gz
Extracting ./data/mnist/t10k-labels-idx1-ubyte.gz
```

하이퍼파라미터 설정하기

이번 예제에서 구축하는 오토인코더는 다음처럼 구성됩니다.

- 입력 계층의 노드 수 num_input: MNIST 이미지의 픽셀 수와 같습니다($28 \times 28 = 784$).
- 은닉 계층의 노드 수 num_hidden: 256(784보다 작은 값으로 설정합니다.)
- 출력 계층의 노드 수: 입력 계층의 노드 수와 같습니다($28 \times 28 = 784$). '입력 계층 노드 수 = 출력 계층 노드 수'이므로 num_output은 따로 정의하지 않습니다.

In[3]:
```
# 모델 관련 하이퍼파라미터 설정
num_input = 28*28
# "입력 계층 노드 수 == 출력 계층 노드 수"이므로 num_output은 따로 정의하지 않습니다.
num_hidden = 256

# 학습 관련 하이퍼파라미터 설정
learning_rate = 0.01
training_epoch = 10
batch_size = 100

# 평가 관련 하이퍼파라미터 설정
num_output_sample = 10
```

모델 만들기

오토인코더에는 라벨이 없습니다. 그러므로 입력값으로 x_true만 설정합니다.

```
In[4]:
x_true = tf.placeholder(tf.float32, [None, num_input])
```

단, 손실 함수의 기준으로 삼기 위해 y_true를 x_true와 같게 설정합니다.

```
In[5]:
y_true = x_true
```

오토인코더는 인코더와 디코더로 구성합니다.

- 인코더: 입력 계층 → 은닉 계층
- 디코더: 은닉 계층 → 출력 계층

먼저 인코더의 가중치 weight_encoder와 편향 bias_encoder를 정의합니다.

```
In[6]:
weight_encoder = tf.Variable(tf.truncated_normal([num_input, num_hidden]))
bias_encoder = tf.Variable(tf.truncated_normal([num_hidden]))
```

다음으로 디코더의 가중치 weight_decoder와 편향 bias_decoder를 정의합니다.

```
In[7]:
weight_decoder = tf.Variable(tf.truncated_normal([num_hidden, num_input]))
bias_decoder = tf.Variable(tf.truncated_normal([num_input]))
```

이제 인코더 encoder와 디코더 decoder를 설정합니다. 그리고 선형 연산과 비선형 연산을 적용합니다.

```
In[8]:
encoder = tf.nn.sigmoid(tf.add(tf.matmul(x_true, weight_encoder), bias_encoder))
decoder = tf.nn.sigmoid(tf.add(tf.matmul(encoder, weight_decoder), bias_decoder))
```

y_true(원본 이미지)와 decoder의 결괏값 차이가 비용 cost입니다. 그리고 cost를 최소화하는 optimizer를 설정합니다.

```
In[9]:
cost = tf.reduce_mean(tf.square(y_true - decoder))
optimizer = tf.train.AdamOptimizer(learning_rate)
optimizer = optimizer.minimize(cost)
```

모델의 학습 시작하기

이제 cost를 최소화하는 학습을 진행하게 됩니다. 코드 구조는 123쪽 '학습 시작하기'를 참고하기 바랍니다.

```
In[10]:
sess = tf.Session()
sess.run(tf.global_variables_initializer())
```

```
In[11]:
total_batch = mnist.train.num_examples/batch_size # 550
```

```
In[12]:
for epoch in range(training_epoch):
    total_cost = 0
    for i in range(total_batch):
        batch_xs, batch_ys = mnist.train.next_batch(batch_size)
        _, cost_value = sess.run([optimizer, cost], {x_true:batch_xs})
        total_cost += cost_value
    print "Epoch : {0}, Cost : {1}".format(epoch + 1, total_cost/total_batch)
print "최적화를 완료했습니다."
```

```
Out[12]:
Epoch : 1, Cost : 0.053889535591
Epoch : 2, Cost : 0.0289198573306
Epoch : 3, Cost : 0.0247277187353
Epoch : 4, Cost : 0.0222807110474
Epoch : 5, Cost : 0.0211536369337
Epoch : 6, Cost : 0.0200326601992
```

```
Epoch : 7, Cost : 0.0193551677042
Epoch : 8, Cost : 0.0190374543772
Epoch : 9, Cost : 0.0186895289712
Epoch : 10, Cost : 0.0185069922409
최적화를 완료했습니다.
```

평가하기

오토인코더의 평가 결과를 출력합니다.

In[13]:
```
samples = sess.run(decoder, {x_true: mnist.test.images[:num_output_sample]})
fig, ax = plt.subplots(2, num_output_sample, figsize=(num_output_sample, 2))
for i in range(num_output_sample):
    ax[0][i].set_axis_off
    ax[1][i].set_axis_off
    ax[0][i].imshow(np.reshape(mnist.test.images[i], (28, 28)))
    ax[1][i].imshow(np.reshape(samples[i], (28, 28)))
plt.show()
```

그림 9-17 평가 결과

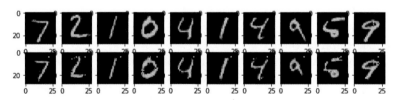

텐서플로를 이용한 합성곱 신경망 예제

여기에서는 합성곱 신경망을 구축하고 학습시켜 MNIST 데이터를 얼마만큼 정확하게 분석하는지
확인하겠습니다.

Point
- 합성곱 신경망 모델을 구축합니다.
- MNIST 데이터를 합성곱 신경망 모델을 이용해 학습시키고 평가합니다.

필요한 모듈 불러오기

텐서플로 라이브러리와 MNIST 데이터를 불러옵니다.

```
In[1]:
import tensorflow as tf
from tensorflow.examples.tutorials.mnist import input_data
mnist = input_data.read_data_sets("./data/mnist", one_hot=True)

Out[1]:
Extracting ./data/mnist/train-images-idx3-ubyte.gz
Extracting ./data/mnist/train-labels-idx1-ubyte.gz
Extracting ./data/mnist/t10k-images-idx3-ubyte.gz
Extracting ./data/mnist/t10k-labels-idx1-ubyte.gz
```

합성곱 신경망 모델 만들기

입력 계층을 플레이스홀더(tf.placeholder( ))로 정의합니다.

```
In[2]:
x_true = tf.placeholder(tf.float32, [None, 28, 28, 1])
y_true = tf.placeholder(tf.float32, [None, 10])
```

은닉 계층 1을 정의합니다.

- (3, 3) 크기를 가지는 필터를 설정합니다.
- Stride와 padding을 설정해 합성곱을 구합니다(tf.nn.conv2d ( ) 이용).
- 비선형 ReLU 함수(tf.nn.relu ( ) 이용)를 적용합니다.
- 최대 풀링(Max pooling, tf.nn.max_pool ( ) 이용)합니다.
- 0.8의 확률로 드롭아웃(dropout, tf.nn.dropout ( ) 이용)합니다.

```
In[3]:
weight_1 = tf.Variable(tf.truncated_normal([3, 3, 1, 32], stddev=0.01))
hidden_1 = tf.nn.conv2d(x_true, weight_1, strides=[1, 1, 1, 1], padding='SAME')
hidden_1 = tf.nn.relu(hidden_1)
hidden_1 = tf.nn.max_pool(hidden_1, ksize=[1, 2, 2, 1],
     strides=[1, 2, 2, 1], padding= 'SAME')
hidden_1 = tf.nn.dropout(hidden_1, keep_prob=0.8)
```

은닉 계층 2를 정의합니다. 절차는 은닉 계층 1과 거의 같습니다. 차이는 드롭아웃을 완전 연결 계층으로 이동한 후에 실행한다는 것입니다.

```
In[4]:
weight_2 = tf.Variable(tf.truncated_normal([3, 3, 32, 64], stddev=0.01))
hidden_2 = tf.nn.conv2d(hidden_1, weight_2, strides=[1, 1, 1, 1], padding='SAME')
hidden_2 = tf.nn.relu(hidden_2)
hidden_2 = tf.nn.max_pool(hidden_2,
     ksize=[1, 2, 2, 1], strides=[1, 2, 2, 1], padding= 'SAME')
```

완전 연결 계층으로 이동하기 위해 hidden_2의 차원을 줄여줍니다. 그 후 0.8의 확률로 드롭아웃합니다.

```
In[5]:
hidden_2 = tf.reshape(hidden_2, [-1, 7*7*64]) # -1은 나머지 전체를 의미
hidden_2 = tf.nn.dropout(hidden_2, keep_prob=0.8)
```

완전 연결 계층 weight_3을 정의해 줍니다. 단순히 matmul ( )을 실행하면 됩니다. ReLU 함수를 적용하고 드롭아웃합니다.

In[6]:
```
weight_3 = tf.Variable(tf.truncated_normal([7*7*64, 256], stddev=0.01))
fc_1 = tf.matmul(hidden_2, weight_3)
fc_1 = tf.nn.relu(fc_1)
fc_1 = tf.nn.dropout(fc_1, 0.5)
```

최종 계층인 소프트맥스 계층 weight_4를 정의합니다.

In[7]:
```
weight_4 = tf.Variable(tf.truncated_normal([256, 10], stddev=0.01))
y_pred = tf.matmul(fc_1, weight_4)
```

비용 cost를 최소화할 optimizer를 정의합니다.

In[8]:
```
cost = tf.nn.softmax_cross_entropy_with_logits(logits=y_pred, labels=y_true)
cost = tf.reduce_mean(cost)
optimizer = tf.train.AdamOptimizer(learning_rate=0.01)
optimizer = optimizer.minimize(cost)
```

합성곱 신경망 모델 학습 시작하기

세션을 실행해 학습을 시작합니다.

In[9]:
```
sess = tf.Session()
sess.run(tf.global_variables_initializer())
```

In[10]:
```
batch_size = 100
num_batch = int(mnist.train.num_examples/batch_size)
```

학습을 시작하면 기본 신경망과는 비교가 안 되게 오랜 시간이 소요되니 주의하기 바랍니다.

```
for epoch in range(10):
    total_cost = 0
    for i in range(num_batch):
        batch_xs, batch_ys = mnist.train.next_batch(batch_size)
        # 합성곱 신경망 모델을 위한 데이터 타입인 [28, 28, 1]의 형태로 reshaping
        batch_xs = batch_xs.reshape(-1, 28, 28, 1)
        _, cost_value = sess.run([optimizer, cost], {x_true:batch_xs, y_true:batch_ys})
        total_cost += cost_value
    print "Epoch : {0}, Cost : {1}".format(epoch + 1, total_cost/num_batch)
print "최적화를 완료했습니다."
```

Out[11]:

```
Epoch : 1, Cost : 0.289691926761
Epoch : 2, Cost : 0.150766817182
Epoch : 3, Cost : 0.138363266345
Epoch : 4, Cost : 0.127491725536
Epoch : 5, Cost : 0.129692074318
Epoch : 6, Cost : 0.126229241216
Epoch : 7, Cost : 0.128616164236
Epoch : 8, Cost : 0.121198371507
Epoch : 9, Cost : 0.125352199122
Epoch : 10, Cost : 0.116573325987
최적화를 완료했습니다.
```

평가하기

정확도를 계산합니다.

In[12]:

```
correct_prediction = tf.equal(tf.argmax(y_pred, 1), tf.argmax(y_true, 1))
accuracy = tf.reduce_mean(tf.cast(correct_prediction, tf.float32))
print "정확도: {0}".format(sess.run(accuracy,
    {x_true:mnist.test.images.reshape(-1, 28, 28, 1), y_true:mnist.test.labels}))
```

Out[12]:

```
정확도: 0.971700012684
```

불과 10번의 학습으로도 97.1%라는 정확도를 얻었음을 확인할 수 있습니다.

## CHAPTER 10

이미지와 음성 패턴 인식

머신러닝을 이용한 패턴 인식의 대표적인 응용 사례는 이미지 인식과 음성 인식이 있습니다. 인식 기술은 오래전부터 연구해왔으므로 분석학 측면이 중요합니다. 따라서 10장의 전반부는 푸리에 변환 등 데이터 표현의 치환을 설명하겠습니다. 10장의 후반부에는 해석학 측면으로 접근하는 고전적인 머신러닝 방법과 최근 주목받는 딥러닝을 이용한 방법을 설명하며 스타일 변환 등 응용 사례도 간단히 언급합니다.

패턴 인식

패턴 인식의 대표적인 구축 방법을 설명합니다.

Point
- 고전적인 머신러닝을 이용한 패턴 인식
- 딥러닝을 이용한 패턴 인식

패턴 인식

지금까지 지도 학습을 통해 기계가 주어진 데이터를 분석한 답을 출력할 수 있다는 점을 이해했을 것입니다. 지도 학습은 특히 이미지와 소리 같은 데이터는 데이터 속의 일정한 패턴을 추출하고 조합해 학습하기 좋습니다. 이를 패턴 인식 프로그램이라고 하며 고전적인 머신러닝을 이용한 구축 방법과 2010년대 이후 트랜드인 딥러닝을 이용한 구축 방법이 있습니다.

그림 10-1 패턴 인식 프로그램의 구축 방법

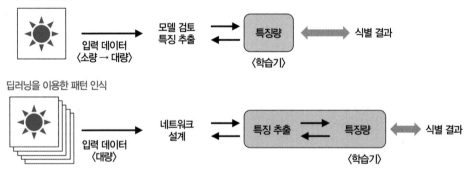

고전적인 머신러닝을 이용한 패턴 인식은 여러 가지 특징 추출 방법을 통해 유효한 패턴을 선택하고 모델을 검토합니다. 그 결과 얻어진 특징량 정보를 학습기로 사용해서 고전적인 패턴 인식 프로그램을 완성합니다.

딥러닝을 이용한 패턴 인식은 네트워크를 설계하는 것이 모델 검토입니다. 설계한 네트워크를 기반에 두고 자동으로 특징을 추출해서 얻은 특징량 정보와 함께 학습기로 사용합니다. 따라서 딥러닝은 다음 문제를 해결해야 합니다.

- 네트워크 설계의 시행착오를 줄여야 합니다.
- 예상하지 않은 학습 결과가 나왔을 때 원인을 찾아야 합니다.

이 두 가지는 고전적인 머신러닝을 이용하는 것보다 딥러닝을 이용하는 것이 어려운 이유라고 말할 수 있습니다. 그러나 딥러닝의 이미지 인식은 이미 공개된 다양한 네트워크들을 재사용해 전이 학습 등을 할 수 있다는 장점이 있으므로 꼭 활용해야 합니다.

## 02

특징 추출 방법

특징 추출을 설명합니다.

Point
- 특징 추출
- 고전 해석학을 이용한 특징 추출
- 푸리에 변환
- 웨이블릿 변환
- 행렬 분해를 이용한 특징 추출

고전 해석학을 이용한 특징 추출

특징 추출의 전통적이고 기본적인 방법은 해석학을 이용한 접근입니다. 널리 알려진 방법은 테일러 급수Taylor series[1]로 어떤 함수의 근삿값을 무한의 미분 가능 함수 합성 식으로 나타냅니다.

[그림 10-2]는 테일러 급수 식으로 함수 $f(x)$의 매개변수 a에 관한 근삿값을 구합니다. 시그마($\sum$)로 나타내는 식을 급수(여기에서는 테일러 급수)라고 하며 $f^{(n)}$은 함수 f를 n회 미분한 함수입니다.

그림 10-2 테일러 급수 식

$$f(x) = \sum_{n=0}^{\infty} \frac{f^{(n)}(a)}{n!}(x-a)^n$$

테일러 급수에서 $a = 0$일 때를 매클로린 급수Maclaurin series라고 합니다([그림 10-3] 참고). 주성분 분석에서 데이터 하나(함수)를 다수의 구성 성분(함수)으로 분해해 나타내는 것과 비슷합니다.

---

1 역자주_ https://ko.wikipedia.org/wiki/테일러_급수

그림 10-3 매클로린 급수 식

$$f(x) = \sum_{n=0}^{\infty} \frac{f^{(n)}(0)}{n!}(x)^n$$

몇 가지 함수에 매클로린 급수를 적용하면 [그림 10-4]처럼 나타낼 수 있습니다.

그림 10-4 매클로린 급수 식을 적용한 예

$$e^x = \sum_{n=0}^{\infty} \frac{x^n}{n!}$$

$$(1+x)^\alpha = \sum_{n=0}^{\infty} \left(\frac{\alpha}{n}\right) x^n$$

$$\sin x = \sum_{n=0}^{\infty} \frac{(-1)^n}{(2n+1)!} x^{2n+1}$$

$$\cos x = \sum_{n=0}^{\infty} \frac{(-1)^n}{(2n)!} x^{2n}$$

$$\tan x = \sum_{n=0}^{\infty} \frac{B_{2n}(-4)^n(1-4^n)}{(2n)!} x^{2n-1}$$

$$\left(|x| < \frac{\pi}{2}, B_0 = 1, B_n = -\frac{1}{n+1} \sum_{k=0}^{n-1} \left(\begin{array}{c} n+1 \\ k \end{array} \right) B_k \right), \left(\left(\begin{array}{c} n \\ k \end{array} \right) = \frac{n!}{k!(n-1)!} \right)$$

여기에서 $\left(\begin{smallmatrix} n \\ k \end{smallmatrix}\right)$는 이항계수[2]고 B는 베르누이 수[3]입니다. 이 급수 식에서 n을 무한대까지 늘리지 않고 도중에 중단하면 근사해를 얻을 수 있습니다. 예를 들어 1.05^{10}은 $1.6288946\cdots$이 되지만 근삿값을 구할 때는 $(1 + 0.05)^{10} \fallingdotseq 1 + 10 \times 0.05 + 45 \times 0.05^2 = 1.6125$로 계산할 수 있습니다.

푸리에 변환

어떤 함수를 삼각 함수와 비슷하게 나타낼 때를 생각해봅시다. 함수 f가 실숫값을 갖고 주기가 2π라면 이 함수는 [그림 10-5]의 첫 번째와 두 번째 식처럼 코사인 함수($\cos$)와 사인 함수

----

2 역자주_ https://ko.wikipedia.org/wiki/이항계수
3 역자주_ https://ko.wikipedia.org/wiki/베르누이_수

(sin)의 조합으로 나타낼 수 있습니다. 이러한 함수를 주기 함수[4]라고 합니다. 음성과 전기 신호 등은 주기성을 갖는 파도 형태로 처리할 수 있으며 이미지처럼 주기성을 갖기 어려울 때도 주기성이 있는 것으로 간주해 다룹니다. 또한 주기 함수를 쉽게 다루려면 주기 함수를 삼각함수의 가중치로 분해한 급수 형태로 다루는 것이 좋습니다. 이를 푸리에 급수[5]라고 합니다([그림 10-5] 세 번째 식 참고).

그림 10-5 푸리에 급수의 식

$$a_n = \frac{1}{\pi} \int_{-\pi}^{\pi} f(t) \cos nt\, dt$$

$$b_n = \frac{1}{\pi} \int_{-\pi}^{\pi} f(t) \sin nt\, dt$$

$$f(x) = \frac{a_0}{2} \sum_{n=1}^{\infty} (a_n \cos nx + b_n \sin nx)$$

허수 단위를 i로 표현한 복소수를 사용하면 삼각 함수는 더 간단한 식으로 다시 나타낼 수 있습니다. 이를 오일러의 공식[6]이라고 합니다.

그림 10-6 오일러의 공식

$$e^{i\theta} = \cos\theta + i \sin\theta$$

오일러의 공식을 이용하면 푸리에 급수는 [그림 10-7]처럼 정리할 수 있습니다.

그림 10-7 푸리에 급수의 복소수 형식

$$c_n = \frac{1}{2\pi} \int_{-\pi}^{\pi} f(t) e^{-int}\, dt$$

$$f(x) = \lim_{m=\infty} \sum_{n=-m}^{m} c_n e^{inx}$$

주기가 2π, 시간이 T일 때 푸리에 급수의 복소수 형식 c_n을 n/T라는 매개변수를 갖는 함수로 바꿀 수 있습니다. 이를 통해 얻은 함수 $f(x)$를 $F(n/T)$로 변환하는 것을 푸리에 변환Fourier Transform, FT이라고 합니다.

---

4 역자주_ https://ko.wikipedia.org/wiki/주기함수
5 역자주_ https://ko.wikipedia.org/wiki/푸리에_급수
6 역자주_ https://ko.wikipedia.org/wiki/오일러의_공식

그림 10-8 푸리에 변환의 식

$$c_n = F(n/T) = \int_{-T/2}^{T/2} e^{-2\pi i n x/T} f(x) dx$$

$$f(x) = \frac{1}{T} \lim_{m \to \infty} \sum_{n=-m}^{m} F(n/T) e^{2\pi i n x/T}$$

참고로 현재 사용하는 푸리에 변환 계산은 이산 푸리에 변환Discrete Fourier Transform, DFT[7]에 대응하는 고속 푸리에 변환Fast Fourier Transform, FFT[8]일 때가 많습니다.

그럼 푸리에 변환[9]은 어떤 장점이 있을까요? 보통 푸리에 변환 전에 나타나는 시간과 진폭의 관계는 일정한 주기가 없으므로 함수식으로 나타내기도 어렵고 무한대의 시간을 나타내기도 어렵습니다. 하지만 푸리에 변환 후에 나타나는 시간과 주파수의 관계는 일정한 주기로 나타낼 수 있고 분석하기도 편하다는 장점이 있습니다.

한편 시간과 주파수의 관계는 시간과 진폭의 관계로 되돌릴 수도 있습니다. 이 과정을 역 푸리에 변환 또는 푸리에 역변환inverse transform이라고 합니다. 푸리에 변환했을 때의 주파수 영역을 스펙트럼이라고 하며 이를 이용한 분석을 스펙트럼 분석[10]이라고 합니다.

그림 10-9 푸리에 변환과 푸리에 역변환

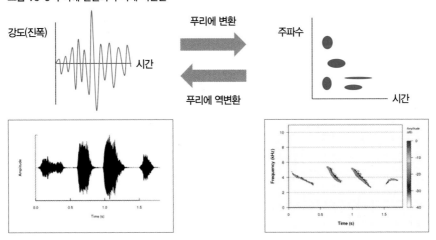

---

7 역자주_ https://ko.wikipedia.org/wiki/이산_푸리에_변환
8 역자주_ https://ko.wikipedia.org/wiki/고속_푸리에_변환
9 역자주_ https://ko.wikipedia.org/wiki/푸리에_변환
10 역자주_ https://ko.wikipedia.org/wiki/스펙트럼_애널라이저

$f(x)$, $g(x)$, $h(x)$를 원래의 함수, a, b를 복소수, $F(s)$, $G(s)$, $H(s)$를 각각 $f(x)$, $g(x)$, $h(x)$의 푸리에 변환이라고 하면 푸리에 변환은 다음과 같은 성질이 있습니다.

- 선형성 $h(x) = af(x) + bg(x) \Leftrightarrow H(s) = aF(s) + bG(s)$
- 평행 이동 $h(x) = f(x - x_0) \Leftrightarrow H(s) = e^{-2\pi i x_0 s}F(s)$
- 변조 $h(x) = e^{-2\pi i x s_0}f(x) \Leftrightarrow H(s) = F(s - s_0)$
- 정수배 $h(x) = f(ax) \Leftrightarrow H(s) = \frac{1}{|a|}F\left(\frac{s}{a}\right)$
- 복소 공역[11] $h(x) = \overline{f(x)} \Leftrightarrow H(s) = \overline{F(-s)}$
- 합성곱 $h(x) = (f * g)(x) \Leftrightarrow H(s) = F(s)G(s)$

푸리에 변환은 주기 T의 함수를 삼각 함수의 합성파[12]로 나타냅니다. 즉, 매끈한 파도 형태로 표현하는 저주파 함수와 급격한 변화를 나타내는 고주파 함수를 모두 합합니다. 이 특징을 잘 이용하면 필터를 만들 수 있습니다. 대표적인 필터로는 저역 통과 필터, 고역 통과 필터, 특정 주파수 대역만을 남겨 두고 나머지를 0으로 하는 대역 통과 필터가 있습니다.

또한 이미지의 합성곱 필터 아이디어처럼 원래 함수에 푸리에 변환을 실행한 후 낮은 주파수 대역을 제거하고 푸리에 역변환할 수 있습니다. 이를 이용하면 저음 영역을 제거하거나 이미지의 모서리를 강조하는 처리 결과를 얻을 수 있습니다. 이 작업을 쉽게 할 수 있는 가장 큰 이유는 푸리에 변환으로 합성곱 연산을 간단하게 나타낼 수 있기 때문입니다. 합성곱 연산은 [그림 10-10] 같은 계산 식으로 나타냅니다.

그림 10-10 합성곱 계산 식

$$(f * g)(x) = \int_{-\infty}^{\infty} f(y)g(x - y)\,dy$$

이미지와 음성 이외에도 전기 신호, 생체 신호, X선 결정 구조 분석, 전파 망원경(디지털 자기 상관 분광기) 등에서 다양한 신호를 얻을 수 있습니다. 푸리에 변환은 이 다양한 신호의 전처리, 분석, 변환 처리 등의 용도로 이용합니다.

---

11 $c = a + bi$의 복소 공역은 $\bar{c} = a - bi$입니다.
12 역자주_ 진폭이 커지거나 작아지는 중첩 현상이 일어나 하나의 파동처럼 보이는 것을 말합니다.

또한 푸리에 변환을 제어 시스템이나 공학에 응용하는 것으로 라플라스 변환[13]과 Z 변환[14]이 있습니다.

웨이블릿 변환

웨이블릿은 0을 중심으로 증가와 감소를 반복하는 진폭을 수반한 파도와 같은 진동을 말합니다. 웨이블릿 변환[15]은 여러 개 웨이블릿을 확대, 축소, 평행 이동하고 이들을 선형 결합해 목적 함수(파형 데이터)에 적합하도록 변환하는 것입니다.

다음과 같은 특징이 있습니다.

- 웨이블릿 각각은 직교 정규화되어 있습니다.
- 웨이블릿 변환에 사용하는 웨이블릿은 웨이블릿 함수 $\psi(t)$로 나타낼 수 있으며 스케일링 함수 $\phi(t)$와 세트일 때도 있습니다.
- 웨이블릿에는 마더 웨이블릿Mother wavelet[16]과 마더 웨이블릿을 보조하는 파더 웨이블릿이 있습니다. 웨이블릿 함수는 보통 마더 웨이블릿에서 구성합니다.
- 웨이블릿 변환에는 연속 웨이블릿 변환Continuous Wavelet Transform, CWT[17]과 이산 웨이블릿 변환Discrete Wavelet Transform, DWT[18]이 있습니다. 이미지 인식에는 이산 웨이블릿 변환을 사용합니다.
- 연속 웨이블릿 변환은 마더 웨이블릿으로 메이어Meyer 함수, 몰렛Morlet 함수, 멕시코 모자Mexican hat 함수 등을 사용합니다.
- 이산 웨이블릿 변환은 마더 웨이블릿으로 하르Haar 웨이블릿 함수와 도브시Daubechies 웨이블릿 함수 등을 사용합니다.
- 몰렛 함수는 가버Gabor 함수와 같습니다. 가버 변환은 사람의 시각을 본뜬 기본 이미지 필터이며 홍채 인식, 지문 인식, 사물의 위치 확인 식별 등에 이용합니다.

---

13 역자주_ https://ko.wikipedia.org/wiki/라플라스_변환
14 역자주_ https://ko.wikipedia.org/wiki/Z변환
15 역자주_ https://ko.wikipedia.org/wiki/웨이블릿_변환
16 역자주_ https://en.wikipedia.org/wiki/Wavelet#Mother_wavelet
17 역자주_ https://en.wikipedia.org/wiki/Continuous_wavelet_transform
18 역자주_ https://en.wikipedia.org/wiki/Discrete_wavelet_transform

그림 10-11 웨이블릿 함수 예

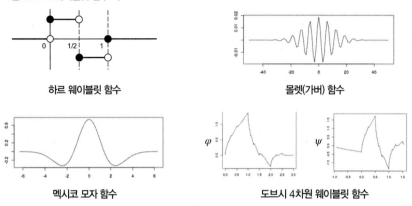

이산 웨이블릿 변환을 이용한 분석은 이미지 처리와 압축 등 다양하게 사용합니다. 이미지는 2차원 웨이블릿 변환을 합니다. 이미지 크기를 반으로 나눈 왼쪽 아래는 저주파수 성분을, 오른쪽 위에는 고주파수 성분을 모아 이미지 압축 효율을 향상시킵니다.

그림 10-12 2차원 웨이블릿 변환에 의한 이미지의 변환

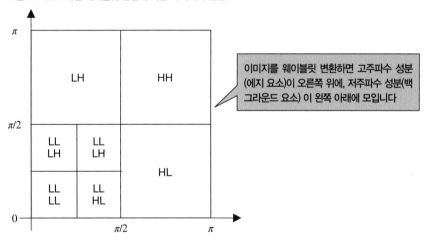

이미지를 웨이블릿 변환하면 고주파수 성분(에지 요소)이 오른쪽 위에, 저주파수 성분(백그라운드 요소)이 왼쪽 아래에 모입니다

NOTE_ 이미지 압축 파일 형식

이미지 압축은 보통 JPEG2000이라는 파일 형식을 사용합니다. 8×8픽셀 단위로 이산 코사인 변환을 이용해 압축을 수행하는 JPEG 파일 형식과 비교하면 블록 노이즈가 잘 발생하지 않으며 무손실 압축이라는 장점이 있습니다.

마지막으로 웨이블릿 변환과 푸리에 변환을 비교해보겠습니다. 기본적으로 두 변환 모두 주파수 대역의 높고 낮음에 따라 시간 축의 해상도가 변화합니다.

단, 푸리에 변환은 "어떤 주파수 대역에서든 같은 해상도"를 갖지만 웨이블릿 변환은 "주파수 대역이 높으면 높은 해상도"를 갖는다는 차이가 있습니다. 이러한 특징을 이용한 분석 방법을 이산 웨이블릿 변환에서는 다중 해상도 분석[19]이라고 합니다.

푸리에 변환과 웨이블릿 변환은 이 장에서 소개하는 음성 데이터 이외에도 뇌파와 근육 전위, 심전도 등의 파형을 처리하는 데도 자주 이용합니다. 그런데 푸리에 변환을 이용하는 것보다 웨이블릿 변환을 이용할 때 장점이 커서 웨이블릿 변환을 이용한 분석 방법을 더 많이 활용하는 추세입니다.

> **NOTE_ R의 WaveThresh 패키지**
>
> 이산 웨이블릿 변환은 R의 WaveThresh 패키지를 이용해 연산할 수 있습니다. 다음 웹 페이지를 참고하기 바랍니다.
> - 「ryamada 유전학 · 유전 통계학 메모 – WaveThresh 패키지」(http://d.hatena.ne.jp/ryamada22/20131212/1386808805, 구글 번역 링크 https://goo.gl/FK1CLv)

행렬 분해를 이용한 특징 추출

푸리에 변환과 웨이블릿 변환을 이용한 특징 추출 이외에 주성분 분석을 이용한 특징 추출도 사용할 수 있습니다.

예를 들어 행렬 분해, 주성분 분석 외의 독립 성분 분석, 음수 미포함 행렬 분해, 스파스 코딩[20] 등이 있습니다.

---

19 역자주_ https://en.wikipedia.org/wiki/Multiresolution_analysis
20 역자주_ 신경망의 입력 정보에서 인식에 필요한 개념 형성 정보를 추출하는 기술입니다.

그림 10-13 행렬 분해 종류[21]

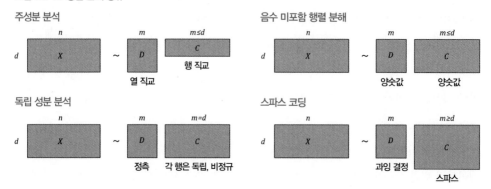

이들 중 음수 미포함 행렬 분해[Non-negative Matrix Factorization, NMF][22]는 "원래의 행렬을 음수를 포함하지 않은 행렬 2개로 나눈다"는 제약이 있습니다. 따라서 주성분 분석과는 다른 특징을 파악한 결과를 얻습니다. 예를 들어 얼굴의 특징을 얻고 싶을 때 주성분 분석은 '얼굴을 구성하는 특징'이 큰 순서대로 특징을 얻습니다. 그러나 음수 미포함 행렬 분해는 얼굴의 부분별로 나눈 특징을 얻을 수 있습니다. 이는 얼굴 이미지의 각 픽셀 화소 값이 0 이상(양숫값)임을 이용한 효과입니다.

NOTE_ 음수 미포함 행렬 분해를 이용한 특징 추출

음수 미포함 행렬 분해를 이용한 특징 추출을 더 자세히 알려면 다음 웹 페이지를 참고하세요.

- 파이선으로 구현한 음수 미포함 행렬 분해(http://sonoshou.hatenablog.jp/entry/20121011/1349960722, 구글 번역 링크 https://goo.gl/BLAIck)
- 음수 미포함 행렬 분해(https://abicky.net/2010/03/25/101719, 구글 번역 링크 https://goo.gl/2RvPqk)
- 음수 미포함 행렬 분해 튜토리얼(http://www.kecl.ntt.co.jp/people/kameoka.hirokazu/publications/Kameoka2011MUS07.pdf)

---

21 출처: 「컴퓨터 비전 최첨단 가이드 6-3장 69페이지」(히노 히데츠 외 7인 공저, 애드컴 미디어, http://opluse.shop-pro.jp/?pid=66985382)

22 역자주_ https://ko.wikipedia.org/wiki/음수_미포함_행렬_분해

O3 이미지 인식

이미지 인식을 설명합니다.

Point
- 컴퓨터 비전
- 이미지 처리를 이용한 방법
- 딥러닝을 이용한 방법
- 특징 추출을 이용한 화상 변환

컴퓨터 비전

디지털 이미지는 픽셀의 집합이며 픽셀 각각이 갖는 화소 값 데이터로 구성되어 있습니다. 따라서 영상 판독 장치는 입력 데이터인 이미지에 있는 화소 데이터를 어떻게 처리할 것인지 이해할 수 있어야 합니다. 이렇게 디지털 이미지를 기계가 이해할 수 있게 만드는 연구 영역을 컴퓨터 비전[23]이라고 합니다.

컴퓨터 비전 연구와 인공지능 연구를 결합하려는 궁극적인 목적은 정지 이미지와 정지 이미지의 연속 데이터인 동영상이 무엇을 의미하는지 자동으로 분석하는 것입니다. 이를 위해 사물이나 문자의 식별과 인식, 음영에서 3차원 모델 구축(3차원 복원), 사진 캡션(설명문) 생성, 동영상 장면 의미 추정 등을 연구하고 있습니다.[24] 이 연구에는 이미지 처리와 이미지 인식[25] 기술이 깊이 관련되어 있습니다. 전 세계적으로 자주 이용되는 이미지 라이브러리에는 이미지넷[ImageNet](http://image-net.org/), MNIST(http://yann.lecun.com/exdb/mnist), CIFAR-10(https://www.cs.toronto.edu/~kriz/cifar.html)등이 있습니다. 특히 텐서플로 기반의 MNIST 데이터 세트[26]를 많이 이용합니다.

---

23 역자주_ https://ko.wikipedia.org/wiki/컴퓨터_비전
24 「컴퓨터 비전의 세계 – 다가온 미래」(http://news.mynavi.jp/series/computer_vision/001, 구글 번역 링크 https://goo.gl/yj92yL)
25 역자주_ 「OpenCV 제대로 배우기」(한빛미디어, 2009) 23~27페이지
26 MNIST For ML Beginners(https://goo.gl/4l0ij5)

얼굴 및 사물 인식

얼굴 및 사물을 인식하는 방법으로 사각형의 특징을 이용한 하르 유사 특징$^{\text{Haar-like features}}$[27]이 있습니다. 사각형의 특징을 약학습기로 두고 에이다부스트 알고리즘을 이용해 강학습기를 구축합니다.

먼저 검색 창을 설정하고 검색 창 안의 사각형에 포함된 검정 영역의 화소 값 합과 흰색 영역의 화소 값 합 사이의 차이를 특징량으로 합니다.

그림 10-14 하르 유사 특징과 특징량 계산

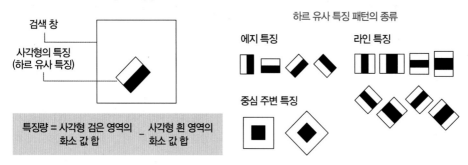

검색 창에 얼굴 이미지를 넣고 특징량을 구하면 얼굴 인식 학습기가 완성됩니다. 검색 창 안에 다시 하위 검색 창을 설정하면 더 작은 얼굴 영역의 특징량을 구할 수도 있습니다. 이를 바이올라-존스$^{\text{Viola-Jones}}$[28] 방법이라고 하며 OpenCV(http://opencv.org/)에서 사용합니다.

또한 HOG$^{\text{Histograms of Oriented Gradients}}$[29] 특징량을 사용할 수 있습니다. 먼저 어떤 픽셀 좌표 상하좌우의 밝기에서 기울기 방향과 강도를 수집한 후 몇 픽셀 단위의 셀을 대상으로 히스토그램을 생성합니다. 그리고 몇 개 셀 단위 블록을 정규화해서 특징량을 구합니다. HOG 특징량은 주로 인물 검색이나 사람의 움직임 같은 동작을 감지할 때 사용합니다.[30]

---

27 역자주_ https://en.wikipedia.org/wiki/Haar-like_features

28 역자주_ https://en.wikipedia.org/wiki/Viola-Jones_object_detection_framework

29 역자주_ https://en.wikipedia.org/wiki/Histogram_of_oriented_gradients

30 「이미지에서 HOG 특징량 추출」(http://qiita.com/mikaji/items/3e3f85e93d894b4645f7, 구글 번역 링크 https://goo.gl/EWKhOi)

딥러닝 이용하기

딥러닝을 이용한 이미지 인식 처리는 주로 네트워크를 이용합니다. 보통 지도 학습 데이터로 주어지는 이미지의 다양성variation을 늘리려고 별도의 전처리 작업을 합니다.

신경망은 대부분 합성곱 신경망이나 합성곱 신경망의 변형을 사용합니다. 앞서 270쪽 '합성곱 신경망의 구성'에서 설명한 것처럼 알렉스넷, 구글넷, 레스넷 등 합성곱 신경망을 이용한 프로그램이 이미지넷을 비롯한 이미지 인식 경진 대회에서 우수한 성과를 보였습니다.

머신러닝과 딥러닝을 이용한 이미지 인식은 단일 라벨 인식에서 벗어나 좀 더 복잡하고 세부적인 인식을 할 수 있는 방향으로 이동하고 있습니다. 예를 들어 사진 이미지 하나에서 여러 개의 사물을 동시에 식별하거나 연속 사진에서 3차원, 4차원 이미지나 영상을 인식, 식별하는 프로그램 등이 있습니다.

특정 영역을 설정해 사물을 인식하는 합성곱 신경망에는 R-CNNregion-based CNN[31]이 있습니다. R-CNN은 일반적인 합성곱 신경망과는 달리 고전적인 사물 인식 방법으로 이용하는 영역 자르기cropping를 전처리한 것입니다. BINGBinarized Normed Gradients for Objectness Estimation[32], Geodesic K-평균[33], 선택 검색Selective Search[34] 등의 알고리즘으로 사물의 영역을 추측해 자르기를 할 수 있습니다.

전처리가 영역을 자르는 것이므로 합성곱 신경망에서 학습할 때는 사용할 이미지 크기를 조정할 필요가 있습니다. R-CNN을 개선해 속도를 향상시킨 네트워크로는 Fast R-CNN[35], Faster R-CNN[36] 등이 있습니다. 합성곱 신경망을 설계할 때 필요한 매개변수 조정 사항을 참고할 수 있습니다.

---

31 「R-CNN: Regions with Convolutional Neural Network Features」(https://github.com/rbgirshick/rcnn)
32 「CNN의 전처리로 OpenCV에서의 BING 사용기」(http://qiita.com/Almond/items/ad56ce29112d6397a704, 구글 번역 링크 https://goo.gl/hGpFFs)
33 「체이너로 구현한 딥러닝: 모델 zoo를 이용한 R-CNN 구현」(http://sinhrks.hatenablog.com/entry/2015/07/05/224745, 구글 번역 링크 https://goo.gl/tLCJ96)
34 「R-CNN으로 구현한 선택 검색 사용기」(http://qiita.com/Almond/items/7850cf81903fbe2a2c6c, 구글 번역 링크 https://goo.gl/5AhD1e)
35 「Fast R-CNN URL」(https://github.com/rbgirshick/fast-rcnn). 논문 소개는 「Fast R-CNN & Faster R-CNN」(http://www.slideshare.net/takashiabe338/fast-rcnnfaster-rcnn)
36 「Faster R-CNN(Python implementation)」(https://github.com/rbgirshick/py-faster-rcnn)

또한 텐서플로에는 네트워크의 매개변수를 입력[37]해 학습의 일반화 성능을 시각화할 수 있는 프로그램인 텐서플로 플레이그라운드TensorFlow Playground (http://playground.tensorflow.org/)가 준비되어 있습니다. 웹에서 실행할 수 있는 프로그램이니 이용해 보기를 권합니다.

NOTE_ 이미지 인식에 관한 머신러닝 기술

이미지 인식에 관한 머신러닝 기술은 다음 웹 페이지에서 다양한 내용을 참고할 수 있습니다.

- 「이미지 인식에 관한 머신러닝 기술」(http://niconare.nicovideo.jp/watch/kn1497)
- 「[Survey] Large-scale Video Classification with Convolutional Neural Networks」(http://qiita.com/supersaiakujin/items/7fdf905e42b72dd93001, 구글 번역 링크 https://goo.gl/LceeYJ)
- 「딥러닝을 이용한 손의 제스처 인식(1회)」(http://wazalabo.com/deep-learning-handgesture1.html, 구글 번역 링크 https://goo.gl/H3DGIR)
- 「3D 합성곱 + Residual Network 경험하기」(http://wazalabo.com/3dconvolution-residual-network.html, 구글 번역 링크 https://goo.gl/hjijyW)

특징 추출을 이용한 이미지 변환

영상 인식 외에 합성곱 신경망으로 이미지 인식 네트워크를 구현한 예는 축소된 이미지를 깔끔하게 확대할 수 있는 초해상도 이미지 인식Super-resolution imaging[38]이 있습니다.

2015년에 공개한 waifu2x[39]가 유명합니다(웹 페이지에서 직접 실습해볼 수 있습니다). 기존의 이미지를 단순 확대를 하면 원래의 픽셀이 그대로 커집니다. 그래서 지금까지는 단순히 주변 픽셀과 평활화해서 안티 앨리어싱anti aliasing했습니다만 그래도 어색한 느낌이 남아 있는 이미지입니다. 그러나 합성곱 신경망을 이용하면 자연스러운 이미지로 확대할 수 있습니다.

---

37 「Deep Learning 연구회 – 매개변수 튜닝의 비법」(https://www.slideshare.net/takanoriogata1121/160924-deep-learning-tuningathon)

38 역자주_ https://en.wikipedia.org/wiki/Super-resolution_imaging

39 역자주_ 공식 사이트는 http://waifu2x.udp.jp/index.ko.html, 소스 코드는 https://github.com/nagadomi/waifu2x에서 확인할 수 있습니다. 자세한 설명은 https://namu.wiki/w/Waifu2x를 참고하세요.

그림 10-15 waifu2x를 이용한 초해상도 이미지 인식[40]

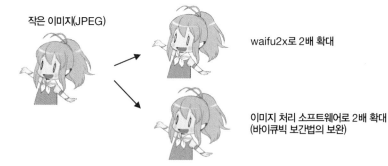

작은 이미지(JPEG)

waifu2x로 2배 확대

이미지 처리 소프트웨어로 2배 확대
(바이큐빅 보간법의 보완)

또 하나의 자율 학습 네트워크로 GAN^{Generative Adversarial Networks}[41]이 있습니다. Adversarial은 '반대의', '적대적인'이라는 의미입니다. 즉, 이미 완성된 학습기를 이용해 얻는 출력 결과 확률이 연속적이라는 점을 이용해 신경망을 통과하는 입력 이미지를 지정한 확률로 변환합니다.

GAN과 합성곱 신경망을 조합한 DCGAN^{Deep Convolutional GAN}도 있습니다. 이를 이용한 이미지 생성[42]을 스타일 변환^{style transfer}이라고 합니다.

그림 10-16 스타일 변환의 예[43]

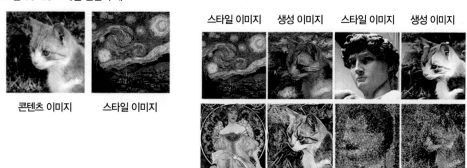

콘텐츠 이미지 　　스타일 이미지

스타일 이미지　생성 이미지　스타일 이미지　생성 이미지

40 샘플 이미지는 http://dw.hanbit.co.kr/exam/2331/ch10-waifu2x-sample/에서 다운로드할 수 있습니다. 원서 다운로드 웹 페이지는 http://www.shoeisha.co.jp/book/download/9784798145600/detail입니다.

41 역자주_ https://en.wikipedia.org/wiki/Generative_adversarial_networks

42 「체이너를 이용해 컴퓨터가 그림 그리게 하기」(http://qiita.com/rezoolab/items/5cc96b6d31153e0c86bc, 구글 번역 링크 https://goo.gl/u0xMJb)

43 출처: 「스타일을 변환하는 알고리즘」(https://research.preferred.jp/2015/09/chainer-gogh/, 구글 번역 https://goo.gl/6eAeZE)

일본에서는 와세다 대학의 이시카와 교수 그룹에서 심층 신경망을 사용한 이미지 인식 및 이해 등을 연구하고 있습니다.

흑백 사진의 컬러화, 합성곱 신경망을 사용한 러프 스케치 이미지 변환 네트워크 등을 발표하는 등의 성과가 있었습니다.

그림 10-17 흑백 이미지를 컬러로 만드는 다층 신경망[44]

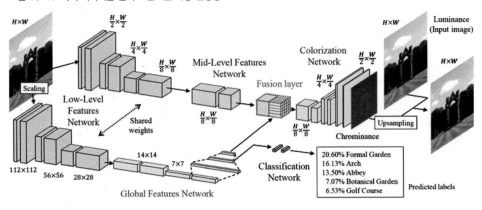

---

44 출처: 「다층 신경망을 이용한 대역 특징과 국소 특징 학습 – 흑백 사진의 자동 컬러화」(http://hi.cs.waseda.ac.jp/~iizuka/projects/colorization/ja/, 구글 번역 링크 https://goo.gl/gtJmWa)

그림 10-18 이미지를 생성하는 다층 신경망[45]

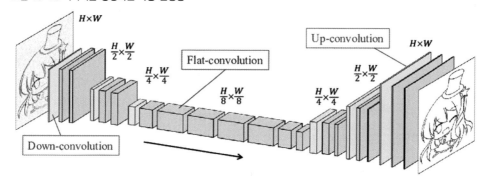

기존의 이미지 생성 소프트웨어와 비교하더라도 자연스러운 러프 스케치를 만들 수 있습니다.

그림 10-19 이미지 생성 결과 비교

| 입력 | Potrace | Adobe Line Tracer | 연구 팀 |

---

45 출처: 「러프 스케치의 자동 이미지화」(http://hi.cs.waseda.ac.jp/~esimo/ja/research/sketch/, 구글 번역 https://goo.gl/
w35DqB)

04 음성 인식

음성 인식을 설명합니다.

Point
- 소리의 정보 표현
- 음성 인식 시스템
- 음성 합성

소리의 정보 표현

소리는 공기를 진동시켜서 전달합니다. 이 진동을 고전적인 방법으로 기록한 것이 1970년대까지 음악 미디어의 주류였던 LP 레코드Long Playing Record입니다. 오늘날에는 진동 데이터를 캡쳐한 것처럼 전자 기기에 저장할 수 있습니다. 따라서 마이크 등으로 소리를 수집한 후 진동을 전자 데이터로 쉽게 만들 수 있는 것입니다.

소리의 진동은 다르게 표현하면 시간 축 상에서의 파형 데이터입니다. 목소리 등은 1회의 진동으로 소리가 되는 것이 아닙니다. 소리를 이루는 시간을 확대해서 같은 모양의 파형이 여러 번 계속되는 것입니다. 따라서 소리의 크기는 진폭, 높이는 단위 시간당 진동수로 결정됩니다.

그림 10-20 소리 데이터

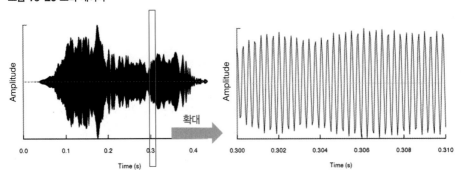

소리 데이터를 읽고, 쓰고, 해석하려면 파형 데이터를 처리할 수 있는 프로그램이 필요합니다. 전용 소리 생성 도구, 소리 분석 소프트웨어, 심지어는 R 언어를 이용해서도 소리 데이터를 읽을 수 있습니다.

> **NOTE_ R 언어를 이용한 소리 데이터 다루기**
>
> R 언어를 이용해 소리 데이터를 다양하게 다룰 수 있습니다. 다음 웹 페이지를 참고하기 바랍니다.
> - 「R을 이용한 음성 분석」(http://d.hatena.ne.jp/MikuHatsune/20131107/1383753958, 구글 번역 링크 https://goo.gl/e1PFfS)
> - 「R을 이용한 소리 데이터 다루기」(https://oku.edu.mie-u.ac.jp/~okumura/stat/sound.html, 구글 번역 링크 https://goo.gl/t8ef8k)
> - 「R을 이용한 음성의 샘플링 주파수 변환」(http://www.tatapa.org/~takuo/resample/index.html, 구글 번역 링크 https://goo.gl/vCK4OF)
> - 「DESCRIPTION INSTALLATION DOCUMENTATION EXAMPLES CITATIONS LIST」(URL http://rug.mnhn.fr/seewave/)

음성 인식 방법

사람이 말한 소리에는 특징 주파수가 있습니다. 따라서 소리의 진폭을 푸리에 변환하면 주파수 특성을 알 수 있습니다.

어떤 시간 영역에서 뽑은 진폭을 주파수 영역으로 변환했을 때 볼 수 있는 피크를 포먼트formant 라고 합니다. 피크 주파수가 낮은 쪽부터 1 포먼트, 2 포먼트, …라고 합니다. 한국어는 1 포먼트 주파수~3 포먼트 주파수의 조합에 따라 모음의 음소를 알 수 있습니다.[46]

목소리는 성대의 진동으로 발생하는데 성도vocal tract (목구명과 구강 안)를 통과함으로써 필터에 걸립니다. 그 결과로 공기의 진동이 발생해 목소리가 들리는 것입니다. 음원인 성대는 소스가 되고 필터의 조합으로 소리가 들리므로 이를 소스 필터 모델이라고 합니다.

---

46 역자주_ https://www.e-asr.org/upload/pdf/asr-1-1-59.pdf

그림 10-21 발성의 소스 필터 모델[47]

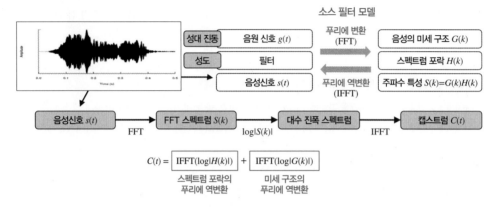

소스 필터 모델은 다음처럼 동작합니다.

- 음원의 신호를 $g(t)$, 발생한 음성을 $s(t)$라고 하면 우선 두 함수를 통해 자음과 모음의 음성 파형을 저장하는 작업을 합니다.
- 푸리에 변환을 통해 파형을 시간 함수에서 주파수의 함수로 변환하면 $G(k)$, $S(k)$가 됩니다.
- 그동안 발생한 진동의 변화를 $H(k)$라고 하면 입력 G에 필터 H가 걸린 결과 S를 얻을 수 있습니다.
- S는 G와 H의 합성곱으로 나타냅니다. G는 소리의 미세 구조, H는 스펙트럼 포락[48], S는 주파수 특성, 즉 스펙트럼입니다.
- S에 로그를 취한 대수 진폭 스펙트럼을 푸리에 역변환하면 캡스트럼 $C(t)$를 얻을 수 있습니다. 이를 캡스트럼 (Cepstrum)[49] 특성이라고 합니다.
- 캡스트럼 특성에서 더 낮은 주파수 영역을 잘라 푸리에 변환하면 포먼트를 찾을 수 있습니다.

이러한 과정으로 포먼트를 결정하고 특정 음소를 구분합니다. 캡스트럼의 높고 낮음은 피크가 기본 주파수에 대응하므로 피치(음의 높낮이)를 결정하는 데 이용합니다.

---

47 출처: 「인터페이스 2016년 6월호」(CQ출판, 2016) 33, 35페이지(https://www.amazon.co.jp/dp/B000FBITFC/)
48 역자주_ https://ko.wikipedia.org/wiki/포락선
49 역자주_ https://en.wikipedia.org/wiki/Cepstrum

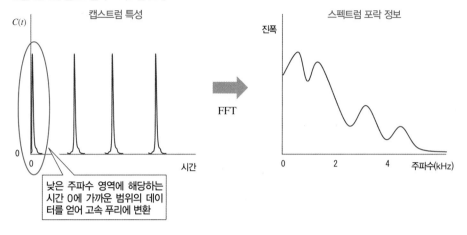

그림 10-22 캡스트럼과 스펙트럼 포락[50]

캡스트럼 특성

$C(t)$

시간

낮은 주파수 영역에 해당하는 시간 0에 가까운 범위의 데이터를 얻어 고속 푸리에 변환

FFT

스펙트럼 포락 정보

진폭

주파수(kHz)

음성 인식 시스템

1975년~1980년에 걸쳐 개발해 발표한 Hearsay-II[51]는 미국 방위고등연구계획국[DARPA]의 지원 아래 개발한 음성 인식 시스템입니다. 음성을 입력하면 파형에서 음절과 단어를 추출해 데이터베이스 질의문을 만들 수 있습니다.

Hearsay-II는 칠판 모델을 사용하며 음절 추출기와 단어 추출기 각각을 에이전트로 동작시켜 공유 메모리상의 데이터를 서로 교환합니다. 음절, 단어, 단어열을 추출할 때 고유 내용을 결정할 수 없다면 굳이 내용을 결정하지 않고 모호하게 남긴 후 다음 에이전트가 해당 내용을 가설로 삼아 검색합니다.

확인 에이전트를 설계하면 구문 구조를 결정하는 데 필요한 단어를 가설로 삼아 공유 메모리에 저장해둘 수도 있습니다. 가설에는 신뢰도를 설정해서 가설의 양이 많아져도 신뢰도를 바탕으로 동작 가능한 에이전트에 우선순위를 주는 등 효율적으로 처리할 수 있습니다.

---

50 출처: 『인터페이스 2016년 6월호』(CQ출판, 2016) 33, 35페이지(https://www.amazon.co.jp/dp/B000FBITFC/)

51 『The Hearsay-II Speech-Understanding System : Integrating Knowledge to Resolve Uncertainty』(http://aitopics. org/sites/default/files/classic/Webber-Nilsson-Readings/Rdgs-NW-Erman-Hayes-Roth-Lesser-Reddy.pdf)를 참고하세요.

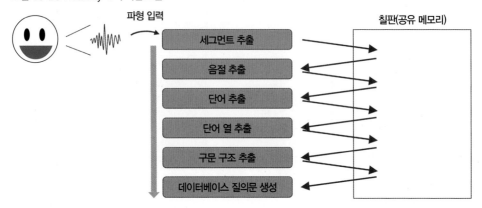

그림 10-23 Hearsay–II의 작업 흐름

파형 입력

칠판(공유 메모리)

세그먼트 추출

음절 추출

단어 추출

단어 열 추출

구문 구조 추출

데이터베이스 질의문 생성

보통 음성 인식 시스템은 음성 모델과 언어 모델을 조합해 사용합니다. 음성 모델은 음소를 잘라 추정하며 은닉 마르코프 모델과 다층 신경망을 이용합니다. 은닉 마르코프 모델로 음소를 추정[52]할 때는 시간의 경과에 따른 상태의 전이 확률과 출력 확률 분포를 이용합니다. 또한 음소를 결정할 때는 가우스 혼합 모델Gaussian Mixture Model, GMM을 이용합니다.

음소 추정 과정은 다음과 같습니다.

- 은닉 마르코프 모델의 출력 확률 분포를 여러 개의 다차원 정규분포의 가중치 합으로 근사합니다.
- 음소 3개마다 결정 트리로 음소를 확정합니다.

음소 3개 순서로 중심음을 결정하는 방법을 트라이폰Triphone[53] 모델이라고 합니다. 이외에도 파형을 클러스터 분석해서 자기조직화지도를 생성한 후 음소 결정에 이용하기도 합니다. 또한 제한 볼츠만 머신을 몇 계층 중첩한 다층 신경망과 딥러닝으로 GMM을 이용해 근사할 수 있습니다. 이 방법은 은닉 마르코프 모델과 다층 신경망을 이용한 하이브리드 기법에 효과적으로 알려져 있습니다. 재귀 신경망을 사용하는 방법도 개발되어 있습니다.

언어 모델에서는 n-gram 분석을 이용해 문장을 세부 내용으로 나눈 후 세부 내용이 연속으로 출현하는 확률을 데이터로 저장합니다. 그 후 음성 모델을 이용해 추출한 단어 열이 언어 모델 기반에서 올바른 열인지를 확률로 평가하면서 문장을 구성합니다.

---

52 「은닉 마르코프 모델을 이용한 음성 인식과 합성」(http://www.gavo.t.u-tokyo.ac.jp/~mine/japanese/nlp+slp/IPSJMGN451003.pdf)

53 역자주_ https://en.wikipedia.org/wiki/Triphone

그림 10-24 음성 모델과 언어 모델 구성

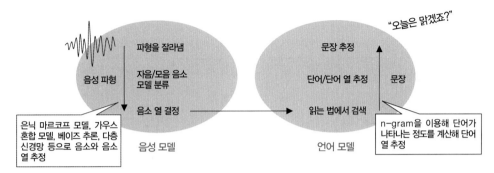

음성 데이터와 텍스트의 조합을 데이터베이스화한 것을 음성 말뭉치corpus[54]라고 합니다. 영어 말뭉치로는 1990년대 영어로 통화하는 음성을 녹취한 데이터인 SWITCHBOARD[55]라는 것이 있습니다. 500명 이상의 통화자가 제공한 300만 개 이상의 단어가 수록되어 있습니다. 한국어의 음성 말뭉치는 언어 자원 은행에서 제공하는 다양한 데이터[56]가 있습니다.

음성 합성

음성 합성speech synthesis or Text To Speech, TTS[57]은 말소리의 음성을 기계가 자동으로 만들어 내는 기술을 말합니다. 해당 기술이 처음 등장했을 때는 음성을 연결해서 문장을 재생했으므로 인공지능과는 거리가 있었지만 인공지능 연구와 결합하면서는 파형 데이터를 더 매끈하게 연결하도록 개선할 수 있게 되었습니다. 소리의 질 향상이나 억양 구현, 성우와 같은 감정을 나타내는 방법도 개발하고 있습니다.

2016년에 구글 딥마인드DeepMind가 발표한 웨이브넷WaveNet[58]은 연속 시간 시스템 안의 인과 시스템causal system에서 합성곱 신경망을 데이터의 생성에 이용해 더 자연스러운 발성을 재현합니다.

---

54 자연어 처리 연구를 위해 언어 및 발화 데이터를 대규모로 수집한 후 언어 구조 등의 주석과 함께 데이터베이스화한 언어 데이터입니다.

55 https://www.isip.piconepress.com/projects/switchboard/html/overview.html

56 역자주_ http://semanticweb.kaist.ac.kr/org/bora/04_01.php

57 역자주_ https://ko.wikipedia.org/wiki/음성_합성

58 「WaveNet: A Generative Model for Raw Audio」(https://deepmind.com/blog/wavenet-generative-model-raw-audio/)

05 텐서플로를 이용한 GAN 구현하기

텐서플로를 이용해 GAN을 구현하는 방법을 살펴보겠습니다.

Point
- 가중치 초기화하기
- GAN 구축
- GAN 학습

GAN는 오토인코더와 마찬가지로 대표적인 자율 학습 모델의 하나입니다. 이번에는 위폐범과 경찰이 연관된 위조화폐 제작과 감별을 GAN으로 구현하겠습니다. 다음 조건이 있습니다.

- 위폐범은 위조화폐를 정교하게 만들고자 최선을 다합니다. 즉, 경찰이 위조화폐를 감별하지 못할 확률을 높이려고 노력합니다.
- 경찰은 위조화폐를 감별하는 데 최선을 다합니다. 즉, 자신이 실수할 확률을 낮추려고 노력합니다.
- 위폐범(G)의 네트워크를 생성 네트워크(Generative Network)라고 합니다.
- 경찰(D)의 네트워크를 식별 네트워크(Discriminator Network)라고 합니다.
- G는 D가 실수할 확률을 높이려고 노력(maximize)하고, D는 자신의 실수 확률을 낮추려고 노력(minimize)하므로 이는 미니맥스 문제(minimax problem)입니다.
- GAN에서는 어려운 확률분포를 다루지 않고 확률을 통해 생성한 샘플을 다룹니다.
- G는 Z를 입력받으므로 G(Z)라고 합니다. 이때 Z는 확률분포와 맵핑하는 prior라는 개념입니다. 무작위 노이즈(Random noise)가 됩니다.
- G(Z)의 결과는 위조화폐입니다.
- D는 이미지 X를 입력받으므로 D(X)라고 합니다. D(X)의 결과물은 0~1 사이의 확률입니다.
- 양자의 균형을 맞추는 평형 상태에 이르면 G는 진짜 화폐와 100% 같은 위조화폐를 만들며 D가 이를 감별할 확률은 0.5입니다.

필요한 모듈 불러오기

필요한 모듈을 불러오고 MNIST 데이터를 저장합니다.

In[1]:
```
import tensorflow as tf
import numpy as np
import matplotlib.pyplot as plt
import matplotlib.gridspec as gridspec

from tensorflow.examples.tutorials.mnist import input_data
mnist = input_data.read_data_sets('data/mnist', one_hot=True)
```

Out[1]:
```
Extracting data/mnist/train-images-idx3-ubyte.gz
Extracting data/mnist/train-labels-idx1-ubyte.gz
Extracting data/mnist/t10k-images-idx3-ubyte.gz
Extracting data/mnist/t10k-labels-idx1-ubyte.gz
```

가중치 초기화

가중치의 초기화에 좋은 성능을 보이는 세이비어 초기화[xavier initialization]를 함수로 만들어서 이용합니다.

In[2]:
```
def xavier_init(size):
    in_dim = size[0]
    xavier_stddev = 1. / tf.sqrt(in_dim / 2.)
    return tf.random_normal(shape=size, stddev=xavier_stddev)
```

확률을 출력하는 식별 네트워크에서 사용할 가중치를 설정합니다. 노드 수는 $784 \rightarrow 128 \rightarrow 1$의 순서로 줄입니다.

In[3]:
```
# 식별 네트워크
X = tf.placeholder(tf.float32, shape=[None, 784], name='X')
```

```
W1_dis = tf.Variable(xavier_init([784, 128]), name='W1_dis')
b1_dis = tf.Variable(tf.zeros(shape=[128]), name='b1_dis')

W2_dis = tf.Variable(xavier_init([128, 1]), name='W2_dis')
b2_dis = tf.Variable(tf.zeros(shape=[1]), name='b2_dis')

theta_dis = [W1_dis, W2_dis, b1_dis, b2_dis]
```

이미지를 출력하는 생성 네트워크에서 사용할 가중치를 설정합니다. 노드 수는 $100 \rightarrow 128 \rightarrow$ 784의 순서로 줄입니다.

In[4]:
```
# 생성 네트워크
Z = tf.placeholder(tf.float32, shape=[None, 100], name='Z')

W1_gen = tf.Variable(xavier_init([100, 128]), name='W1_gen')
b1_gen = tf.Variable(tf.zeros(shape=[128]), name='b1_gen')

W2_gen = tf.Variable(xavier_init([128, 784]), name='W2_gen')
b2_gen = tf.Variable(tf.zeros(shape=[784]), name='b2_gen')

theta_gen = [W1_gen, W2_gen, b1_gen, b2_gen]
```

생성 네트워크에서 Z를 무작위로 생성하는 함수를 정의합니다. 그래프 구축을 완료한 이후 실행할 때 사용하려고 미리 정의해둔 것입니다.

In[5]:
```
def random_Z(z1, z2):
    return np.random.uniform(-1., 1., size=[z1, z2])
```

생성 네트워크 구축

생성 네트워크를 구축합니다. 이미지를 출력하게 하는 것입니다.

In[6]:
```
def gen(z):
    h1_gen = tf.nn.relu(tf.matmul(z, W1_gen) + b1_gen)
    log_prob_gen = tf.matmul(h1_gen, W2_gen) + b2_gen
    prob_gen = tf.nn.sigmoid(log_prob_gen)

    return prob_gen
```

식별 네트워크 구축

식별 네트워크를 구축합니다. 확률을 출력하게 하는 것입니다.

In[7]:
```
def dis(x):
    h1_dis = tf.nn.relu(tf.matmul(x, W1_dis) + b1_dis)
    logit_dis = tf.matmul(h1_dis, W2_dis) + b2_dis
    prob_dis = tf.nn.sigmoid(logit_dis)

    return prob_dis, logit_dis
```

plot 함수는 16개의 이미지를 4×4 형태로 보여줍니다. 그래프 구축을 완료한 이후 실행할 때 사용하려고 미리 정의해둔 것입니다.

In[8]:
```
def plot(samples):
    fig = plt.figure(figsize=(4, 4))
    grid = gridspec.GridSpec(4, 4)
    grid.update(wspace=0.1, hspace=0.1)

    for i, sample in enumerate(samples):
        ax = plt.subplot(grid[i])
        plt.axis('off')
        ax.set_xticklabels([])
        ax.set_yticklabels([])
        ax.set_aspect('equal')
        plt.imshow(sample.reshape(28, 28), cmap='gray')

    return fig
```

GAN 학습하기

GAN을 학습시키기 위한 Adversarial 과정을 선언합니다.

In[9]:
```
sample_gen = gen(Z)
real_dis, logit_real_dis = dis(X)
fake_dis, logit_fake_dis = dis(sample_gen)
```

In[10]:
```
loss_real_dis = tf.reduce_mean(tf.nn.sigmoid_cross_entropy_with_logits(
    logits=logit_real_dis, labels=tf.ones_like(logit_real_dis)))
loss_fake_dis = tf.reduce_mean(tf.nn.sigmoid_cross_entropy_with_logits(
    logits=logit_fake_dis, labels=tf.zeros_like(logit_fake_dis)))
loss_dis = loss_real_dis + loss_fake_dis
loss_gen = tf.reduce_mean(tf.nn.sigmoid_cross_entropy_with_logits(
    logits=logit_fake_dis, labels=tf.ones_like(logit_fake_dis)))
```

In[11]:
```
solver_dis = tf.train.AdamOptimizer().minimize(loss_dis, var_list=theta_dis)
solver_gen = tf.train.AdamOptimizer().minimize(loss_gen, var_list=theta_gen)
```

그래프를 실행합니다.

In[12]:
```
batch_size = 128
dim_Z = 100
```

In[13]:
```
sess = tf.Session()
sess.run(tf.global_variables_initializer())
```

In[14]:
```
i = 0

for j in range(100000):
    if j % 2000 == 0:
        samples = sess.run(sample_gen, feed_dict={Z: random_Z(16, dim_Z)})
        fig = plot(samples)
        plt.show()
        i += 1
```

```
      plt.close(fig)

   X_batch, _ = mnist.train.next_batch(batch_size)

   _, loss_curr_dis = sess.run([solver_dis, loss_dis],
       feed_dict={X: X_batch, Z: random_Z(batch_size, dim_Z)})
   _, loss_curr_gen = sess.run([solver_gen, loss_gen],
       feed_dict={Z: random_Z(batch_size, dim_Z)})

   if j % 2000 == 0:
       print 'Iteration: {}'.format(j)
       print 'Discriminator loss: {:.3}'. format(loss_curr_dis)
       print 'Generator loss: {:.3}'.format(loss_curr_gen)
       print
```

실행 결과는 다음과 같습니다.

```
<matplotlib.figure.Figure at 0x11b898cd0>
<matplotlib.figure.Figure at 0x11e22afd0>
```

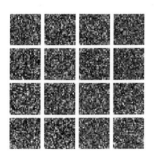

```
Iteration: 0
Discriminator loss: 1.03
Generator loss: 2.82
```

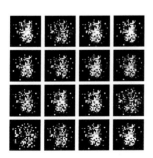

Iteration: 2000
Discriminator loss: 0.00591
Generator loss: 8.54

〈중간 생략〉

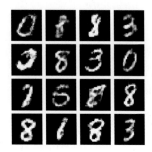

Iteration: 96000
Discriminator loss: 0.522
Generator loss: 2.16

Iteration: 98000
Discriminator loss: 0.588
Generator loss: 2.28

실행 결과가 꽤 긴 편이므로 이 책에서 전부를 소개하지는 않았습니다. 전체 실행 결과는
https://github.com/kyoseoksong/new_ai_textbook/blob/master/10_GANs.ipynb
를 참고하기 바랍니다.

## CHAPTER 11

자연어 처리와 머신러닝

사람이 평소 말하는 언어나 읽는 문장을 자연어라고 합니다. 언어나 문장을 컴퓨터가 처리하게 하는 자연어 처리도 이미지 인식이나 음성 인식과 함께 머신러닝의 중요 응용 분야입니다. 11장에서는 띄어쓰기나 형태소 분석 등 자연어 처리에 필요한 개념, 텍스트 생성과 관련한 기계 번역이나 자동 요약 등을 설명합니다. 또한 딥러닝을 이용한 창작 가능성도 살펴봅니다.

01 문장 구조 이해

자연어 처리에 필요한 전처리 지식을 설명합니다.

Point
- 자연어 처리
- 띄어쓰기와 형태소 분석
- Bag-of-words 모델

자연어 처리

사람이 평소 대화와 메시지 등에서 사용하는 단어로 구성한 문장을 자연어라고 합니다. 자연어는 오랜 역사에 걸쳐 형성되어 왔으므로 어떨 때는 이해하기 어렵거나 모호한 문장 구조가 있기도 합니다.

자연어에 대응하는 개념은 인공어[1]입니다. 전 세계에 존재하는 다양한 자연어에 대응하는 공통어[2]로 고안했습니다. 이외에도 기계를 제어하려고 만들어진 프로그래밍 언어나 문서 파일, 기계가 읽을 수 있는 마크업 언어[3] 등의 컴퓨터 언어[4]도 있습니다.

기계가 자연어를 분석하고 해석해 의미를 이해한 결과로 사람에게 도움이나 피드백을 주는 것을 자연어 처리Natural Language Processing[5]라고 합니다. 자연어 처리는 문장을 단어로 나눠서 특징을 추출하고 다른 언어로 번역하는 등의 업무를 합니다. 텍스트 마이닝이라는 분석 처리는 방대한 양의 문장에서 특징 단어나 문장을 추출해 시각화(그래프 등)합니다. 즉, 텍스트 마이닝도 '자연어 처리의 일부'입니다.

---

1 역자주_ https://ko.wikipedia.org/wiki/인공어
2 국제보조어로 사용하는 에스페란토어가 유명합니다.
3 마크업 언어는 엄격한 사양을 규정해 모호성을 제거했습니다.
4 역자주_ https://ko.wikipedia.org/wiki/컴퓨터_언어
5 역자주_ https://ko.wikipedia.org/wiki/자연_언어_처리

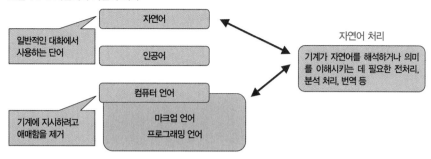

그림 11-1 자연어와 자연어 처리

띄어쓰기와 형태소 분석

보통 기계는 자연어가 구성하는 문장 그 자체를 분석하기 어렵습니다. 따라서 단어로 나눠야 합니다. 문장 형태를 단어로 나눌 때 중요한 지표는 띄어쓰기입니다. 영어와 라틴어가 속하는 인도유럽어족의 이탈리아어파나 게르만어파 등 유럽에서 파생된 언어는 단어의 경계에 공백을 넣으므로 이미 띄어쓰기가 된 상태며, 여러 개의 단어로 복합 명사를 형성하는 독일어를 제외하고는 단어로 나누는 것이 어렵지 않습니다. 한편 일본어나 중국어는 공백으로 단어를 구분하지 않으므로 단어를 구분하는 띄어쓰기 작업을 해야 합니다.

띄어쓰기와 함께 수행하는 작업으로 형태소 분석이 있습니다(단어 분할 처리도 형태소 분석의 하나입니다). 형태소 분석은 단어를 나누고 단어 분할로 얻은 단어의 품사를 인식하는 작업입니다. 품사 정보를 알면 단어 나누기 편리하므로 절 인식과 품사 인식을 함께 합니다. 한국어 형태소 분석을 위한 개발 환경으로는 MeCab[6], 코엔엘파이[KoNLPy][7] 등이 있습니다.

---

6 역자주_ https://bitbucket.org/eunjeon/mecab-ko
7 역자주_ http://konlpy.org/ko/v0.4.3/morph/

코드 11-1 mecab-ko의 실행 사례

```
$ mecab
화학 이외의 것
화학      NN, T, 화학, *, *, *, *
이외      NN, F, 이외, *, *, *, *
의        JKG, F, 의, *, *, *, *
것        NNB, T, 것, *, *, *, *
EOS
```

그림 11-2 형태소 분석의 예

화학 이외의 것

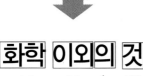

형태소 분석과 다른 단어 분할 방법으로 n-gram이 있습니다. 문장으로 주어진 문자열을 n개의 문자 창으로 설정해 문자 1개를 중복으로 포함하면서 단어를 생성하는 방법입니다(엄밀히 말해 단어 분할은 아닙니다). 이미 형태소를 분석한 단어도 n-gram을 적용할 수 있으며 이를 '문자 단위 n-gram', '단어 단위 n-gram'이라고 합니다. 또한 $n = 1$, $n = 2$, $n = 3$일 때는 유니그램, 바이그램, 트리그램이라고도 합니다.

형태소 분석이나 n-gram을 통해 단어 열로 분해한 상태(단어 각각의 배열이나 단어의 출현 횟수)를 하나의 묶음으로 나타내는 방법을 Bag-of-Words[8] 모델이라고 합니다.

---

8 역자주_ https://en.wikipedia.org/wiki/Bag-of-words_model

그림 11-3 n-gram의 예

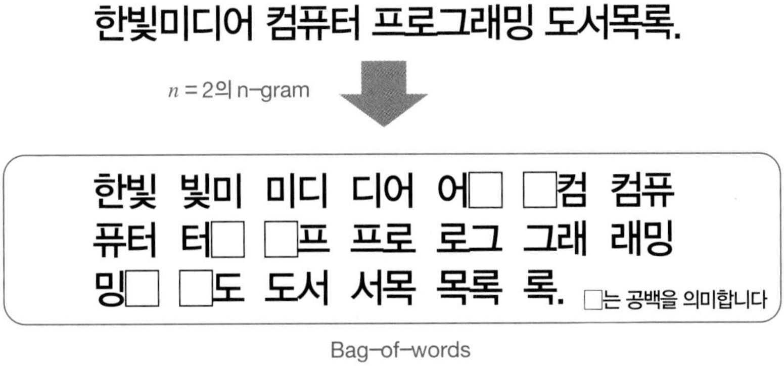

한빛미디어 컴퓨터 프로그래밍 도서목록.

n = 2의 n-gram ⬇

> 한빛 빛미 미디 디어 어□ □컴 컴퓨
> 퓨터 터□ □프 프로 로그 그래 래밍
> 밍□ □도 도서 서목 목록 록. □는 공백을 의미합니다

Bag-of-words

한편 베이즈 모델로 띄어쓰기하는 방법도 있습니다. 이를 비모수 베이즈 모델[9]에 근거한 자율 단어 분할법[10]이라고 합니다. 단어 목록이 없는 상황에서도 단어를 나눌 수 있는 것이 특징입니다.[11] 이 방법은 디리클레 과정을 기반으로 둔 n-gram 모델을 확장한 피트만-요Pitman-Yor 과정[12]을 더 확장한 것입니다. 디리클레 과정에서 나타나는 단어 종류가 많을수록 단어의 확률 분포가 정해집니다.

그밖에 피트만-요 과정을 계층화한 계층 피트만-요 언어 모델Hierarchical Pitman-Yor Language Model, HPYLM, 계층 피트만-요 언어 모델을 응용한 중첩 피트만-요 언어 모델Nested Pitman-Yor Language Model, NPYLM도 있습니다. 이들은 공백을 없앤 영어도 단어를 이해할 수 있는 형태로 띄어쓰기할 수 있고 고문(古文)이나 해석할 수 없는 미지의 언어 등에도 사용할 수 있습니다.

---

9 「비모수 베이즈법에 의한 언어 모델」(http://chasen.org/~daiti-m/paper/ism-npblm-20120315.pdf)

10 「베이즈 계층 언어 모델을 이용한 자율 형태소 분석」(http://chasen.org/~daiti-m/paper/nl190segment.pdf)

11 「이와나미 데이터 과학 Vol.2」(이와나미 서점, 2016, https://www.iwanami.co.jp/book/b258170.html)

12 역자주_ https://en.wikipedia.org/wiki/Pitman-Yor_process

ISA, LDA, word2vec을 이용한 단어 의미 이해를 설명합니다.

Point
- 지식 습득
- TF-IDF
- 잠재적 의미 인덱싱
- 잠재 디리클레 분배
- 주제 모델
- word2vec

지식 획득

컴퓨터 시스템(전문가 시스템 등)에 주어진 자연어 데이터는 지식과 특징을 추출해 정보를 얻을 수 있습니다. 이 정보를 지식 기반에 저장하는 것을 '지식 획득knowledge acquisition[13]'이라고 합니다. 단어 사이의 연관성을 수집해 정리하는 것은 지식 획득에 큰 역할을 합니다.

보통 문서 검색과 비교는 문서의 특징량을 계산합니다. 그런데 어떤 문서에서 유사도를 계산했을 때 같은 의미지만 여러 개 단어로 표기한 상태면 유사도가 낮을 수 있습니다. 보통 '자동차'를 '차'라고 표기하는데 문장에 따라 '차'라고 표기한 문서도 있고 '자동차'라고 표기한 문서도 있습니다. 이는 의미는 같지만 유사도가 낮은 것입니다.

> **NOTE_ 문서의 특징량**
>
> 문서의 특징량 지표로 문서 검색에서 일반적으로 이용하는 TF-IDF[14]가 있습니다. TF는 단어 빈도(Term Frequency)라고 하며 문서 안 단어의 출현 빈도를 의미합니다. IDF는 역문서 빈도(Inverse Document Frequency)라고 하며 전체 문서 중 어떤 단어가 나오는 문서 수(전체 문서 수로 나눈 빈도)의 역수를 구한 후 로그를 취한 다음에 1을 더한 값입니다.

---

13 역자주_ https://en.wikipedia.org/wiki/Knowledge_acquisition
14 역자주_ https://ko.wikipedia.org/wiki/TF-IDF

TF×IDF를 계산해 문서 전체에 관한 각 단어의 특징량을 얻을 수 있습니다. 조사처럼 어떤 문서에도 자주 나타나는 단어의 특징량 값은 낮추고 문서 안 특징 단어의 특징량 값을 높이면 특징 있는 단어를 눈에 띄게 할 수 있는 가중 계수가 됩니다.

그림 11-4 TF-IDF

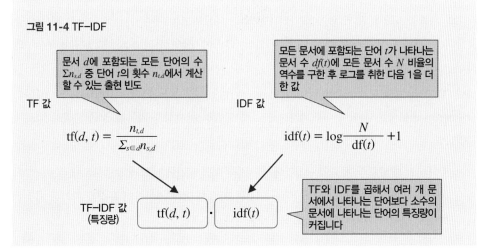

이를 피하는 방법으로는 잠재 의미 인덱싱Latent Semantic Indexing, LSI[15]이 있습니다. 특잇값 분해로 차원을 압축해서 중요도가 낮아 보이는 단어를 없애 상대적인 유사도를 높입니다.[16] 또한 행렬 분해 기법인 잠재 의미 인덱싱에 확률 요소를 도입한 언어 모델로 확률 잠재 의미 인덱싱 Probabilistic Latent Semantic Indexing, PLSI이 있습니다. 문서에 나오는 단어 주제의 분포에서 단어 분포가 생성된다는 것을 모델화한 것입니다.

또한 확률 잠재 의미 인덱싱을 발전시켜 문서를 구성하는 여러 개 주제 그 자체도 분포에서 생성시킨다는 것을 모델화한 잠재 디리클레 할당Latent Dirichlet Allocation, LDA[17]을 이용[18]할 수 있습니다. 이처럼 어떤 단어가 어떻게 문서나 주제에서 생성되는지 계산 모델로 검토하는 연구 영역을 주제 모델Topic model[19]이라고 합니다. 주제 모델은 어떤 단어가 사용된 문맥과 의미를 예측하는 데 중요합니다.[20]

15 역자주_ https://en.wikipedia.org/wiki/Latent_semantic_analysis#Latent_semantic_indexing

16 「잠재 의미 인덱싱 입문」(https://abicky.net/2012/03/24/211818/, 구글 번역 링크 https://goo.gl/1CRKIS)

17 역자주_ https://ko.wikipedia.org/wiki/잠재_디리클레_할당

18 「잠재 디리클레 할당 입문」(https://abicky.net/2013/03/12/230747/, 구글 번역 링크 https://goo.gl/FcAAY1)

19 역자주_ https://ko.wikipedia.org/wiki/주제_모델

20 「머신러닝 주제 모델」(http://www.albert2005.co.jp/technology/machine_learning/topic_model.html, 구글 번역 링크 https://goo.gl/jgPvLf)

한편 의미를 이해하는 방법으로 통계 의미론[21]이 있습니다.[22] 많은 문장을 읽으면 단어의 공통 표현이나 분포 유사도를 알 수 있다는 개념입니다. 특히 비슷한 의미의 단어는 사용하는 문맥도 비슷하다고 하는 해리스[Harris]의 분포 가설로 단어 사이의 관계를 알 수 있습니다.

어휘의 관계를 이용해 말의 관계를 나타내는 의미 네트워크를 구축하는 것도 지식 획득에 중요합니다. 예를 들어 단어의 다른 표기, 동의어, 유의어, 상위/하위 관계, 부분/전체 관계, 의미 범주 관계, 특성 관계 등 부수 정보를 연결하면 기계 처리로 단어의 관계를 이해할 수 있습니다. 의미 네트워크를 구축한 영어 단어 데이터베이스인 워드넷[WordNet](https://wordnet.princeton.edu/)은 유의어 어휘집뿐만 아니라 단어의 관계성을 기록해 놓은 온톨로지도 제공합니다.

그 밖에 단어의 관계를 두 계층의 신경망에서 추정해 벡터 공간에 나타낸 모델로 word2vec[23]이 있습니다. word2vec은 특징 공간 안에서 비슷한 관계가 있는 데이터의 특징을 파악해 제공합니다. 따라서 단어 이외의 데이터에도 응용해볼 수 있습니다.[24]

[그림 11-5]는 word2vec을 사용해 국가와 수도의 관계를 벡터의 합과 차로 나타낸 것입니다.

그림 11-5 word2vec

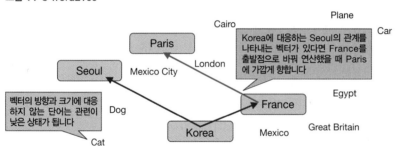

21 역자주_ https://en.wikipedia.org/wiki/Statistical_semantics
22 「통계 의미론 입문 – 분포 가설에서 word2vec까지」(http://www.slideshare.net/unnonouno/20140206-statistical-semantics)
23 역자주_ https://en.wikipedia.org/wiki/Word2vec
24 「Word2Vec 신경망 학습 과정의 이해」(http://tkengo.github.io/blog/2016/05/09/understand-how-to-learn-word2vec/, 구글 번역 링크 https://goo.gl/0g01we)

다른 데이터와의 조합도 추가할 수 있습니다. 예를 들어 사진에 추가된 주석의 관계를 이용해 비슷한 단어에서 연상되는 사진을 제안하는 사례도 있습니다.[25] 말과 감정의 관계를 데이터베이스와 온톨로지로 축적해두기도 합니다.

word2vec으로 단어의 관계를 분석하는 데이터 소스는 위키백과를 자주 이용합니다. 분석 대상 데이터 종류를 선택해 기가바이트 이상의 거대한 문장을 학습할 필요가 있습니다.

---

25 「딥러닝과 word2Vec을 이용한 이미지 추천」(http://www.slideshare.net/TadaichiroNakano/deeplearningword2vec)

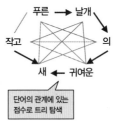

03 구조 분석

구조 분석을 설명합니다.

Point
• 할당 분석
• 술어절 구조 분석
• 어구 구조 분석

할당 분석

할당은 단어와 단어 사이의 관계를 나타내는 것으로 관계를 파악하면 문장의 의미를 이해할 수 있습니다. 할당받은 구조를 기계적으로 처리해서 관계를 파악하는 방법을 할당 분석이라고 합니다. 할당 분석에는 크게 두 가지가 있습니다. 하나는 이동—감축shift-reduce법이고 다른 하나는 최소 생성 트리Minimum Spanning Tree, MST[26]에 기반을 둔 할당 분석법입니다.

예를 들어 [그림 11-6]의 "작고 푸른 날개를 가진 귀여운 새"라는 문장의 할당 구조를 살펴보겠습니다.

그림 11-6 할당 구조와 할당 구조 분석

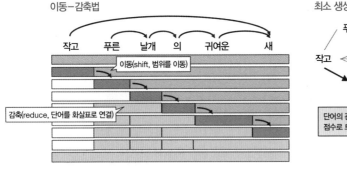

---

26 역자주_ https://ko.wikipedia.org/wiki/생성나무

이동–감축법은 이동/감축 처리를 실행하면서 트리 구조를 형성합니다. 이동 처리는 분석하지 않은 단어 열의 왼쪽(첫 번째)을 트리에 넣는 작업입니다. 감축 처리는 트리 집합 중 오른쪽 2개의 단어를 화살표로 연결하는 작업입니다. 두 가지 작업을 반복하면 큰 트리 구조가 완성됩니다.

최소 생성 트리법에서는 단어를 노드로 구성하는 그래프를 작성합니다. 그리고 단어 사이의 관계에 점수를 설정한 후 점수가 높은 조합을 남겨서 트리 구조를 생성합니다. 이동–감축법이 단어를 하나씩 처리한다면 최소 생성 트리법은 한꺼번에 처리합니다. 정밀도 측면에서는 최소 생성 트리법이 좋지만 처리 시간이 길어서 시간 효율성은 이동–감축법이 좋습니다.

술어 절 구조 분석

한국어의 격은 주격, 서술격, 목적격, 보격, 관형격, 부사격, 감탄격의 7개로 구성되어 있습니다. 이러한 격과 술어(동사 또는 형용사)의 관계를 격 구조라고 합니다. 문장의 의미는 술어와 대상을 나타내는 명사구 절로 표현할 수 있으므로 이들을 식별하는 처리를 술어 절 구조 분석이라고 합니다.

어구 구조 분석

단어 열로 구성된 어구를 통해 구조를 파악하는 방법으로는 어구 구조 분석이 있습니다.

그림 11-7 어구 구조 분석

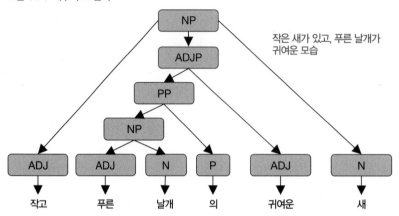

작은 새가 있고, 푸른 날개가 귀여운 모습

동사구, 명사구, 형용사구, 조사구 등 구간을 기준으로 트리 구조를 형성합니다. 예를 들어 명사, 형용사, 조사는 N, ADJ, P로 나타내고, 각각에 P를 더한 NP, ADJP, PP를 명사구, 형용사구, 조사구로 하면 어구 구조를 트리로 나타낼 수 있습니다(이 트리 구조는 문법에 해당합니다).

또한 트리 구조는 여러 가지 상황을 동시에 나타내는(모호함이 있는) 문장도 존재합니다. 추가로 트리 구조의 아래에 나열된 단어를 잎 또는 종단 기호라고 합니다.

딥러닝

딥러닝으로 자연어 처리 구조를 분석할 때는 순환 신경망이나 Long Short-Term Memory를 자주 이용합니다.[27] 순환 신경망 이용은 단어 열의 나열을 시계열 상의 입력 데이터로 취급하는 것이 핵심입니다. Long Short-Term Memory은 순환 신경망을 더 안정적으로 처리할 필요가 있을 때 사용합니다. 한편 절 구조를 갖는 트리 구조로 단어 열을 다루면 재귀 신경망을 이용할 수도 있습니다.

---

27 실제 개발된 딥러닝 구문 분석 프로그램으로는 구글의 신틱스넷(SyntaxNet, https://research.googleblog.com/2016/05/announcing-syntaxnet-worldsmost.html)이나 페이스북의 딥텍스트(DeepText, https://code.facebook.com/posts/181565595577955) 등이 있습니다.

04 텍스트 생성

텍스트 생성을 설명합니다.

Point
- 기계 번역
- 자동 요약
- 이미지에 설명 추가하기.

기계 번역

[그림 11-8]처럼 원래 이해할 수 있는 문장이 암호화, 다른 언어로 변환, 노이즈의 첨가 등으로 이해하기 어려운 문장이 될 수 있습니다. 기계를 통해 이해하기 어려운 문장을 원래의 문장으로 되돌리는 처리를 기계 번역이라고 합니다.

그림 11-8 기계 번역

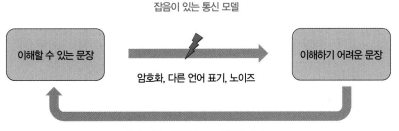

기계 번역에서는 입력 언어를 원래 언어, 출력 언어를 목적 언어라고 합니다. 기계 번역은 "원래 언어의 단어에 어떤 번역어를 넣느냐?"라는 질문의 답이기도 합니다. 그런데 어휘 선택 문제, 목적 언어에 맞춘 어순에 단어를 놓고 정렬하는 문제 등이 있으므로 매우 어려운 과제입니다. 특히 어순의 차이는 기계 번역의 큰 장애물입니다.

일반적인 기계 번역은 구문 기반 기계 번역을 사용합니다. 번역기를 디코더, 번역문 생성을 디코딩이라고 하며 디코더는 생성한 번역문의 후보 중에서 점수가 높은 것을 번역 결과로 출력합니다. 또한 원래 언어의 단어 열에서 하나씩 단어를 사용하며 한번 사용한 단어는 더 선정하지 않도록 합니다.

구문 기반 기계 번역은 번역 모델, 정렬 모델, 언어 모델의 세 가지 조합으로 동작합니다.

- 번역 모델은 원래 언어 구문과 목적 언어 구문을 대조하는 사전이 있으며 대조 구문 쌍 각각에 점수를 부여한 상태로 저장되어 있습니다.
- 정렬 모델은 디코딩할 때 정렬하는 것이 자연스러운 형태인지 확률로 추정한 후 필요에 따라 정렬합니다.
- 언어 모델은 출력한 구문을 유려한 문장으로 만들려는 것입니다. n-gram 모델에서 n = 4나 5가 될 때가 많습니다.

그림 11-9 구문 기반 기계 번역

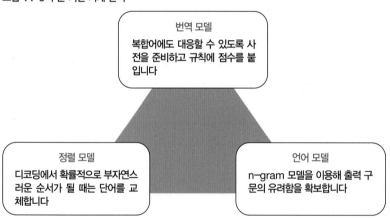

기계 번역의 또 다른 방법은 문장 구조를 이용하는 것입니다. 구문 기반 기계 번역이 출현하는 단어에 대응하는 번역문을 출력하는 것과 달리 문장 구조에 대응하는 번역문을 출력합니다. 목적 언어의 문장 구조를 이용하는 string-to-tree 번역, 원래 언어의 문장 구조를 이용하는 tree-to-string 번역, 둘 모두를 이용하는 tree-to-tree 번역으로 분류합니다.

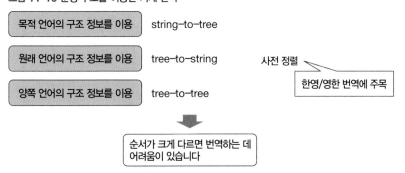

그림 11-10 문장 구조를 이용한 기계 번역

각 방법에는 장점과 단점이 있습니다. string-to-tree 번역은 목적 언어의 구조 분석에 의존하는 장점과 처리 비용이 높다는 단점이 있습니다. tree-to-string 번역은 번역문 생성은 단시간에 된다는 장점이 있고, 입력 문장의 구조에 따라 성능은 제각각이라는 단점이 있습니다. 따라서 원래 언어의 구조 분석 정밀도에 의존하는 것과 입력 문장 해석 결과가 제각각일 수 있다는 점을 방지해야 합니다.

원래 언어의 구조를 이용하는 또 다른 방법으로 사전 정렬이 있습니다. 사전 정렬은 이름 그대로 원래 언어의 단어를 목적 언어의 어순으로 미리 정렬해두고 번역합니다. 두 언어의 사전 지식이 필요하지만 먼 거리의 단어 교체를 최대한 막는다는 점과 구문 기반 기계 번역 방법을 이용할 수 있다는 점에서 번역 정확도가 향상됩니다.

구글은 더 자연스러운 번역[28]을 목표로 신경망을 이용한 구글 자연 기계 번역Google Neural Machine Translation, GNMT[29]을 개발해 번역에 이용합니다. Long Short-Term Memory를 기반에 둡니다.

자동 요약

기계 번역이 문장을 다른 언어로 변환하는 것이라면 자동 요약은 같은 언어 안에서의 문장 변환입니다. 문서 요약은 대상 문서가 1개인지 여러 개인지에 따라, 추출형인지 생성형인지에 따

---

28 「구글 번역이 더 정확해지고 자연스러워집니다」(https://korea.googleblog.com/2016/11/blog-post_29.html)

29 「A Neural Network for Machine Translation, at Production Scale」(https://research.googleblog.com/2016/09/a-neural-network-for-machine.html)

라 유형을 구분합니다. 추출형 요약은 자동화가 어느 정도 가능하지만 생성형 요약은 아직 자동화 기술이 발전하는 중입니다.

그림 11-11 문서 요약의 종류

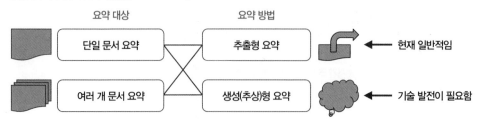

단일 문서의 추출형 요약 중 가장 단순하고 효과적인 방법으로 '리드Lead법'이 있습니다. 리드법은 '최초 몇 개의 문장을 추출'하는 방식으로 뉴스 기사처럼 앞에 중요한 내용이 있는 문서에서 잘 동작합니다.

여러 개의 문서가 대상일 때는 다른 접근 방법이 필요합니다. 그중 한 가지로 통계 요약Maximal Marginal Relevance, MMR 알고리즘이 있습니다. 먼저 문서 사이에 유사성이 높은 대표적인 문장을 선택한 후, 선택한 문장과 유사성이 낮은, 즉 중복되지 않는 문장을 선택해 요약문을 작성합니다. 유사성은 코사인 유사도와 같은 기존의 계산 방법을 이용하며 문장의 선택 횟수도 임의로 늘릴 수 있습니다.

문서 요약은 불필요한 구문 삭제, 문장 결합, 구문 변형, 어휘 의역, 추상화/구체화, 정렬 등의 여러 가지 작업이 있습니다. 따라서 자동 요약 방법도 여러 가지를 검토합니다. 예를 들어 단일 문서면 제한된 길이에 맞는 단어 열을 추출하거나 문장 작성을 배낭 문제로 생각합니다. 여러 문서라면 최대 피복 문제Maximum coverage problem[30]와 시설 입지 문제Facility location problem[31]에 귀착시키는 것 등이 있습니다.

앞으로는 요약한 문장을 사람 대신 기계가 평가하는 방법, 생성형 자동 요약 시스템, 향후 등장하는 딥러닝 모델 연구 등의 발전을 기대합니다.

---

30 역자주_ https://en.wikipedia.org/wiki/Maximum_coverage_problem
31 역자주_ https://en.wikipedia.org/wiki/Facility_location_problem

이미지에 설명 추가 및 문장 창작

이번에는 이미지 설명이나 문장을 추가하는 방법을 살펴봅니다.

집중 매커니즘

기계 번역에서 원래 언어와 목적 언어의 대역 데이터를 오토인코더처럼 학습하는 방식을 인코더-디코더Encoder-Decoder 접근 방법이라고 합니다. 입력encoder과 출력decoder에 각각 순환 신경망이 존재하며 입출력 과정에서 문맥 벡터라는 중간 노드에 데이터를 압축합니다. 이 인코더-디코더[32] 방법을 사용해 번역의 정확도를 높이는 것을 집중 메커니즘Attention mechanism[33]이라고 말합니다.

캡션 생성[34]은 이미지와 동영상 안 이미지에 어떤 일이 일어나는지 답을 찾는 이미지 이해 연구입니다. 기계 번역에서 이용하는 집중 매커니즘을 이미지 영역이나 사물에 적용한 집중attention 모델[35]과의 융합을 도모합니다. 여기에 합성곱 신경망, 순환 신경망, Long Short-Term Memory 등을 결합해 정지 이미지뿐만 아니라 동영상에도 캡션 자동 생성을 실현합니다.

Long Short-Term Memory을 이용한 음악 생성

딥러닝의 활용은 이미지, 신호, 자연어에 한정하지 않습니다. 음악을 생성하는 예로 2016년 프린스턴 대학에 재학 중인 김지성 씨가 만들어 공개한 재즈 작곡 프로그램 deepjazz(http://deepjazz.io/)가 있습니다. 악기 소리(노트)를 온/오프하는 데이터 파일인 MIDI 파일을 입력해 곡을 생성합니다. 사용한 개발 환경은 JazzML(https://github.com/evancchow/jazzml)를 기반으로 둔 케라스와 테아노입니다.

---

32 「Introduction to Neural Machine Translation with GPUs (part 3)」(https://devblogs.nvidia.com/parallelforall/introduction-neural-machine-translation-gpus-part-3/)

33 「ATTENTION AND MEMORY IN DEEP LEARNING AND NLP」(http://www.wildml.com/2016/01/attention-and-memory-in-deep-learning-and-nlp/). 「딥러닝(자연어 처리)에 집중 메커니즘 적용하기」(http://www.slideshare.net/yutakikuchi927/deep-learning-nlp-attention)

34 「이미지 캡션의 자동 생성」(http://www.slideshare.net/YoshitakaUshiku/ss-57148161)

35 「딥러닝에서 사용하는 집중 모델 살펴보기」(http://ksksksks2.hatenadiary.jp/entry/20160430/1462028071)

네트워크로는 두 계층의 Long Short-Term Memory을 사용합니다. 샘플로는 팻 메스니^{Pat} Metheny의 재즈 곡이 있습니다.

순환 신경망을 이용한 영화 각본 생성

컴퓨터가 만든 영화 각본을 영화제에 출품한 예도 있습니다. SF 단편 영화 'Sunspring'은 각본 생성 프로그램인 벤저민^{Benjamin}이 만든 세계 최초의 영화 작품[36]입니다. 런던에서 개최한 영화제에서 48시간 안에 영화를 제작하는 '48-Hour Film Challenge' 부문에 응모했습니다. 이 작품에 나오는 삽입곡의 가사도 벤저민 프로그램이 썼다고 합니다. 위화감이 없는 곡과 가사를 프로그램이 만들 수 있는 것도 시간문제로 보입니다.

일본에서는 문학상 공모전인 '호시 신이치 상'에 컴퓨터가 만든 창작 작품을 제출해 1차 심사를 통과한 예(2016년)[37]가 있습니다. 물론 장편일 때 문장 일관성에 문제가 생기거나 작풍에 위화감이 있는 등 아직 해결해야 할 문제들이 많습니다. 또한 컴퓨터가 생성한 문장을 사람이 수정해야 할 필요가 있으며 수작업 비율이 80% 이상이라고 합니다. 앞으로 갈 길이 멀겠지만 의미 있는 시도의 하나입니다.

이외에도 음성 입력을 이용해 더 인터랙티브하게 소설을 생성하는 애플리케이션이 등장하는 등 기업 주도로 자율 문장 자동 생성 시스템의 개발이 진행 중입니다.

NOTE_ 인공지능이 쓰는 소설

인공지능이 소설을 집필하려는 시도가 이어지고 있습니다. 다음은 그와 관련한 참고 자료입니다.

- 「인공 지능이 소설을 쓸 것인가 – 사람과 인공지능의 공동 창작 현재와 미래」(http://pc.watch.impress. co.jp/docs/news/749364.html, 구글 번역 링크 https://goo.gl/ilwRAv)
- 「AI가 소설을 쓰는 시대의 '창작'이란」(http://dentsu-ho.com/articles/3938, 구글 번역 링크 https:// goo.gl/s1yOaw)
- 「Metaps와 딥러닝을 이용해 소설을 쓰는 인공 지능 엔진을 개발. NASA와 협력해 우주 소설 앱 출시」 (http://www.metaps.com/press/ja/315-ai-nasa, 구글 번역 링크 https://goo.gl/1LGlex)

---

36 역자주_ 「AI의 진화는 어디까지… 장편 영화 대본도 썼다」(http://www.itworld.co.kr/news/100527)

37 역자주_ 「AI가 집필한 소설 日문학상 1차 심사 통과」(http://www.raythea.com/newsView.php?M1=_2nd&M2=_2nd&cc=320 002&page=0&no=4908)

Conversation as a Platform – 린나

소비자 관점의 자율 문장 생성 분야는 애플 시리Siri와 마이크로소프트 린나가 있습니다. 그 중 린나는 캐릭터 설정과 그에 맞춘 다양한 대화가 특징인 챗봇 프로그램입니다. 마이크로소프트 는 린나와 윈도우 10에 탑재된 코타나 등 사람과 상호작용하는 데 중점을 둔 시스템 개발을 진행하는 데 이를 Conversation as a Platform라는 용어로 정의합니다.

> **NOTE_ 마이크로소프트 린나**
>
> 린나에 관한 더 자세한 내용은 다음 웹 페이지를 참고하기 바랍니다.
> - 「여고생 인공지능 린나 – 발전하고 싶은 '잡담의 힘'」(http://www3.nhk.or.jp/news/business_tokushu/2016_0624.html, 구글 번역 링크 https://goo.gl/yi4nad)
> - 「'린나'의 비밀과 미래 | Microsoft de: code 2016 보고서」(https://www.change-makers.jp/technology/11103, 구글 번역 링크 https://goo.gl/lFdgYg)
> - 「린나 철저 해부. 'Rinna Conversation Services'를 지원하는 자연어 처리 알고리즘」(https://doc.co/1r2gnV)
> - 「린나: 여고생 인공지능」(http://www.anlp.jp/proceedings/annual_meeting/2016/pdf_dir/B1-3.pdf)

린나는 TF-IDF와 word2vec 개념 외에도 순환 신경망을 중심으로 둔 딥러닝을 이용한다고 발표했습니다.

린나가 대답할 때는 자연어 처리로 구문을 분석한 후 문구를 선택하거나 답글을 구축합니다. 기술적으로 보면 심층 구조 의미 모델Deep Structured Semantic Models, DSSM과 순환 신경망을 사용하는데 단순한 순환 신경망이 아니라 RNN-GRUGated Recurrent Unit라는 네트워크를 이용합니다.[38] 이 네트워크는 과거에 학습 내용을 축적한 단어와 구문 문서, 입력한 문구 쿼리라는 두 데이터의 유사도를 계산합니다. 이때 심층 구조 의미 모델과 GRU를 효과적으로 이용합니다.

GRU는 LSTM 네트워크[39]를 실현하는 블록의 하나입니다(LSTM 블록의 망각 게이트와 입력 게이트는 업데이트 게이트라고 합니다).

---

38 「Learning Deep Structured Semantic Models for Web Search using Clickthrough Data」(https://goo.gl/2qj8mb)

39 「LSTM 네트워크의 개요」(http://qiita.com/KojiOhki/items/89cd7b69a8a6239d67ca, 구글 번역 링크 https://goo.gl/oE3mUN)

기억 셀의 상태와 은닉 상태를 맞추는 등의 작업으로 표준적인 LSTM 모델보다 간단하게 작업을 처리합니다.

그림 11-12 GRU

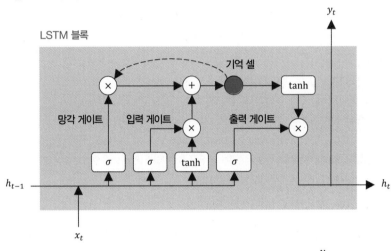

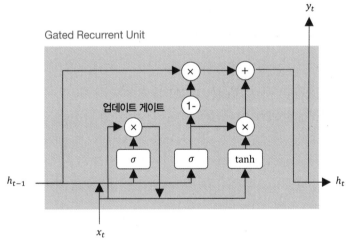

## CHAPTER 12

지식 표현과 데이터 구조

지식 기반을 사용하는 시스템의 데이터와 머신러닝으로 얻은 학습기의 상태(특징량)를 영구적으로 사용하려면 외부 스토리지에 저장할 필요가 있습니다. 이 장에서는 데이터베이스 관리 시스템의 종류와 기본 데이터 검색 방법을 소개합니다. 그리고 온톨로지, 링크드 데이터, RDF 등 의미의 관련성을 규정하는 데이터 구조를 설명합니다.

데이터베이스를 설명합니다.

Point
- 데이터베이스의 종류
- SQL
- NoSQL

데이터베이스의 종류

입력한 데이터를 바탕으로 추정하는 시스템(전문가 시스템 등)에는 근거가 되는 정보가 필요합니다. 따라서 정보를 어딘가에 저장해두어야 합니다. 이럴 때 데이터베이스를 이용합니다.

데이터베이스는 엄밀히 말하면 데이터베이스 관리 시스템[DBMS]이라고 하며 데이터의 관리 방법에 따라 몇 가지 종류로 분류할 수 있습니다.

그림 12-1 데이터베이스의 종류

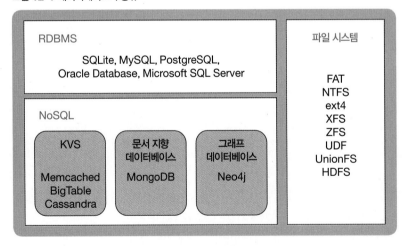

파일 시스템

데이터를 관리하려면 OS 레벨의 파일 관리가 필수입니다. 이렇게 데이터를 배치하고 관리하는 체계를 파일 시스템이라고 합니다. 윈도우를 사용했다면 한번쯤 들어봤을 FAT[File Allocation Tables]와 NTFS[New Technology File System] 등이 대표적인 파일 시스템입니다. FAT은 디스크의 앞에 디렉터리(폴더)를 관리하는 파일 이름 외에 데이터 실제 내용의 위치를 나타내는 디스크 클러스터 번호를 매핑해 디스크에 기록하는 시스템입니다.

유닉스나 리눅스에서 사용하는 파일 시스템에는 대부분의 리눅스 시스템에서 기본 파일 시스템으로 채택하는 ext4나 솔라리스에서 사용하는 ZFS 등이 대표적입니다. ext4는 실제 파일 크기에 기반을 두고 데이터 블록 할당을 결정한다는 특징이 있고, ZFS는 최초의 128비트 파일 시스템입니다.

관계형 데이터베이스

데이터를 체계적으로 관리할 때는 관계형 데이터베이스 관리 시스템[Relational DataBase Management System, RDBMS]을 이용합니다.

그림 12-2 관계형 데이터베이스 관리 시스템

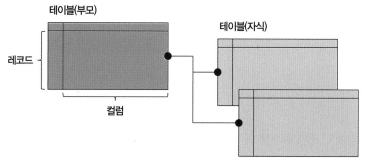

부모 테이블의 레코드 하나에 여러 개 자식 테이블을 만들 수 있습니다. 부모 테이블에 모든 정보를 담는 것보다 더 상세한 정보를 담을 수 있습니다

다음 특징이 있습니다.

- 관리할 데이터의 주제별로 테이블을 준비하고 테이블에 단일 구조 데이터인 레코드를 저장합니다.

- 테이블을 정의할 때 하나 이상의 컬럼 속성을 결정하는데 레코드는 각 컬럼의 값으로 구성되어 있습니다.
- 테이블마다 고유한 키를 정하는 기본 키Primary key나 인덱스를 결정해 레코드 검색 속도를 빠르게 합니다.

> **NOTE_ 테이블 요소의 다른 이름과 기본 키의 구성 방식**
>
> 스프레드시트와 비교하려고 레코드를 행(row)이라고 하는 시스템도 있습니다. 또한 데이터베이스 소프트웨어에 따라 열(column)을 필드라고 할 때도 있습니다.
>
> 고전적인 테이블 설계는 의미를 가졌던 열인 자연 키(natural key)를 기본 키로 할 때가 많습니다. 열 하나로 기본 키를 구성하기가 어려울 때는 여러 개의 열로 기본 키를 구성하는 복합 기본키를 사용합니다. 루비 온 레일즈(Ruby on Rails)가 등장하면서 대리 키(surrogate key)를 기본 키로 설정해 고유 열 조합에 별도의 고유 제한 조건을 추가하는 테이블 구조도 사용합니다.

보통 설계상 거의 갱신하지 않는 테이블을 마스터 테이블, 자주 갱신하는 테이블을 트랜잭션 테이블이라고 합니다. 데이터의 특성에 따라 방금 소개한 두 가지 종류의 테이블을 구분해 사용하는 것이 바람직합니다.

2개 이상의 테이블 사이에는 인덱스를 매핑합니다. 즉, 외부 키Foreign key를 설정해서 테이블 사이의 관계를 유지할 수 있습니다. 예를 들어 이용자 정보를 통합하는 테이블 레코드 하나는 구매 물품을 관리하는 테이블 레코드 여러 개와 외부 키를 이용해 관계를 맺습니다. 이런 방식은 테이블 하나로 여러 가지 종류의 정보를 관리할 때보다 용량이 절약되고 검색도 빨라질 것으로 기대할 수 있습니다.

SQL

개별 테이블이 역할을 갖도록 컬럼 다수를 여러 개의 테이블로 나누는 것을 정규화라고 합니다. 여러 개 테이블을 검색하는 것은 테이블 결합join이라고 합니다. 관계형 데이터베이스는 SQL을 사용해 데이터를 검색하거나 업데이트합니다.

코드 12-1 SQL문 예

```
SELECT * FROM table_customers WHERE age < 40;
```

NoSQL

각 레코드의 구성이 일정하지 않고 변화하는 데이터를 비정형 데이터라고 합니다. 보통 관계형 데이터베이스는 미리 정해진 컬럼에 적용할 수 있는 구조화된 데이터를 다루므로 이런 비정형 데이터에는 효율적으로 대응하지 못합니다. 이럴 때 사용하는 데이터베이스를 NoSQL이라고 합니다. 다음 같은 것이 있습니다.

XML 데이터베이스

XML^{eXtensive Markup Language}은 HTML^{HyperText Markup Language}과 같은 규격으로 데이터를 나타내는 마크업 언어입니다. 파일 하나 안에 데이터를 유지할 수 있는 구조이므로 XPath를 이용해 데이터를 검색합니다. 프로그램의 설정 파일 등에 이용할 때가 많습니다. 데이터베이스 엔진으로 개발된 것으로는 BaseX(http://basex.org/) 등이 있습니다. 단, 데이터의 양이 커지면 아무래도 검색 속도가 느려지기 쉽습니다.

KVS

KVS는 Key-Value Store의 약자입니다. 말 그대로 키-값 쌍을 저장하는 형태의 데이터베이스입니다.

그림 12-3 KVS

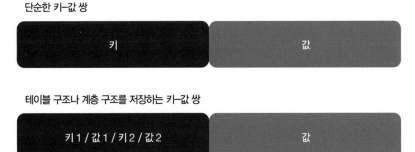

단순한 키-값 쌍

| 키 | 값 |

테이블 구조나 계층 구조를 저장하는 키-값 쌍

| 키 1 / 값 1 / 키 2 / 값 2 | 값 |

프로그래밍 언어에서는 Hash(펄), Dictionary(파이썬), Map(자바)이라는 형식이나 인터페이스에 해당합니다. 이러한 유형의 데이터를 처리할 수 있는 라이브러리로는 구글 클라우드 빅테이블Google Cloud Bigtable과 멤캐시Memcached(https://memcached.org/)[1] 등이 있습니다. 특히 멤캐시는 관계형 데이터베이스 관리 시스템을 사용해 얻는 데이터를 캐시 메모리에 저장해서 두 번째 이후의 데이터 접근 시 빠르게 응답할 수 있도록 사용됩니다. 이 외에도 카산드라Cassandra(http://cassandra.apache.org/)나 HBase(https://hbase.apache.org/) 등의 분산 KVS가 아파치 하둡Apache Hadoop의 분산 처리 시스템과 연계하는 데 사용합니다.[2]

문서 지향

RDBMS나 KVS와는 달리 데이터 자체를 구조와 함께 데이터베이스에 저장하는 것에 중점을 두는 것으로 문서 지향 데이터베이스가 있습니다. MongoDB(https://www.mongodb.com/)가 대표적입니다. JSON 형식으로 데이터를 처리합니다.

HDF5

HDF5(https://support.hdfgroup.org/HDF5/)는 계층 데이터 형식Hierarchical Data Format 버전 5를 뜻하며 파일 안에 파일 시스템을 갖는 데이터 구조입니다. 예를 들어 파일 하나 안에 여러 개 스프레드시트를 포함하는 상태를 저장할 수 있습니다.

파일에 포함하는 데이터 형식을 묻지 않으므로 머신러닝한 후 분류기 상태를 저장해두는 용도로 사용합니다. C, 자바, 파이썬, R에서 라이브러리를 통해 파일에 접근할 수 있습니다.

그래프 데이터베이스

데이터베이스 관리 시스템은 보통 데이터의 상태 자체를 저장하는 것이 주 기능입니다. 그런데 객체 사이의 관계인 그래프 네트워크에 초점을 맞춰 데이터를 관리하는 색다른 데이터베이스

---

1 『대용량 서버 구축을 위한 Memcached와 Redis』(한빛미디어, 2012)를 참고하세요.

2 『카산드라와 HBase를 비교해 소개하는 NoSQL』(http://www.slideshare.net/yutuki/cassandrah-baseno-sql)

관리 시스템도 존재합니다. 이를 그래프 데이터베이스라고 합니다.

그림 12-4 그래프 데이터베이스의 예

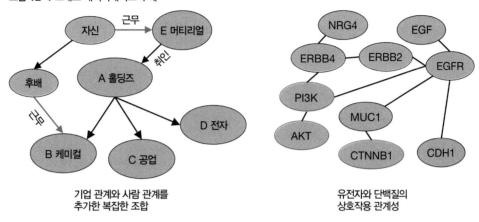

기업 관계와 사람 관계를
추가한 복잡한 조합

유전자와 단백질의
상호작용 관계성

Neo4j(https://neo4j.com/)는 SQL과 비슷한 쿼리 언어 CypherQL를 사용해 데이터베이스에 접근하며 그래프 네트워크 관리와 분석을 합니다.[3]

또한 MariaDB나 오라클 데이터베이스 등의 관계형 데이터베이스 관리 시스템에도 같은 데이터 접근 기능을 추가[4]할 수 있습니다.

코드 12-2 CypherQL의 예

```
CREATE (you:Person {name:"You"})
CREATE (you)-[like:LIKE]->(neo:Database {name:"Neo4j" })
FOREACH (name in ["Johan","Rajesh","Anna","Julia","Andrew"] |
  CREATE (you)-[:FRIEND]-> (:Person {name:name}))
MATCH (neo:Database {name:"Neo4j"})
MATCH (anna:Person {name:"Anna"})
CREATE (anna)-[:FRIEND]->(:Person:Expert {name:"Amanda "})-[:WORKED_WITH]->(neo)
```

3 「GraphGist: First Steps with Cypher」(https://neo4j.com/graphgist/34b3cf4c-da1e-4650-81e4-3a7107336ac9)

4 「RDB와 그래프 DB - MariaDB vs. InnoDB 와 Neo4j」(http://lab.adn-mobasia.net/?p=3817, 구글 번역 링크 https://goo.gl/F6MIdZ)

그림 12-5 CypherQL의 실행 예

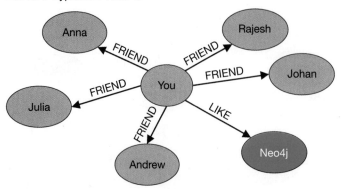

2016년에 전 세계의 기업/정치인들의 조세 회피 거래 기밀문서인 파나마 페이퍼즈가 유출된 사건이 일어났습니다. 파나마 법률 사무소의 모색 폰세카^Mossack Fonseca가 작성한 것인데 2.7TB에 달하는 데이터에서 기업/정치인들과의 관계를 분석하는 데 Neo4j를 사용해서 주목받았습니다.

NOTE_ 파나마 문서와 Neo4j

파나마 문서 관련 소식은 다음 웹 페이지를 참고하기 바랍니다.

- 「파나마 페이퍼즈' 분석의 기술 측면」(https://goo.gl/3EIYbS, 구글 번역 링크 https://goo.gl/fjJntg)
- 「Going mainstream: Neo4j and the future of the graph database」(http://www.zdnet.com/article/going-mainstream-neo5j-and-the-future-of-the-graph-database/)
- 「파나마 페이퍼즈'를 그래프 데이터베이스에서 빠르게 검색하는 사례 연구회」(http://www.creationline.com/lab/13916, 구글 번역 링크 https://goo.gl/gjrY81)

O2 검색

검색을 설명합니다.

Point
- 텍스트 검색 방법
- 데이터베이스 검색
- 전문 검색
- 전치 인덱스
- 웨이블릿 행렬
- BWT

텍스트 검색 방법

데이터로 저장된 텍스트 검색은 패턴 매칭이라고 합니다. 데이터베이스나 문서에서 텍스트를 검색할 때는 패턴 매칭에 추가로 AND 또는 OR과 같은 불 논리, 벡터 공간 모델 등의 매개변수를 이용해 검색합니다. 특히 벡터 공간 모델을 이용하면 비슷한 문서와 관련 문서 등을 한꺼번에 검색할 수 있습니다.

패턴 매칭에는 완전 일치, 전방 일치, 후방 일치, 부분 일치 등이 있습니다. 부분 일치로 검색할 때는 순차 탐색해서 텍스트를 찾습니다.

그림 12-6 텍스트 검색

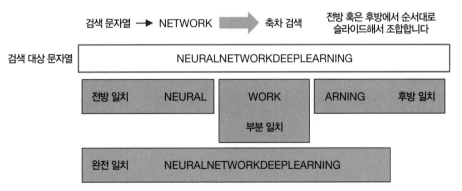

검색한 결과를 이용해 조합 시작점을 건너 뛰면서 움직이는 보이어 무어 알고리즘[5]을 이용해 순차 검색을 효율화할 수 있습니다. 또한 정규 표현 같은 구문을 해석해서 복잡한 매칭도 할 수 있습니다. 예를 들어 agrep 명령은 Bitap 알고리즘[6]을 이용해 정규 표현을 검색할 수 있습니다. 그 밖에도 다양한 알고리즘이 존재합니다.

데이터베이스 검색

데이터베이스에 저장된 데이터를 검색할 때는 기본 순차 탐색이나 데이터를 m개로 분할하고 블록 각각에 순차 탐색하는 m 블록법을 사용합니다.

m 블록법은 순차 탐색한 후 검색 조건에 일치하는지를 판정하므로 검색 속도가 빨라지려면 정렬을 통해 이진 검색하는 등의 방법을 채택해야 합니다.

MySQL과 오라클 데이터베이스 등의 주요 데이터베이스 관리 시스템은 인덱스를 작성해서 검색을 빠르고 효율적으로 합니다.

B 트리와 B+ 트리

인덱스를 만들 때 가장 많이 사용하는 구조는 B 트리를 개선한 B+ 트리입니다.

그림 12-7 B+ 트리 구조[7]

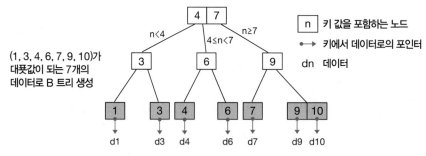

5 https://en.wikipedia.org/wiki/Boyer–Moore_string_search_algorithm

6 https://en.wikipedia.org/wiki/Bitap_algorithm

7 출처: 『WEB+DB PRESS Vol.51』(기술평론사, 2009) – 'SQL 두뇌 아카데미 제7회', 163페이지, 그림 2

B 트리는 조합의 출발점이 되는 루트 노드에서 끝단 데이터로의 포인터를 나타내는 리프 노드까지의 깊이가 같으므로 데이터를 추가하거나 삭제해도 편향이 없도록 조정합니다. 이러한 트리 구조를 평형 트리라고 합니다.

NOTE_ B 트리와 B+ 트리

B 트리와 B+ 트리의 더 자세한 내용은 다음 웹 페이지를 참고하기 바랍니다.

- 「성능 개선을 위한 열쇠, 인덱스의 특성을 알자 – B 트리와 해시 – (1) B-tree」(http://gihyo.jp/dev/serial/01/sql_academy2/000701, 구글 번역 링크 https://goo.gl/amFKyI)
- 「스시마 박사의 성능 강좌: 제6회 성능의 기본인 인덱스」(http://www.oracle.com/technetwork/jp/database/articles/tsushima/tsm06-1598252-ja.html, 구글 번역 링크 https://goo.gl/1dnVh0)
- 「오라클 데이터베이스의 인덱스 종류 – B 트리, 비트맵, 인덱스 구성표, 인덱스 클러스터(해시 클러스터)」(https://blogs.oracle.com/oracle4engineer/entry/oracle_database_–_b, 구글 번역 링크 https://goo.gl/tU2mwP)」

전체 텍스트 검색

데이터베이스 검색에서 컬럼의 데이터 크기가 작거나 수치일 때는 인덱스를 설정해 검색 효율을 높일 수 있습니다.

그러나 일관성 없는 장문의 텍스트에 무리하게 인덱스를 설정하면 데이터 용량이 느는 등 단점이 커집니다. 이때는 전체 텍스트를 검색하는 전문 검색 엔진을 사용합니다.

전문 검색 엔진에는 [표 12-1] 같은 것이 있습니다.

표 12-1 전문 검색 엔진

전문 검색 엔진	설명	참고 URL
아파치 루씬 (Apache Lucene) 아파치 솔라 (Apache Solr)	아파치 루씬은 자바로 구축된 전문 검색 엔진 라이브러리입니다. 이를 이용한 검색 플랫폼이 아파치 솔라입니다.	https://lucene.apache.org/ https://lucene.apache.org/solr/

전문 검색 엔진	설명	참고 URL
일래스틱 서치 (Elasticsearch)	일래스틱 서치는 루씬을 이용한 전문 검색 엔진입니다. AWS에서 쉽게 사용할 수 있습니다.	https://www.elastic.co/kr/ https://aws.amazon.com/ko/elasticsearch-service/

전치 인덱스

전체 텍스트를 검색하는 데 필요한 것은 어떤 단어가 어떤 문서에 있는지, 문서 안 어디에 존재하는지를 나타내는 인덱스입니다.

그림 12-8 전치 인덱싱

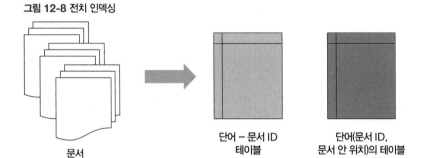

저장해둘 정보는 단어와 해당 단어를 포함한 문서, 문서 안 위치의 키-값 쌍이므로 KVS에서도 관계형 데이터베이스 관리 시스템에서도 사용할 수 있습니다. 문장을 단어와 일정한 길이의 문자열로 분리할 때는 토크나이저Tokenizer[8]를 이용합니다. 형태소 분석, n-gram, 공백과 구두점 등 구분 문자 나누기 등에 이용합니다.

웨이블릿 행렬

텍스트 검색이나 배열 요소 탐색에서 효율성과 속도가 좋은 데이터 구조로 웨이블릿 행렬이 있습니다. 웨이블릿 변환과는 다른 개념으로 데이터를 그룹 2개로 나눈 이진 트리를 구축합니다.

----

8 「7.8. Tokenizer」(http://groonga.org/docs/reference/tokenizers.html)

구체적으로 살펴보면 값 배열을 어떤 수보다 크면 1, 어떤 수보다 작으면 0으로 해서 2개로 나누고, 2개로 나눠진 각 배열 안에서 다시 배열을 2개로 나누는 작업을 반복하는 것입니다.

이렇게 해서 완성한 이진 트리는 0과 1만의 열로 구성되므로 2진수나 텍스트로 다룰 수 있습니다. 이렇게 분리한 상태의 값을 행렬 형태로 나타낸 것을 웨이블릿 행렬이라고 합니다.

그림 12-9 웨이블릿 트리와 웨이블릿 행렬[9]

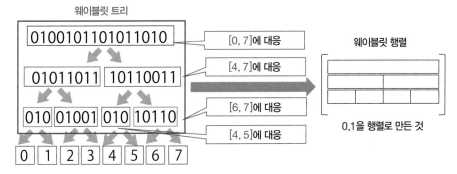

웨이블릿 트리[10]와 웨이블릿 행렬[11]은 인덱스 구축뿐만 아니라 그래프 네트워크 분석에도 사용할 수 있는 등 응용 범위가 넓습니다.

버로우즈-휠러 변환

텍스트 문서에 있는 효율적인 문자열 검색 방법으로 버로우즈-휠러 변환Burrows Wheeler Transform, BWT[12]과 FM-Index[13]를 사용하는 방법도 있습니다.

---

9 출처: 「웨이블릿 트리의 세계」(http://www.slideshare.net/pfi/ss-15916040), 26페이지

10 「웨이블릿 트리의 세계」(https://research.preferred.jp/2013/01/wavelettree_world/, 구글 번역 링크 https://goo.gl/1zN422)

11 「중학생도 알 수 있는 웨이블릿 행렬」(http://d.hatena.ne.jp/takeda25/20130303/1362301095, 구글 번역 링크 https://goo.gl/AvXu8d)

12 역자주_ https://ko.wikipedia.org/wiki/버로우즈-휠러_변환

13 역자주_ https://en.wikipedia.org/wiki/FM-index

버로우즈-휠러 변환은 단순히 문자열을 한 문자씩 비끼게 해 새로운 문자열을 만들고 생성한 모든 문자열을 정렬합니다. 이때 정렬 전 문자열의 정렬 후 순서를 기억해두고, 끝단의 문자를 정렬한 후 순서대로 늘어 놓은 문자열을 출력합니다. 위키백과의 예에서 caraab는 abraca가 됩니다.

원래 문자열 복원도 기계로 할 수 있습니다. 변환 후에는 닮은 문자가 연속하는 형태이므로 압축 전처리로도 이용하며 bzip2 명령으로 구현합니다. 단, 간단한 변환도 변환 전 텍스트의 몇 배가 되는 메모리 용량이 필요하므로 사용하는 메모리의 효율화 알고리즘을 이용해야 합니다.

버로우즈-휠러 변환 후의 문자열을 검색할 때는 변환 전 문자열에는 끝단을 나타내는 기호를 넣을 수 있습니다.

FM-Index는 고속으로 문자열을 검색할 수 있다는 장점이 있습니다. 특히 DNA 서열 등 사용하는 문자의 종류가 적은 텍스트 문서는 같은 문자열이 계속 나타나므로 검색의 효율성을 향상시키기 쉽습니다. 예를 들어 사람의 게놈은 1염기 1문자로 설정해 3GB의 크기로 표현할 수 있는데 버로우즈-휠러 변환으로 구한 인덱스를 기반으로 FM-Index를 이용해 검색한 결과가 완전히 일치하면 특정 염기 서열을 순간적으로 정의할 수 있습니다.

또한 모호한 검색 결과의 페널티를 조정할 수 있도록 한 프로그램으로 Burrows-Wheeler Aligner가 있습니다.

NOTE_ 버로우즈-휠러 변환

버로우즈-휠러 변환과 FM-Index의 더 자세한 내용은 다음 웹 페이지를 참고하기 바랍니다.

- 「고양이도 이해할 수 있는 전체 텍스트 검색」(http://qiita.com/erukiti/items/f11f448d3f4d73fbc1f9, 구글 번역 링크 https://goo.gl/f6lvgO)
- 「웨이블릿 행렬과 FM-index로 전체 텍스트 검색하기」(http://kujira16.hateblo.jp/entry/2015/02/06/210630, 구글 번역 링크 https://goo.gl/ygTb7M)
- 「wat-array로 FM-Index를 만들기」(http://d.hatena.ne.jp/echizen_tm/20110102/1293996904, 구글 번역 링크 https://goo.gl/l2jMKw)

O3 의미 네트워크와 시맨틱 웹

의미 네트워크와 시맨틱 웹을 설명합니다.

Point
- 의미 네트워크
- 온톨로지
- 링크드 데이터
- RDF
- SPARQL

의미 네트워크

기계가 자연어를 이해하는 것은 인공지능을 만들어내는 데 중요합니다. 그러나 말의 의미를 정확하게 파악한다는 것은 사람조차도 상대적인 연관성을 파악하면서 이해하는 과정입니다.

말을 기호로 파악할 때 "어떤 의미로 이해시킬 것인가?" 때문에 기계에 발생하는 문제를 기호 접지 문제[Symbol grounding problem][14]라고 합니다. 이러한 문제를 해결하려고 만든 것이 의미 네트워크입니다.

그림 12-10 의미 네트워크

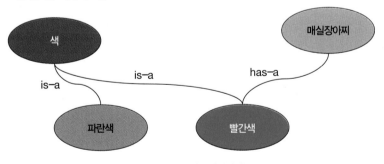

is-a는 개념의 포함 관계를 나타내며,
has-a는 속성/상태를 나타냅니다

----

14 역자주_ https://en.wikipedia.org/wiki/Symbol_grounding_problem

의미 네트워크는 개념을 노드로 나타내며 개념과 개념 사이의 의미 관계는 유향 그래프 또는 무향 그래프의 변으로 나타냅니다.

is-a는 개념의 포함 관계를 나타내고 has-a는 속성/상태를 나타냅니다. A is-a B는 개념 A가 상위 개념 B의 하위 개념이라는 의미, 즉 "A는 B의 일종이다"라는 뜻입니다. A has-a B는 "A가 B라는 상태다"라는 뜻입니다.

온톨로지

1970년대 중반부터 기계가 자율로 개념을 얻는 데 필요한 체계, 즉 "온톨로지를 구축하자"라는 요구가 커집니다. 온톨로지는 의미 네트워크에 메타 데이터를 더하는 데이터 작성 방법입니다. 도메인[15] 별로 구성하며 개체(인스턴스), 개념(클래스), 속성, 관계를 설명합니다.

분자 생물학의 유전자 발견 연구에서 10년 이상 전부터 이용 중이며 연구 결과에 기반을 둔 유전자 온톨로지Gene Ontology (http://geneontology.org/)가 있습니다.

그림 12-11 Gene Ontology[16]

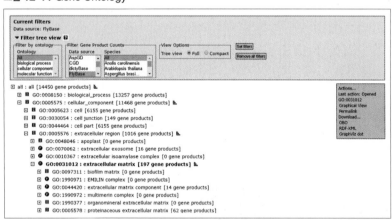

---

15 어떤 개념이 속하는 특정 영역을 의미합니다. 예를 들어 특정 업무에 필요한 지식과 경험을 도메인 지식이라고 합니다.

16 http://amigo1.geneontology.org/cgi-bin/amigo/browse.cgi

생물정보학 영역에서는 유전자 기능 분석과 유사도 분석 등을 위해 생물학적 프로세스(biological_process), 세포의 구성 요소(cellular_component), 분자 기능(molecular_function)이라는 도메인 3개로 나눈 온톨로지를 구축해 유전자를 각각의 도메인으로 분류합니다.

2000년대 후반 온톨로지는 감정이나 색상 등 더 자연어에 가까운 다양한 정보를 표현하는 모델로도 이용 중입니다. 즉, 기계가 말과 개념을 연결하는 데 활용합니다. 이러한 온톨로지 구축은 사람에 따라, 업계에 따라, 분야나 상황에 따라 다를 수 있는 말의 개념을 공유하고 일반화하려는 작업입니다.

미래에 온톨로지를 더 많이 활용하려면 온톨로지를 통합으로 처리하는 거대한 온톨로지 저장소를 구축한 후 저장소를 열린 상태로 만드는 것이 중요합니다. 현재는 사람이 주로 이용하는 온톨로지지만 앞으로는 기계를 이용해 동적으로 탐색시키는 것도 가능할 것입니다.

링크드 데이터

웹에서 단어 1개를 검색했을 때 비슷한 의미의 단어를 파악해 검색 결과를 함께 보여줄 때가 있습니다. 이러한 정보 검색 결과처럼 의미 관계를 기계가 자동으로 처리해 의미론적인 웹을 구축하는 기술을 '시맨틱 웹'이라고 합니다.

2000년대 이후 시맨틱 웹 영역에서는 HTML 태그 첨부 등을 통해 웹 페이지, 사이트, 문서 사이의 연결 관계를 데이터베이스화하는 흐름이 지속되었습니다. 덕분에 사람이 검색한 결과의 품질이 향상되었습니다. 이 과정 속에서 SEO^Search Engine Optimization와 OGP^Open Graph Protocol라는 검색 엔진 최적화 기술이 나왔습니다. 또한 "기계가 데이터를 읽고 해석하고 공유한다"라는 방법과 기술로 나타내는 데이터를 링크드 데이터^Linked Data라고 합니다.

SEO로 방대한 메타 데이터를 붙일 수 있음에도 데이터 자체와 개념을 연결하는 링크드 데이터는 눈에 띄는 발전이 없었습니다. 하지만 2010년대 이후 오픈 데이터를 이용한 LOD^Linked Open Data 구축을 추진[17]하고 있습니다. 한국도 LOD 구축이 활발해지는 추세입니다.[18]

---

17 「생명 과학 분야의 Linked Open Data 활용 예」(http://www.slideshare.net/lodjapan/linked-open-data-9857870)
18 역자주_ http://lod.seoul.go.kr/home/guide/Easy_Guide_about_LinkedOpenData.pdf

RDF

RDF[Resource Description Framework][19]는 웹 상에 있는 개별 자원의 메타 데이터를 기술하는 규격입니다. 시맨틱 웹을 실현하는 데 기술적으로 중요한 구성 요소의 하나입니다. RDF를 응용한 것으로는 RSS[RDF Site Summary]가 있으며, RDF를 확장한 것으로는 웹 상에 존재하는 온톨로지를 교환하는 데이터 기술 언어인 웹 온톨로지 언어[Web Ontology Language, OWL][20]가 있습니다.

RDF는 트리플이라는 구조로 되어 있습니다.

그림 12-12 트리플[21]

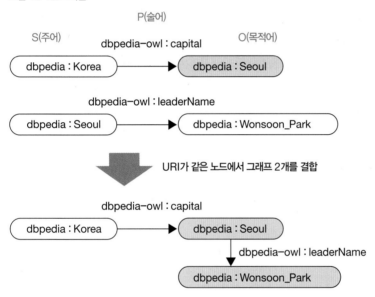

트리플은 주어(S), 술어(P), 목적어(O) 3개로 구성하며 각각 URI, 리터럴, 공백 노드 중 하나로 되어 있습니다. 예를 들어 URI는 〈 〉로, 리터럴은 " "로 둘러싸는 것으로 약속을 정해 구별합니다. SPO의 순서로 트리플이 여러 번 연속해서 나타나면 어느 것이 주어인지 알 수 없습니다(SPO의 O가 다른 트리플의 S가 될 수도 있습니다). 따라서 SPO의 마지막을 마침표(.)로 구별해서 트리플을 나타냅니다. 이들이 묶이면 링크드 데이터가 만들어집니다.

----

19 역자주_ https://ko.wikipedia.org/wiki/RDF

20 역자주_ http://www.w3c.or.kr/Translation/REC-owl-features-20040210/

21 출처: "Linked Open Data란"(http://www.slideshare.net/lodjapan/lod-14067254)

코드 12-3 트리플 구문

```
<http://dbpedia.org/resource/Korea> <http://dbpedia.org/ontology/capital> <http://
dbpedia.org/resource/Seoul> .
```

[코드 12-3]은 N-Triples이라고 합니다. N-Triples로 구성한 노드가 33.8℃와 같은 숫자 단위라면 33.8과 ℃라는 공백 노드가 생기지만, 그때 공백 노드 ID는 앞부분에 _ :를 입력해서 임의의 이름([코드 12-5] 예에서는 _ : degree)을 넣어줄 수 있습니다.

코드 12-4 N-Triples 구문의 예

```
<http://example.org/seoul/survey/temperature/A00101> <http://example.org/seoul/terms/기온>
_:degree .
_:degree <http://www.w3.org/1999/02/22-rdf-syntax-ns#value>"33.8" .
_:degree <http://example.org/seoul/terms/unit> <http://example.org/seoul/terms/degree> .
```

코드 12-5 Turtle 구문의 예

```
@base <http://example.org/seoul/survey/temperature/> .
@prefix rdf: <http://www.w3.org/1999/02/22-rdf-syntax-ns#> .
@prefix ex: <http://example.org/seoul/terms/> .
<A00101> ex:기온 _:degree .
_:degree rdf:value "33.8" .
_:degree ex:unit ex:degree .
```

RDF 데이터는 RDBMS와 다음에 설명하는 SPARQL 해석 서버 등에 저장할 수 있습니다.

NOTE_ 오라클 데이터베이스의 RDF 지원

오라클 데이터베이스의 RDF 지원 내용은 다음 웹 페이지를 참고하기 바랍니다.

- 「표준 기술로 운용할 수 있는 'RDF Semantic Graph'의 능력은?」(http://www.oracle.co.jp/campaign/cloudworld/report/read/S1-604.html, 구글 번역 링크 https://goo.gl/HCNSyi)
- 「Spatial and Graph RDF Semantic Graph Developer's Guide」(https://docs.oracle.com/database/121/RDFRM/toc.htm)
- 「RDF Support in Oracle」(https://goo.gl/XpjmtB)

SPARQL

RDF로 작성한 정보를 검색하거나 추가 · 업데이트 등을 할 때는 SPARQL^{SPARQL Protocol and RDF Query Language}[22]이라는 쿼리 언어를 사용합니다. HTTP를 통한 질의를 할 수 있고 SPARQL 엔드포인트라는 URL에 매개변수로 쿼리를 추가해 요청을 전송하면 XML이나 JSON 형식으로 결과를 얻을 수 있습니다.

SPARQL의 쿼리와 응답의 예(https://www.w3.org/TR/sparql11-protocol)는 [코드 12-6]~[코드 12-8]입니다.

코드 12-6 쿼리

```
PREFIX dc: <http://purl.org/dc/elements/1.1/>
SELECT ?book ?who
WHERE { ?book dc:creator ?who }
```

코드 12-7 요청

```
GET /sparql/?query=PREFIX%20dc%3A%20%3Chttp%3A%2F%2Fpurl.org%2Fdc%2Felements%2F1.1%2F%3E%20
%0ASELECT%20%3Fbook%20%3Fwho%20%0AWHERE%20%7B%20%3Fbook%20dc%3Acreator%20%3Fwho%20%7D%0AHTTP/1.1
Host: www.example
User-agent: my-sparql-client/0.1
```

코드 12-8 응답

```
HTTP/1.1 200 OK
Date: Fri, 06 May 2005 20:55:12 GMT
Server: Apache/1.3.29 (Unix) PHP/4.3.4 DAV/1.0.3
Connection: close
Content-Type: application/sparql-results+xml

<?xml version="1.0"?>
<sparql xmlns="http://www.w3.org/2005/sparql-results#">
```

---

22 역자주_ https://en.wikipedia.org/wiki/SPARQL

```
<head>
  <variable name="book"/>
  <variable name="who"/>
</head>
<results>
  <result>
    <binding name="book"><uri>http://www.example/book/book5</uri></binding>
    <binding name="who"><bnode>r29392923r2922</bnode></binding>
  </result>
  ...
</sparql>
```

SPARQL 엔드 포인트를 구축하는 서버 소프트웨어는 아파치 Jena Fuseki와 Sesame, Virtuoso 등의 프로그램이 있습니다. RDF를 공식적으로 지원하는 오라클 데이터베이스에서도 아파치 Jena Fuseki과의 연동을 지원합니다.

표 12-2 SPARQL 엔드 포인트를 구축하는 서버 소프트웨어

서버 소프트웨어	URL
아파치 Jena Fuseki	https://jena.apache.org/documentation/fuseki2/
RDF4J	http://rdf4j.org/
Virtuoso	http://virtuoso.openlinksw.com/
RDF Semantic Graph support for Apache Jena	https://docs.oracle.com/database/122/RDFRM/rdf-suipport-for-apache-jena.htm#RDFRM234

## CHAPTER 13

분산 컴퓨팅

머신러닝과 딥러닝을 이용한 데이터 분석은 대량의 데이터를 다룰뿐만 아니라 처리 속도가 높아야 하므로 기기의 하드웨어 스펙도 높은 성능을 보유해야 합니다. 물론 개인 데스크톱과 GPU를 탑재한 확장 보드만 사용해 머신러닝과 딥러닝을 경험할 수는 있지만 인공지능 연구에는 대규모의 분산 처리 도구가 필요합니다. 13장은 분산 컴퓨팅 환경과 머신러닝 및 딥러닝에 사용하는 컴퓨팅 플랫폼을 설명합니다.

01 분산 컴퓨팅과 병렬 컴퓨팅

분산 컴퓨팅과 병렬 컴퓨팅을 설명합니다.

Point
- 분산 컴퓨팅
- 병렬 컴퓨팅

전자 계산기가 등장한 초기부터 오랜 시간이 걸리는 컴퓨팅 처리나 규모가 큰 계산을 어떻게 하면 빨리 끝낼 수 있을까를 고민해왔습니다. 이 고민에서 고안한 컴퓨팅 방법으로 분산 컴퓨팅과 병렬 컴퓨팅이 있습니다. 기본적으로 많은 컴퓨팅 자원이 있어야 하므로 대규모 계산기 시스템 또는 대형 계산기 시스템[1]이라고도 합니다.

분산 처리 방법은 많은 컴퓨터를 네트워크로 연결하는 방법부터 1개의 PC 안에서 병렬 처리하는 것까지 다양한 종류가 있습니다.

그림 13-1 분산 컴퓨팅의 종류와 아키텍처

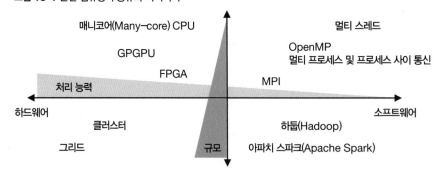

---

1 20세기 후반에 등장했던 '대형 계산기'의 연산 처리 능력은 오늘날 데스크톱 PC의 크기로도 구현할 수 있으므로 '대형'이라고 말할 수 없습니다. 하지만 호칭은 여전히 남아 있습니다.

O2 분산 컴퓨팅 하드웨어 환경

분산 컴퓨팅을 위한 하드웨어 환경을 설명합니다.

Point
- 그리드 컴퓨팅
- GPGPU
- 매니코어(Many-core) CPU
- FPGA

그리드 컴퓨팅

국가나 대학 등의 연구 기관에는 컴퓨터 다수를 서로 연결해서 계산 처리를 분산하는 슈퍼컴퓨터가 있습니다. 슈퍼컴퓨터에는 노드 1개에 1개 이상의 CPU가 있으며 100~80,000개 이상의 노드로 구성되어 있습니다. 또한 노드마다 RAM이 탑재된 것도 있고 모든 노드에서 RAM을 공유하는 유형도 있습니다. 스토리지는 모든 노드에서 접근할 수 있어야 하므로 러스터 파일 시스템Lustre Filesystem[2] 등의 공유 스토리지 시스템을 사용할 때가 많습니다.

이러한 슈퍼컴퓨터처럼 여러 노드를 구성해 계산을 처리하는 분산 컴퓨팅 개념이 여기서 다룰 그리드 컴퓨팅grid computing[3]입니다. 그리드를 구성하는 노드는 고속 통신할 수 있어야 하며 장애에 강해야 합니다. 따라서 LAN이 아니라 인피니밴드Infiniband[4]로 연결할 때가 많습니다.

또한 컴퓨터 다수가 서로 통신하면서 계산 처리를 하는 컴퓨터 집합을 컴퓨터 클러스터computer cluster[5]라고 하며 컴퓨터 클러스터를 이용해 대규모 계산량이 필요한 고도의 처리를 고성능 컴퓨

---

2 메타 정보 MDT(MetaData Target)를 저장하는 MDS(MetaData Server)와 데이터의 내용인 OST(Object Storage Target)를 저장하는 OSS(Object Storage Server)로 구성되어 있습니다. RAID 등의 기술로 중복 데이터를 갖도록 연결해 대용량 스토리지를 구축합니다(https://ko.wikipedia.org/wiki/러스터_(파일_시스템)).

3 역자주_ https://ko.wikipedia.org/wiki/그리드_컴퓨팅

4 역자주_ https://ko.wikipedia.org/wiki/인피니밴드

5 역자주_ https://ko.wikipedia.org/wiki/컴퓨터_클러스터

팅High Performance Computing, HPC**6**이라고 합니다. 참고로 컴퓨터 클러스터 개념 안에서 그리드 컴퓨팅
은 여러 클러스터를 공통 기반으로 두고 사용하는 미들웨어에 해당합니다.

그림 13-2 그리드 컴퓨팅**7**

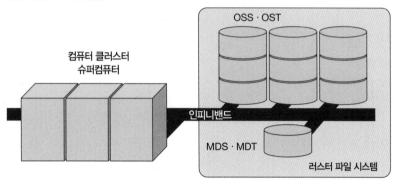

컴퓨터 클러스터와 그리드 컴퓨팅은 거의 같은 개념이지만 노드를 구성하는 방식에 차이가 있
습니다. 그리드 컴퓨팅을 구성하는 노드는 될 수 있으면 같은 사양으로 구성하는 노드 1대당
성능을 향상(스케일 업)시키는 데 목적을 둡니다. 따라서 성능을 향상시킬 때는 노드 모두의
하드웨어 스펙을 높이거나 같은 OS로 구성할 필요가 있습니다.

하지만 컴퓨터 클러스터를 구성하는 노드는 노드 수 자체를 증가시킴으로써 성능 향상(스케일
아웃)을 도모합니다. 따라서 컴퓨터 클러스터를 구성하는 노드는 같은 하드웨어나 OS로 구성
할 필요가 없다는 차이가 있습니다.**8**

지금까지 소개한 그리드 컴퓨팅 및 컴퓨터 클러스터 구성 기술은 가상화 기술의 발전과 함께
클라우드 컴퓨팅이라는 개념으로 정립되었습니다. 현재 AWSAmazon Web Services, GCPGoogle Cloud
Platform, 마이크로소프트 애저Microsoft Azure 등의 PaaSPlatform as a Service와 IaaSInfrastructure as a Service를 이
용해 컴퓨팅 플랫폼을 구성합니다.

---

6 역자주_ https://ko.wikipedia.org/wiki/고성능_컴퓨팅
7 출처: Lustre 파일 시스템의 개요 및 도입 절차(https://www.hpc-sol.co.jp/support/review/20130402_lustre_howto_install.
html)
8 컴퓨터 클러스터를 구성하는 노드의 예로는 외계 지적 생명체를 탐사하는 프로젝트인 'SETI@home'가 있습니다. 자신의 PC에 분석 프
로그램을 설치하면 일반 사용자도 분산 컴퓨팅에 참여할 수 있습니다.

GPGPU

CPU는 다른 칩(집적 회로)과 데이터를 교환하거나 시스템 전체를 제어하는 등 연산 처리 외에도 다양한 역할이 있습니다. 그래서 CPU 단독으로 감당할 수 없는 연산 처리는 보조 프로세서라는 독립된 연산 처리 장치에 맡깁니다(과거에는 수치 연산을 수행하려고 부동 소수점 연산 처리 장치Floating Point Unit, FPU라는 보조 프로세서를 사용하는 때도 있었습니다). 하지만 LSI의 집적도가 높아지면서 보조 프로세서는 CPU 내부에 포함하는 형태로 발전합니다.

한편 이미지를 전문으로 처리하는 보조 프로세서는 보통 3D 렌더링, CAD, 동영상 편집 등이 필요한 사용자를 제외하면 고속 처리를 필요로 하지 않았습니다. 그런데 2000년대 들어서면서 텍스처 처리가 필요한 2D 이미지나 3D 이미지 데이터를 고속 처리할 필요가 생깁니다. 따라서 그래픽 가속기의 중심인 화상 처리 장치Graphics Processing Unit, GPU의 성능을 중요하게 여기기 시작합니다.

그림 13-3 GPU

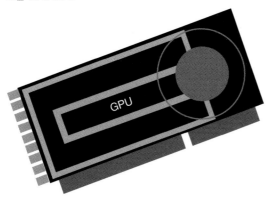

이 와중에 GPU는 다른 용도로도 발전하기 시작합니다. CPU는 보통 단독으로 여러 가지 연산 처리에 대응해야 하며 코어를 늘리는 방식으로 성능을 높이므로 집적 회로의 개발 비용이 높습니다. 그런데 GPU는 이미지 연산 처리에 특화되어 있으므로 행렬 연산 같은 단순한 계산에 장점이 있으며, CPU와 비교했을 때 상대적으로 개발 비용이 저렴합니다. 또한 GPU를 1,000 혹은 2,000개 단위로 묶어 병렬 처리를 할 수 있고 GPU 전용으로 사용할 수 있는 별도의 메모리(VRAM)도 있습니다.

전 세계적으로 유명한 GPU 제조사인 NVIDIA는 DirectX에 대응하는 칩을 제조하던 중 방금 소개한 GPU의 장점을 깨닫습니다. 그래서 GPU 기반의 연산 성능 플랫폼 개발에 눈을 돌리기 시작합니다. 그 결과 2006년 CUDA^{Compute Unified Device Architecture}라는 통합 개발 환경을 발표합니다. 이를 통해 C나 포트란^{Fortran} 등의 프로그래밍 언어로 GPU를 사용할 수 있는 GPGPU^{General-purpose computing on GPU} 기반의 범용 계산 시대가 막을 열게 되었습니다.

> **NOTE_ DirectX**
>
> 윈도우 개발 초창기에는 GDI(Graphics Device Interface)만 제공했으므로 이미지를 나타낼 때의 오버헤드가 큰 편이었습니다. 따라서 게임에서 빠르게 이미지 렌더링을 계속하려면 비디오 카드의 메모리에 직접 접근할 필요가 있었습니다. 그래서 GDI를 거치지 않고 직접 하드웨어에 접근해 고속 렌더링을 지원하는 DirectX(특히 DirectDraw와 Direct3D)를 개발해 배포했습니다. OpenGL도 DirectX 같은 라이브러리입니다.

이러한 변화를 가볍게 여길 인공지능 연구자들이 아닙니다. 현재 CUDA를 머신러닝과 딥러닝을 이용한 이미지 인식이나 음성 인식의 연산 처리 보드 역할로 활용하려는 시도가 진행되고 있습니다.

매니코어 CPU

앞에서 특정 연산의 처리 성능을 높일 수 있다는 GPU의 장점을 소개했습니다. 그런데 머신러닝이나 딥러닝 프로그램의 종합적인 성능을 고려(연산 결과를 다른 하드웨어 장치와 주고 받는 등)하면 여전히 CPU 성능은 중요한 요소입니다.

2010년대 일반인 대상의 CPU는 8코어가 주류지만 고성능 서버에는 12코어 또는 16코어 CPU를 이용합니다. 또한 수백 개의 코어를 가진 CPU도 있는데 이를 매니코어^{Many-core} CPU라고 합니다. 머신러닝과 딥러닝 프로그램은 이 매니코어 CPU를 활용할 때가 많습니다.

매니코어 CPU로는 PEZY 컴퓨팅이 개발한 1024코어의 CPU가 유명합니다.

그림 13-4 PEZY-SC 매니코어 프로세서(2014)[9]

2015년부터 고에너지 가속기 연구 기구의 슈퍼컴퓨터인 Suiren, Suiren Blue 등이 PEZY 컴퓨팅의 1024코어 CPU를 사용해 동작하고 있습니다.

그림 13-5 'Suiren'의 4개 침수 탱크(왼쪽)와 'Suiren Blue'의 전면/측면(오른쪽)[10]

---

9 출처: 「PEZY-SC 매니코어 프로세서」(2014, http://www.pezy.co.jp/products/pezy-sc.html, 구글 번역 링크 https://goo.gl/oYbrly)

10 출처: 「KEK 소형 슈퍼컴퓨터 'Suiren Blue'와 'Suiren'이 슈퍼컴퓨터 소비 전력 성능 순위 'Green500'에서 각각 세계 2위, 3위를 차지」(https://www.kek.jp/ja/NewsRoom/Release/20150805090000/, ⓒ 고에너지 가속기 연구 기구, 구글 번역 링크 https://goo.gl/EDUtgL)

FPGA

고속 처리를 할 때는 소프트웨어 고속화를 염두에 두는 것보다 하드웨어 설계 시점에서 고속화를 염두에 두는 편이 효과가 높습니다. 그런데 내가 원하는 고속 처리에 특화된 LSI나 회로는 재사용성이 낮습니다. 물론 정말 중요한 연구라면 1회 사용하는 하드웨어를 설계해도 의미가 있지만 앞으로 머신러닝과 딥러닝 연구가 활발해질 것을 고려하면 굉장한 비효율입니다.

이럴 때는 전용 개발 환경을 이용해 회로를 자유롭게 고칠 수 있는 FPGA[Field-Programmable Gate Array][11]를 이용합니다. FPGA는 다음과 같은 장점이 있습니다.

- 스트리밍 데이터를 고속으로 처리하므로 비디오 압축과 변환 등 실시간 데이터 처리가 필요할 때 이용합니다.
- 전용 LSI와 비교했을 때 속도나 회로 집적도는 낮지만 하드웨어와 소프트웨어 모두에 대응한다는 편의성이 있으므로 프로토타입 구축 등에 많이 사용합니다.
- GPU 등과 비교했을 때 소비 전력이 작으므로 부동 소수점 연산까지 정밀도를 요구하지 않는 연산 처리에 유용합니다.

즉, FPGA는 CPU나 GPU가 필요한 고속 처리의 소형화, 저전력화 설계를 위한 첫걸음으로 활용합니다.

예를 들어 마이크로소프트는 FPGA를 대규모로 병렬화해 특징량 추출과 머신러닝을 실행하는 서버를 구축해 검색 엔진 Bing에 이용합니다.[12] 또한 대학 기관에서는 합성곱 신경망과 순환 신경망을 이용한 이미지 패턴 인식 등에 FPGA를 활용합니다.

자일링스[Xilinx]의 Virtex-5 SX240T라는 FPGA에서 실행한 합성곱 신경망은 NVIDIA Tesla C870이라는 GPGPU 플랫폼에서 실행한 합성곱 신경망보다 1.4배 성능이 높다는 보고가 있습니다. 또한 자일링스 Zynq에 병렬 컴퓨팅 기반으로 합성곱 신경망 회로를 연결했을 때 전력 성능에서 GPU나 CPU의 약 10배였다는 결과도 보고되었습니다.

---

11 역자주_ https://ko.wikipedia.org/wiki/FPGA
12 「마이크로소프트는 어떻게 FPGA로 Bing을 구현했는가?」(http://qiita.com/kazunori279/items/6f517648e8a408254a50)

03 분산 컴퓨팅 소프트웨어 환경

분산 컴퓨팅을 위한 소프트웨어 환경을 설명합니다.

Point
- 멀티 프로세스
- 아파치 하둡과 맵리듀스
  (Apache Hadoop & MapReduce)
- HDFS
- 맵리듀스(MapReduce)
- YARN
- 아파치 스파크(Apache Spark)
- RDD

멀티 프로세스

처음 컴퓨터가 등장했을 때는 하나의 프로그램이 실행될 때 보통 하나의 프로세스를 생성했습니다. 이때 할당한 메모리 공간은 다른 프로세스로부터 보호하므로 통상적으로는 접근할 수 없었습니다. 이후 OS가 발전하면서 여러 개의 프로세스를 동시에 처리하는 멀티태스킹 기능을 도입했습니다.

멀티태스킹은 프로세스마다 처리해야 할 역할이나 데이터를 나눠서 데이터 처리를 효율화하려는 목적이 있습니다. 그러므로 프로세스 각각은 서로 메시지를 보내 정보를 교환합니다.

멀티태스킹 기능이 원활하게 동작하려면 프로세스를 구분해야 합니다. 보통 최초에 실행한 프로세스를 부모 프로세스라고 하고 부모 프로세스가 생성한 프로세스를 자식 프로세스(또는 서브 프로세스)라고 구분합니다. 이렇게 프로세스를 구분하면 자식 프로세스의 처리가 끝날 때까지 부모 프로세스는 처리를 중단하고 기다릴 수 있습니다.

또한 여러 자식 프로세스에 처리를 나눈 후 부모 프로세스가 자식 프로세스들의 처리 결과를 취합할 수 있습니다.

그림 13-6 멀티 프로세스

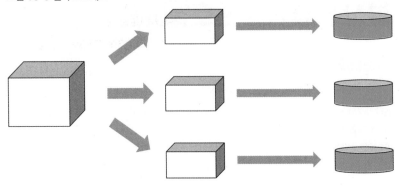

부모 프로세스는 큰 데이터를 나눠 자식 프로세스에게 데이터를 처리하게 합니다

여러 개 CPU에서 프로세스를 병렬 처리하는 표준 규격으로 MPI^Message Passing Interface가 있습니다. MPI는 C와 포트란 77용 라이브러리로 구현되어 있으며 소켓 통신도 할 수 있습니다. 따라서 컴퓨터 하나 안의 멀티 프로세스 환경과 컴퓨터 클러스터로 구성한 노드 사이의 병렬 처리에도 사용할 수 있습니다.

멀티 스레드

하나의 프로세스는 보통 하나의 스레드(메인 스레드)가 메모리 공간이나 처리 시간을 점유합니다. 그런데 여러 개 프로세스를 이용하는 병렬 처리는 프로세스마다 독립적인 메모리 공간을 할당하므로 메모리 이용 효율이 나쁩니다. 이는 프로그램을 구축할 때 고려해야 할 것이 많다는 의미이므로 문제가 될 수 있습니다.

이 문제를 해결하는 것이 멀티 스레드입니다. 멀티 스레드는 프로세스 안의 메모리 공간을 공유해서 부모 스레드(메인 스레드)가 자식 스레드(서브 스레드)를 생성하고 호출할 수 있습니다. 또한 부모 스레드는 자식 스레드에 있는 데이터를 받아 처리를 계속할 수 있습니다.

그림 13-7 싱글 스레드와 멀티 스레드

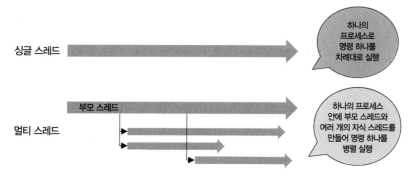

보통 부모 스레드의 처리 시간이 길어 다른 데이터를 입력받을 수 없는 상황을 피하려고 서브 스레드에서 동시에 데이터를 입력받아 처리합니다. 예를 들어 윈도우의 GUI 기반 프로그램은 부모 스레드에서 UI 스레드와 작업자 스레드 등의 자식 스레드를 생성해 호출합니다.

소스 코드를 작성하면서 싱글 스레드 프로그램을 멀티 스레드에 대응하도록 바꾸는 것으로 OpenMP[13]라는 프로그래밍 API가 있습니다. 프로그램에서 호출하는 라이브러리인 MPI와 달리 컴파일러에 직접 명령을 내릴 수 있습니다.

아파치 하둡

아파치 하둡Apache Hadoop은 야후 리서치Yahoo Research의 더그 커팅Doug Cutting이 개발한 대규모 분산 처리 프레임워크입니다. 구글에서 개발한 구글 파일 시스템Google File System과 맵리듀스MapReduce의 개념을 기반으로 둔 클론 소프트웨어로 개발한 것입니다. 현재 아파치 소프트웨어 재단에서 관리하는 오픈 소스 프로젝트입니다.

원래는 전문 검색 엔진 오픈 소스 프로젝트 루씬Lucene의 관련 프로젝트인 너치Nutch[14]를 구성하는 기능의 하나였는데 2006년 별도의 독립 프로젝트가 되었습니다.

---

13 역자주_ https://ko.wikipedia.org/wiki/OpenMP
14 웹 크롤러 엔진을 기본으로 둔 웹 검색 시스템입니다.

그림 13-8 하둡의 구성 요소[15]

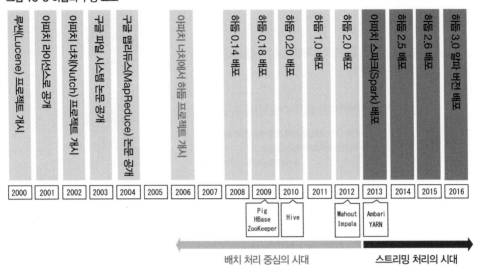

2000	2001	2002	2003	2004	2005	2006	2007	2008	2009	2010	2011	2012	2013	2014	2015	2016

- 루씬(Lucene) 프로젝트 개시 (2000)
- 아파치 라이선스로 공개 (2001)
- 아파치 너치(Nutch) 프로젝트 개시 (2002)
- 구글 파일 시스템 논문 공개 (2003)
- 구글 맵리듀스(MapReduce) 논문 공개 (2004)
- 아파치 너치에서 하둡 프로젝트 개시 (2006)
- 하둡 0.14 배포 (2008)
- 하둡 0.18 배포 (2009)
- 하둡 0.20 배포 (2010)
- 하둡 1.0 배포 (2011)
- 하둡 2.0 배포 (2012)
- 아파치 스파크(Spark) 배포 (2013)
- 하둡 2.5 배포 (2014)
- 하둡 2.6 배포 (2015)
- 하둡 3.0 알파 버전 배포 (2016)

2009: Pig HBase ZooKeeper
2010: Hive
2012: Mahout Impala
2013: Ambari YARN

배치 처리 중심의 시대 ← → 스트리밍 처리의 시대

하둡은 분산 파일 시스템인 HDFS$^{Hadoop\ Distributed\ File\ System}$와 맵리듀스를 핵심으로 하는 다양한 프로그램으로 구성되어 있습니다. 이러한 구성 프로그램을 하둡 에코 시스템이라고 합니다.

그림 13-9 하둡 에코 시스템

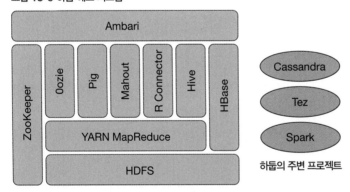

하둡의 주변 프로젝트

---

15 출처: 「Welcome to Apache™ Hadoop®」(http://hadoop.apache.org/)

표 13-1 하둡 에코 시스템

하둡 에코 시스템	설명
우지(Oozie)	워크플로를 작성하고 작업 스케줄을 관리할 수 있습니다.
피그(Pig)	보통 하둡의 처리는 자바 등을 이용해 프로그램을 구축하고 실행합니다. 피그(Pig)는 전용 스크립트를 이용해 하둡이 처리해야 하는 내용을 지시합니다.
머하웃(Mahout)	머신러닝을 실행합니다. 클러스터 분석이나 추천 같은 다양한 알고리즘이 맵리듀스 상에서 작동하도록 프로그램되어 있습니다. 100만 건 이상의 대규모 처리를 할 수 있습니다.
R 커넥터 (R connector)	Oracle R Connector for Hadoop이라고도 합니다. R 인터페이스에서 HDFS와 데이터베이스 시스템 접근할 수 있게 합니다. 맵리듀스 처리를 실행할 수도 있습니다.
하이브(Hive)	NoSQL 데이터베이스 기술입니다. 피그와 비슷하지만 관계형 데이터베이스에 가깝습니다. 페이스북이 개발했습니다.
HBase	하둡에서 사용하는 키-값(Key-value) 저장 방식의 데이터 기반 시스템입니다.
주키퍼 (ZooKeeper)	하둡 클러스터를 구성하는 컴퓨터와 시스템에서 처리하는 프로그램을 관리할 수 있는 프로그램입니다. 클러스터에 스토리지를 늘리려고 컴퓨터를 추가하거나 설정 파일을 업데이트하는 상황을 지원하는 코디네이터 엔진이기도 합니다.
암바리(Ambari)	웹 브라우저를 이용해 하둡 클러스터를 감시하거나 구성을 변경하는 프로그램입니다.
YARN	'Yet-Another-Resource-Negotiator'을 의미합니다. 분산 처리나 애플리케이션 작성을 쉽게 하는 새로운 프레임워크입니다.
카산드라 (Cassandra)	HBase와 같은 키-값 저장 방식의 데이터베이스 시스템입니다.
테즈(Tez)	맵리듀스 병렬 처리(작업)를 비순환 유향 그래프(DAG) 구조나 여러 단계 작업을 접목해 처리하는 구조 등으로 만들어 크고 복잡한 워크플로를 효율적으로 관리할 수 있는 프로그램입니다.
스파크(Spark)	스트리밍 처리에 적합한 인메모리 분산 처리 시스템입니다. 스칼라(Scala)로 구현되어 있으며 하둡보다 더 대규모의 데이터를 처리할 수 있습니다.

하둡의 사용 방법

하둡 사용의 기본은 배치 처리입니다. ETL이라는 시스템에서 데이터 추출Extract, 변환Transform, 다음 처리로 인수 인계, 데이터베이스에 내보내기Load 등 데이터를 전처리합니다. 또한 월별 처리 등의 분석 보고서 작성 및 큰 데이터 세트를 이용해 머하웃Mahout에서 머신러닝을 실시해 그 결과를 출력합니다.

또한 업무 시스템의 데이터 분석 기반, 즉각적인 데이터 분석 기반이 필요하면 클라우드 플랫폼 위에서 클러스터를 구성해 데이터를 분석할 수 있습니다.

NOTE_ 하둡의 사용 방법

하둡의 사용 방법에 대해서는 "하둡의 사용방법 정리(2016년 5월)"에 자세한 내용이 기재되어 있습니다.
- 「하둡의 사용 방법」(2016년 5월, http://qiita.com/shiumachi/items/c3e609cb919a30e2ea05)

2007년경에는 하둡과 HBase를 이용해 일본어 블로그 등에서 유행어를 추정한 후 랭킹 형식으로 표시하는 blogeye라는 서비스가 있었습니다.

블로그 등의 웹 페이지를 크롤링한 후 수집된 데이터를 실시간으로 분석해 저자 속성 및 키워드의 데이터베이스를 업데이트하면서 유행어 데이터베이스를 만듭니다. Amazon EC2/S3상에서 실행했습니다.

NOTE_ blogeye 구현

blogeye의 구현은 "blogeye의 구현 및 Amazon EC2/S3에서 하둡 활용하기"에 자세한 내용이 기재되어 있습니다.
- 「blogeye의 구현 및 Amazon EC2/S3에서 하둡 활용하기」(https://codezine.jp/article/detail/2841)

HDFS

하둡을 구성하는 핵심 요소에는 분산 파일 시스템 HDFS가 있습니다. HDFS는 마스터 노드인 네임 노드[Name Node]와 슬레이브 노드인 데이터 노드[Data Node]로 구성된 클러스터입니다.

그림 13-10 HDFS의 구조

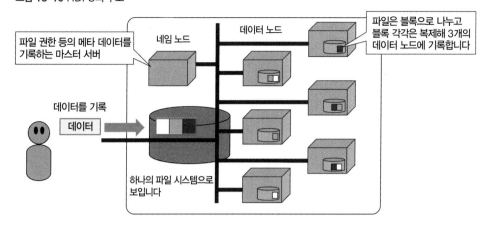

네임 노드에는 파일 이름과 권한 등의 속성을 기록하며 데이터의 실체는 일정한 크기로 나눈 블록 형태로 데이터 노드에 저장합니다. 데이터 노드에 저장할 때는 블록을 복제한 복사본을 각각 다른 노드에 저장합니다(기본 설정은 블록을 3개 복제). 데이터 노드를 구성하는 컴퓨터에 고장 등으로 접근할 수 없더라도 대처할 수 있습니다.

단, HDFS는 크기가 큰 파일을 다룰 때는 효율적이지만 크기가 작은 파일을 다룰 때는 자원을 낭비할 수 있음에 주의해야 합니다.

맵리듀스

맵리듀스는 여러 프로세스가 각각 키-값$^{Key-value}$ 형태로 데이터를 취합하는 맵^{Map} 처리, 집계가 끝난 키-값 형태의 데이터를 통합하는 셔플^{Shuffle} 처리, 맵 처리를 정리하는 리듀스^{Reduce} 처리로 나눠 데이터를 다룹니다.

M개의 프로세스에서 맵 처리를 진행하면 처리 시간은 $1/M$로 단축할 수 있습니다. 또한 N개의 프로세스에서 리듀스 처리를 실행하면 처리 시간을 $1/N$로 단축할 수 있습니다.

그림 13-11 맵리듀스 처리

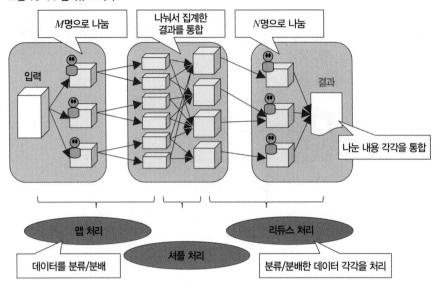

하둡은 마스터 노드인 잡 트래커Job Tracker와 슬레이브 노드인 태스크 트래커Task Tracker로 구성되어 있습니다. 잡 트래커의 프로세스는 다음과 같은 작업을 처리합니다.

- 맵 리듀스 작업 처리와 맵리듀스 작업 관리를 태스크 트래커의 프로세스에 할당합니다.
- 태스크 트래커가 처리를 하는지 확인하고 정지된 처리가 있다면 다른 태스크 트래커에 다시 처리를 하도록 명령합니다.

이를 통해 맵리듀스는 작업 처리에 문제가 생겨도 지속해서 작업 처리를 할 수 있습니다. 즉, 태스크 트래커의 부모 프로세스가 생성하는 자식 프로세스가 처리의 본체를 담당하며 HDFS에도 접근합니다.

YARN

YARNYet-Another-Resource-Negotiator은 하둡의 맵리듀스 처리 부분을 새롭게 만든 하둡 2.0 이상의 자원 관리 플랫폼입니다. 마스터 노드인 리소스 매니저Resource Manager와 슬레이브 노드인 노드 매니저Node Manager로 구성되어 있습니다. 노드 매니저 안에서 가동 중인 애플리케이션 마스터Application Master는 작업 처리 본체며 컨테이너Container를 동작시킵니다.

노드 매니저는 노드의 자원 상황을 감시하며 애플리케이션 마스터가 컨테이너를 동작시킬 때는 리소스 매니저에 빈 노드를 요청해 얻은 후 빈 노드에서 컨테이너를 동작시킵니다.

그림 13-12 YARN

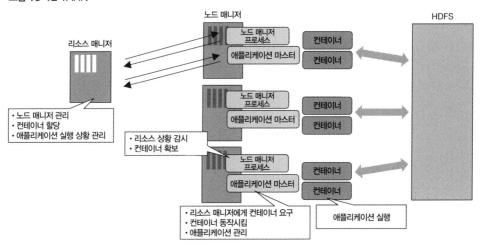

YARN 덕분에 컨테이너는 맵리듀스 처리 이외의 작업을 실행할 수 있게 되었고 이는 아파치 테즈Apache Tez와 아파치 스파크Apache Spark를 개발할 수 있는 기반이 되었습니다.

아파치 스파크

하둡은 원래 배치 처리를 기반에 두는 대규모 데이터 분산 처리 시스템으로 개발했습니다. 그런데 시간이 지날수록 스트리밍 처리나 온라인 머신러닝 등 실시간 데이터를 처리할 수 있게 해달라는 요구가 점점 더 높아졌습니다.

이러한 분위기에서 등장한 하둡 기반 대규모 데이터 분산 처리 시스템이 아파치 스파크(이하 스파크)입니다. 2009년 UC 버클리 대학의 AMPLab에서 개발되기 시작했고 2013년 아파치 재단에 기증했습니다.

스파크는 낮은 지연 시간을 갖는 인라인 메모리에 저장된 데이터에 접근하므로 **빠른** 처리 성능을 낼 수 있습니다. 구현한 프로그래밍 언어는 스칼라이며 자바, 파이선, R 등에서도 이용할 수 있습니다. 또한 스파크 모델을 살펴보면 스파크를 구성하는 핵심 모듈 위에 SQL을 이용해 데이터에 접근하는 스파크 SQL, 스트리밍 처리를 실행하는 스파크 스트림Spark Streaming, 머신러닝을 처리하는 MlLib, 그래프 분석을 처리하는 GraphX 등의 모듈이 구성되어 있습니다.

그림 13-13 아파치 스파크 모델[16]

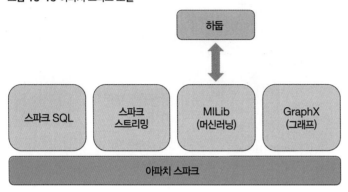

스파크는 하둡의 맵리듀스를 사용하지 않고 YARN 등의 클러스터 관리자를 이용해 분산 처리를 실행합니다. 또한 하둡과 함께 완성된 구성 요소인 HDFS, Amazon S3, 구글 클라우드 스토리지Google Cloud Storage 등 내부와 외부의 다양한 데이터 소스에 쉽게 접근할 수 있어 넓은 범용성을 자랑합니다.

RDD

스파크는 데이터 소스에서 얻은 데이터를 RDDResilient Distributed Dataset라는 하나의 단위로 취급합니다. RDD는 파티션이라고 하는 작은 배열 구조로 분할 처리할 수 있습니다. 또한 RDD에 변환과 액션이라는 작업도 실행할 수 있습니다.

---

16 http://spark.apache.org/

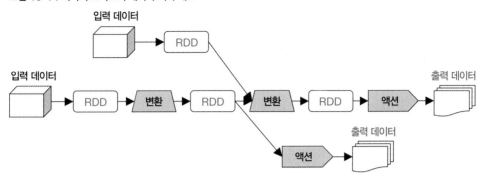

그림 13-14 아파치 스파크의 데이터 처리 개요

'변환'은 RDD에 포함된 배열 요소 처리(맵과 필터 등)를 의미하며 '액션'은 배열을 한 데 모으는 처리(카운트, 콜렉트, 리듀스 등)를 의미합니다.

데이터 조작 전후에 RDD를 영속화하면 변경 불가능immutable 상태가 됩니다. 영속화하면 같은 RDD를 재사용해 작업할 수 있으므로 입력 데이터 새로 고침 등의 쓸데없는 처리를 하지 않아도 됩니다. 이는 고속 처리할 수 있는 기반이 됩니다.

파티션

스파크는 데이터를 '파티션'으로 나눠 분산 처리합니다. 파티션 수는 처리 시간에 영향을 줍니다. 파티션 수가 적으면 셔플 처리할 때 일부 작업자 노드(노드 매니저)에 처리해야 할 작업이 몰려 최악의 경우 처리가 실패할 수도 있습니다. 반대로 파티션 수가 너무 많으면 변환이나 액션 시 오버헤드가 발생할 수 있으므로 파티션 수를 100~10,000개의 범위 안에서 조정할 것을 권합니다.

스파크의 활용 예로는 MlLib를 이용해 쇼핑몰 사이트, 소셜 게임 운영 등 상시로 데이터를 수집하는 머신러닝 서비스, GraphX를 이용한 추천 엔진 개발 등이 있습니다. 개발 과정에서는 하이브Hive를 스파크용으로 고속화한 사례가 있습니다

머신러닝과 딥러닝 개발 환경

머신러닝과 딥러닝 개발에 이용하는 주요 환경을 설명합니다.

Point
- 머신러닝 개발의 주요 환경([그림 13-15] 왼쪽 참고)
- 딥러닝 개발의 주요 환경([그림 13-15] 오른쪽 참고)
- 머신러닝과 딥러닝을 구현하는 프로그래밍 언어

머신러닝과 딥러닝 개발에 이용하는 주요 환경은 [그림 13-15]와 같습니다.

그림 13-15 머신러닝과 딥러닝 개발에 이용하는 주요 환경

머신러닝 개발에 이용하는 주요 환경

구글 클라우드 플랫폼
마이크로소프트 애저 머신러닝
아마존 머신러닝
블루믹스 · IBM 왓슨

딥러닝 개발에 이용하는 주요 환경

카페(Caffe)
테아노(Theano)
체이너(Chainer)
텐서플로(TensorFlow)
MXNet
케라스(Keras)

머신러닝 개발에 이용하는 주요 환경

머신러닝 개발에 이용하는 주요 환경은 다음과 같습니다.

구글 클라우드 플랫폼

구글에서 머신러닝 기반 환경을 제공하기 시작한 것은 구글 예측 API^{Google Prediction API}[17]를 제공하기 시작하면서 입니다. 구글 예측 API는 지도 학습을 할 수 있는 서비스로 지도 학습 데이터를 입력해두고 예측과 분류를 합니다. 이미지 인식을 위한 구글 클라우드 비전 API^{Google Cloud Vision API}, 음성 인식을 위한 구글 스피치 API^{Google Speech API}, 텍스트 처리를 위한 구글 자연어 API^{Google Natural Language API}, 번역을 위한 구글 클라우드 번역 API^{Google Cloud Translate API}를 제공하며 연속량과 불연속량에 관계없이 다양한 데이터를 투입할 수 있는 것이 특징입니다.

스팸 메일의 판정이나 문서 분류 외에도 감정의 판정과 진단, 매출 예측 등에도 사용할 수 있습니다. 현재는 구글 클라우드 머신러닝 플랫폼^{Google Cloud Machine Learning Platform}[18]이라는 별도의 서비스 안에서 클라우드 스토리지와 데이터 플로 등 데이터 분석 기반을 활용해 예측과 분류를 합니다. 서비스 안에서 제공하는 API는 기존 구글 예측 API보다 높은 수준의 API를 제공합니다.

마이크로소프트 애저 머신러닝

구글 예측 API가 서비스를 제공한지 5년이 지난 2015년은 구글의 대규모 데이터 처리 기반인 클라우드 데이터플로를 공식적으로 제공한 해입니다. 또한 마이크로소프트 애저 머신러닝(AzureML), 아마존 머신러닝(AmazonML)을 공개한 해이기도 합니다.

AzureML은 2개의 값 분류, 여러 개의 값 분류(여러 클래스 분류), 회귀분석을 이용한 예측에 대응하며 애저 머신러닝 스튜디오^{Azure Machine Learning Studio}라는 웹 기반 통합 환경에서 데이터를 분석할 수 있습니다.

애저는 일찍부터 사물인터넷 기기에서 얻는 데이터의 분석 결과를 클라우드 상에서 통합 관리하는 데 주력했으며 웹에서 데이터를 이용할 수 있는 기능까지 포함한 서비스를 제공합니다. 이를 통해 RESTful API를 이용한 기기 데이터 얻기와 웹 서비스를 통한 시각화를 할 수 있고 심지어 이 데이터들을 외부 서버에 보내 별도의 다른 서비스를 개발할 수도 있습니다.

----

17 https://cloud.google.com/prediction/docs/
18 https://cloud.google.com/products/machine-learning/

또한 구글 클라우드 비전 API 같은 이미지 인식 엔진과 음성 인식 엔진 등도 제공하며 현재는 인식 서비스Cognitive Services (https://azure.microsoft.com/ko-kr/services/cognitive-services/)에 필요한 다양한 종류의 API를 제공합니다.

아마존 머신러닝

AmazonML (https://aws.amazon.com/ko/machine-learning/)은 AWS와의 친화성이 강점인 머신러닝 환경입니다. S3와 레드시프트RedShift에서 데이터를 읽고 분석할 수 있습니다. 구글 예측 API나 AzureML과 비슷한 분류 및 예측 서비스가 준비되어 있습니다. AWS에서 하둡과 스파크를 사용할 때는 Amazon Elastic MapReduce (https://aws.amazon.com/ko/emr/)를 이용합니다.

IBM 블루믹스

구글 클라우드 플랫폼, AmazonML, AzureML 등과는 약간 취지가 다른 클라우드 플랫폼으로 IBM 블루믹스Bluemix[19]가 있습니다. 블루믹스가 AmazonML 등과 다른 점은 IaaS보다 PaaS 제공에 중점을 둔다는 점입니다. 즉, 솔루션 제공 플랫폼이라는 기반 위에 각종 머신러닝 서비스, 웹 서버 서비스, 데이터베이스 서버 서비스를 부품으로 조합해 시스템을 구축할 수 있습니다. 또한 노드 레드Node-RED (http://nodered.org/)를 시스템 구축 기반으로 사용해서 블루믹스 서비스에서 선택한 부품을 서비스 흐름의 일부분으로 조립할 수 있습니다.

블루믹스와 노드 레드를 이용하면 웹 소켓Web Socket을 사용한 웹 서비스를 손쉽게 만들 수 있으며 사물인터넷 기기를 통한 데이터 처리 흐름을 간단하게 구축할 수 있습니다. 또한 결합 부품으로 IBM 왓슨의 기능을 통합할 수 있으므로 자연어 처리, 응답 서비스, 얼굴을 검출하거나 인식하는 시스템을 만들 수 있습니다.

----

19 https://www.ibm.com/cloud-computing/bluemix/ko, https://www.ibm.com/cloud-computing/bluemix/ko/getting-started

IBM 왓슨

IBM 왓슨[Watson]은 자연어 분류와 대화, 검색과 순위 매기기, 문서 변환, 음성 인식, 음성 합성 등의 고급 기능을 통해 애플리케이션 개발을 지원하는 플랫폼입니다. 방대한 자연어를 포함하는 데이터에서 추론하는 인지 컴퓨팅을 통해 사람의 의사 결정을 지원합니다. 인공지능이 사람을 흉내내는 것을 목표로 한다면 인지 컴퓨팅은 사람이 더 나은 작업을 할 수 있도록 지원한다는 점에서 약간의 차이가 있습니다.

IBM 왓슨은 2011년 미국 인기 퀴즈쇼 '제퍼디!'에서 사람에게 승리[20]했으며 2015년에는 전 세계의 요리 레시피를 학습한 후 새로운 창조적인 레시피를 만들어 내기도 했습니다.[21] 2016년 초에는 소프트뱅크 텔레콤과 공동으로 일본어의 자연어 처리를 지원하고 있습니다. 이를 통해 대량으로 축적한 일본어 문서를 분석에 활용할 수 있습니다.

예를 들어 의료 분야 종사자가 1개월 반 정도 읽어야 할 관련 논문을 왓슨은 20분만에 읽을 수 있습니다. 그 결과 2016년 8월 환자의 임상 정보에서 의사의 판단과 다른 병명과 치료 방안을 제안했습니다. 실제로 왓슨의 의견에 따라 치료 방안을 전환한 결과 효과가 있었던 사례가 발표되었습니다.

즉, IBM 왓슨의 목표는 인공지능을 포함한 머신러닝 시스템과 인지 컴퓨팅을 이용해 대량의 정보를 기억하고 다양한 분야에서 사람에 준하는 최적의 정보를 제공하는 것으로 말할 수 있습니다.

딥러닝 개발에 이용하는 주요 환경

딥러닝을 활용하기 시작하면서 일정한 처리를 모듈화한 소프트웨어가 등장하기 시작했습니다. 소프트웨어 대부분은 오픈 소스로 제공하므로 이용자는 자신이 집중하고 싶은 신경망 구축에만 전념할 수 있습니다.

---

20 역자주_ http://www.bloter.net/archives/49903
21 역자주_ http://www-03.ibm.com/press/kr/ko/pressrelease/47402.wss

카페

카페Caffe**22**는 버클리 비전 & 러닝 센터Berkeley Vision and Learning Center가 중심이 되어 개발하는 딥러 닝 프레임워크입니다. 컴퓨터 비전의 연구에서 파생했으며 합성곱 신경망을 구축하는 데 자주 사용합니다. 파이썬과 MATLAB에서 사용할 수 있습니다.

테아노

테아노Theano**23**는 딥러닝을 위한 파이썬 라이브러리입니다. 이미지 인식 등 특정 처리 용도의 라 이브러리가 아니고 수치 계산 전반을 실행하는 딥러닝 도구라는 성격이 강합니다.

체이너

체이너Chainer**24**는 일본 기업인 프리퍼드 네트워크스Preferred Networks가 제공하는 오픈 소스 딥러닝 프레임워크입니다. 일본어 지원을 받기 쉬운 것이 장점입니다. 파이썬에서 사용할 수 있습니다.

텐서플로

텐서플로TensorFlow**25**는 구글에서 제공하는 딥러닝 라이브러리로 수치 계산 기구를 포함합니다. 바둑 세계 랭킹 상위의 기사를 격파한 알파고AlphaGo도 텐서플로를 이용했습니다.

구글의 영향력 때문에 학계나 업계를 불문하고 전 세계에 많은 이용자가 존재합니다. 튜토리얼 과 다양한 서적이 출판되기 시작했으며 유다 시티Udacity**26** 등의 이러닝 서비스에도 공식 커리큘 럼이 있어 접근성이 좋다고 할 수 있습니다. 파이썬에서 사용할 수 있습니다.

---

22 http://caffe.berkeleyvision.org/

23 http://deeplearning.net/software/theano/

24 http://chainer.org/

25 https://www.tensorflow.org/

26 「TensorFlow와 Udacity의 딥러닝 자율 학습」(https://developers.googleblog.com/2016/01/teach-yourself-deep-learning-with.html)

MXNet

2016년 들어 주목받는 딥러닝 라이브러리로 MXNet[27]이 있습니다. MXNet은 파이썬, C++, R, 줄리아Julia, 자바스크립트에서 사용할 수 있습니다. 또한 다양한 튜토리얼을 제공하므로 시험 삼아 다뤄보기에 매우 편리합니다.

케라스

다양한 종류의 딥러닝 개발 환경이 등장하면서 재현성 확인이나 처리 시간 계산 등을 위해 각각의 개발 환경에서 같은 처리를 해야 할 때가 있습니다. 이때 도움을 주는 것으로 여러 플랫폼의 차이를 흡수할 수 있는 케라스Keras[28] 같은 라이브러리가 있습니다. 2017년 5월 기준 텐서플로와 테아노에 대응하며 자바스크립트 라이브러리인 Keras.js도 있습니다.

머신러닝과 딥러닝 개발을 위한 프로그래밍 언어

체이너와 텐서플로 등의 딥러닝 개발 환경은 파이썬이 중심입니다. 덕분에 2015년부터 파이썬의 수요가 늘고 있습니다. 윈도우 개발의 전성기, 10년 이상 계속된 웹 프로그래밍의 발전, 2000년대 후반 열린 모바일 앱 개발의 시대와 함께 주로 사용했던 프로그래밍 언어는 C++, C#, Java, PHP 등이었습니다. 그 결과 과학 기술 계산에 사용될 때가 많은 파이썬은 그간 주목을 받지 못했습니다.

하지만 딥러닝과 머신러닝을 이용한 인공지능 개발의 인기, 기초 교육용 언어로 인기가 높아지면서 파이썬의 파급력은 급격히 높아지고 있습니다. 따라서 앞으로 습득하면 좋은 언어의 하나이므로 배우기를 권합니다.

---

27 http://mxnet.io/, https://github.com/dmlc/mxnet/tree/master/example#list-of-tutorials
28 https://keras.io/

표 13-2 TIOBE 프로그래밍 언어 인기 순위(2017년 5월)[29]

랭킹	프로그래밍 언어	랭킹	프로그래밍 언어	랭킹	프로그래밍 언어
1	Java	8	Assembly language	15	Objective-C
2	C	9	PHP	16	Go
3	C++	10	Perl	17	MATLAB
4	Python	11	Ruby	18	Delphi/Object Pascal
5	C#	12	Visual Basic	19	PL/SQL
6	Visual Basic .NET	13	Swift	20	Scratch
7	JavaScript	14	R	21	SAS

----

29 출처: 「TIOBE Index」(https://www.tiobe.com/tiobe-index/)

## CHAPTER 14

빅데이터와 사물인터넷의 관계

저렴한 소형 컴퓨터가 등장하면서 특정 용도의 센서 칩을 내장하거나 장착한 사물인터넷 기기를 쉽게 만들 수 있게 되었습니다. 또한 사물인터넷 기기가 수집한 대규모 관측 및 측정 데이터를 저장하는 스토리지 선택과 꼭 필요한 데이터만 저장하는 기술의 연구가 필요한 시점입니다. 이 장에서는 사물인터넷 기기, 뇌과학 연구, 인공지능이 어떤 관계가 있는지를 살펴볼 것입니다.

빅데이터

날이 갈수록 커지는 빅데이터와 이를 저장하는 스토리지를 설명합니다.

Point
- 스토리지 확보
- 오브젝트 스토리지
- 개인정보 보호

스토리지 확보

앞으로 인공지능, 머신러닝, 딥러닝에는 어떤 문제를 해결할 때 빅데이터가 필요합니다. 단순히 데이터를 수집하는 것이라면 종류에 상관없이 데이터를 수집해도 큰 문제가 없습니다. 98쪽 '다중회귀'에서 설명한 다중공선성 문제가 있더라도 데이터를 분석할 때 설명 변수가 많으면 특징량에 반영할 수 있는 정보가 늘기 때문입니다.

실제로 데이터 분석 콘테스트와 딥러닝을 이용한 이미지 인식 등의 학습 과정에는 설명 변수를 새로 만든다던가 노이즈가 있는 데이터를 지도 데이터로 사용합니다. 예를 들어 이미지넷(http://image-net.org/)은 이미지 인식 연구에서 자주 이용하는 사진과 키워드를 쌍으로 만들어 둔 데이터베이스입니다. 2017년 5월 기준 1419만개 이상의 이미지와 2만개 이상의 태그 정보라는 엄청난 양의 데이터가 저장되어 있습니다.

이처럼 빅데이터를 대량으로 수집하고 축적할 때는 빅데이터를 저장하는 스토리지가 있어야 합니다. 보통 다음 두 가지 방법으로 스토리지를 확보합니다.

- 사용할 스토리지를 직접 내부에 구성하는 방법
- VPS나 IaaS 등의 클라우드 플랫폼에서 제공하는 서비스를 이용하는 방법

직접 스토리지를 구성할 때는 데이터 백업, 데이터 손실 문제를 해결하는 설계나 설정 등을 고려해야 하므로 실제 운용할 때는 클라우드 플랫폼을 선호할 때가 많습니다.

표 14-1 각 클라우드 플랫폼의 스토리지 가격(2017년 5월 기준)

플랫폼	가격
Amazon S3	$0.025~/1GB/월(서울 리전, 표준 스토리지 기준)
구글 클라우드 플랫폼 Cloud Storage	$0.026~/1GB/월(General Pricing, Multi-Regional Storage(per GB per Month) 기준)
마이크로소프트 애저	17.28원/첫 50TB/월(한국 중부 리전, LRS-COOL 기준)
IBM 블루믹스	$0.0300~/1GB/월

오브젝트 스토리지

최근 VPS와 클라우드 서비스에서 제공하는 스토리지 서비스 중 오브젝트 스토리지가 있습니다. 이전까지 사용하던 파일 시스템이 주로 블록 디바이스 방식의 파일 스토리지 기반이었다면 오브젝트 스토리지는 파일을 오브젝트로 취급하며 오브젝트 각각에 URI^{Uniform Resource Identifier}를 부여해 관리한다는 차이가 있습니다. REST API를 이용해 읽고 씁니다.

> **NOTE_ REST**
>
> REST(Representational State Transfer)는 웹이나 하이퍼미디어 시스템에서 사용하는 소프트웨어 아키텍처 형식입니다. 데이터 읽기와 쓰기를 HTTP 프로토콜과 관련된 메서드인 GET/POST/HEAD/PUT/DELETE 등으로 조작하므로 웹 기반의 API 서비스에서 많이 사용합니다. 응답은 XML이나 JSON 형식으로 보낼 때가 많습니다.
>
> 과거에는 REST와 비슷한 구조로 SOAP(Simple Object Access Protocol)나 WebDAV(Web-based Distributed Authoring and Versioning) 등이 있었습니다. REST를 따르는 시스템은 RESTful하다고 말합니다.

현재 Amazon S3에서 제공하는 프로토콜이 사실상 표준이며 Amazon S3 API와 호환하는 서비스에서는 네트워크에서 파일(오브젝트)을 마운트하거나 웹 서비스의 백엔드 부분에서 제공하는 라이브러리 등으로 읽거나 쓸 수 있습니다. 일반적인 파일 스토리지와 비교하면 용량당 단가가 저렴하며 통신량에 따라 과금하는 형태가 많습니다.

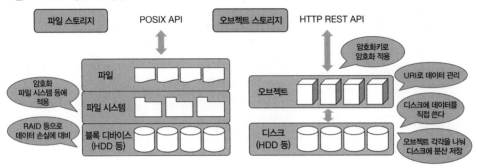

그림 14-1 오브젝트 스토리지

파일 스토리지의 데이터 손실 대비

파일 스토리지는 RAID^{Redundant Arrays of Inexpensive Disks}[1] 기술을 사용해 데이터 손실에 대비하며 DRBD^{Distributed Replicated Block Device}, 동기화 시스템, 각종 백업 프로그램을 이용해 다른 물리 머신에서의 데이터 손실에 대비합니다.

오브젝트 스토리지의 데이터 손실 대비

오브젝트 스토리지는 여러 개의 오브젝트 스토리지(같은 네트워크 안 다른 노드 머신이나 원격지 네트워크의 노드 머신)에 오브젝트 복제^{Replication}를 실행해 데이터 손실에 대비합니다.

앞에서 설명한 방법보다 더 효율적인 데이터 손실 대비 방법으로는 이레이저 코딩^{Erasure Coding}이 있습니다. 다음 원리로 동작합니다.

- 오브젝트를 나눈 데이터 각각에 오류 정정 부호[2] 삽입
- 오류 정정 부호가 있는 데이터를 물리적으로 다른 디스크에 나눠서 저장
- 데이터의 일부를 손실하더라도 오류 정정 부호를 통해 원래 오브젝트를 복원

---

1 블록 디바이스(물리 디스크)를 묶어 하나의 논리 디스크로 인식하게 만듭니다.

2 역자주_ 데이터 전송 중 오류가 발생했을 때 오류를 찾아 원래 값으로 복원할 수 있는 부호를 말합니다(https://ko.wikipedia.org/wiki/오류_검출_정정).

파일 스토리지와 오브젝트 스토리지

파일 스토리지는 스토리지를 관리하는 파일 시스템에서 개별 파일을 암호화/복호화해서 데이터 보안을 책임집니다. 오브젝트 스토리지는 업로드한 데이터에 암호화키를 지정해서 암호화된 데이터를 저장합니다. 다운로드할 때는 지정한 암호화키로 복호화한 데이터를 다운로드하므로 암호화키가 없는 외부인은 복호화한 데이터를 다루기 어렵습니다. 따라서 외부에 데이터가 유출될 수 있다는 불안감이 상당 부분 해소됩니다.

개인정보 보호

수집하는 데이터를 늘리면 머신러닝의 학습 정확도가 좋아진다는 점은 상상하기 어렵지 않습니다. 하지만 데이터를 수집하는 회사는 개인정보 보호 관점에서 "데이터를 어떻게 활용할 것인가?"라는 사실을 염두에 두고 "어떤 데이터를 수집해야 하는가?"를 검토해야 합니다.

보통 "개인정보 데이터를 분석하면 더 좋은 개인 맞춤 서비스를 제공할 수 있는 것 아닌가?"라고 생각하기 쉽습니다. 그러나 개인정보를 다루는 서비스를 개발할 때는 서비스 이용자와 소통한 정보도 모두 개인정보에 포함된다는 사실을 염두에 두어야 합니다. 서비스 이용자는 개인정보를 제대로 취급하는지 항상 주의 깊게 살펴보면서 항의할 수도 있기 때문입니다.

실제 개인정보 보호법은 개인정보의 이용 목적을 정하고 정보 주체 동의를 얻어야 하며, 정해진 이용 목적 범위 안에서만 데이터를 이용할 수 있습니다. 또한 특정 개인을 알 수 없도록 익명화한 데이터는 익명 가공 정보로 통계 자료 작성이나 학술 연구 등의 목적으로 제공할 수 있습니다. 이러한 장점을 살리는 데 빅데이터를 활용할 수 있습니다.

02 사물인터넷과 분산 인공지능

사물인터넷과 분산 인공지능의 관계를 설명합니다.

Point
- 사물인터넷
- 사물인터넷 봇을 이용한 분산 인공지능

사물인터넷

사물인터넷Internet of Things, IoT은 인터넷에 연결된 사물이 데이터를 주고 받는다는 개념입니다. 사물인터넷이 등장하기 전 인터넷에 접속하는 주체는 사람이 대부분이었습니다. 컴퓨터뿐만 아니라 피처폰 중심의 휴대 전화가 보급되었을 때까지 사람이 주체라는 점은 변하지 않았습니다.

하지만 스마트폰이 등장한 이후에는 주체가 조금씩 달라지기 시작합니다. 스마트폰 중심의 이동 통신 환경과 클라우드 컴퓨팅이 결합하면서 (사람이 기능 설정에 동의하면) 여러 대의 스마트폰에 있는 데이터를 클라우드 저장소에 동기화한 후 다른 기기에 전달할 수 있게 되었습니다. 이렇게 인터넷을 통해 데이터를 주거나 받을 수 있는 기기를 사물인터넷 기기라고 합니다.

일본의 2015년판 정보 통신 백서에서는 사물인터넷 기기가 2013년 약 158억개에서 2020년 약 530억개까지 크게 늘 것으로 예측합니다. 우선 2014년에도 사물인터넷 기기가 많은 산업과 소비자 대상 사물인터넷 기기는 앞으로도 꾸준히 증가할 것으로 예상합니다 또한 2014년 이전에는 자동차와 의료용 사물인터넷 기기 수가 적었으나 2014년 이후에는 헬스케어 관련 사물인터넷 기기가 늘었습니다. 앞으로 의료 분야에서 사물인터넷을 이용한 시스템이 확대되어 나갈 것으로 예상할 수 있는 부분입니다.

그림 14-2 사물인터넷 기기 수 예상[3]

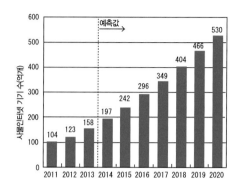
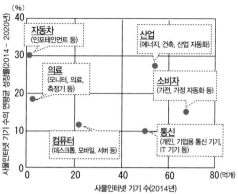

사물인터넷 기기는 ARM에서 만든 CPU 등을 탑재한 마이크로 컨트롤러 보드를 기반으로 각종 센서 모듈을 연결해서 만듭니다. 보통 센서가 얻은 값은 값 그대로 또는 가공해서 다른 기기로 전송하므로 센싱 데이터의 품질을 높이면 실제 일상 생활의 도움을 받을 수 있는 대용량 데이터를 다룰 수 있습니다. 단, 무선으로 데이터를 전송할 때는 데이터가 유출되지 않도록 보안에 주의해야 합니다.

사물인터넷 기기는 임베디드용 시스템의 하나로 사용하기 시작했으므로 전자 기기 메이커에서 많은 관심을 두고 있습니다. 기본이 되는 마이크로 컨트롤러 보드로 유명한 것은 라즈베리 파이(Raspberry Pi)와 아두이노(Arduino) 등입니다(다음 페이지 [그림 14-3] 참고).

마이크로 컨트롤러 보드나 보드와 함께 사용하는 부품은 Maker Shed(https://www.makershed.com/)나 디바이스 마트(http://www.devicemart.co.kr/) 등 전자 부품을 취급하는 쇼핑몰 등에서 구할 수 있습니다.

그런데 마이크로 컨트롤러 보드를 이용해 만든 사물인터넷 기기는 개인 취미 또는 프로토타입 제품 수준입니다. 오랜 시간 가동해야 하는 사용 환경에 맞는 제품이 되려면 상업용으로 설계한 제품을 만들어야 할 수도 있습니다.

---

3 출처: 「일본 총무성 홈페이지 – 사물인터넷 기기 수의 예상」(http://www.soumu.go.jp/johotsusintokei/whitepaper/ja/h27/html/nc254110.html)

그림 14-3 마이크로 컨트롤러 보드의 종류

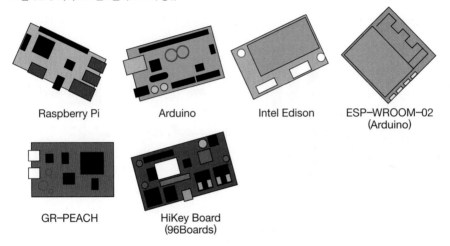

Raspberry Pi   Arduino   Intel Edison   ESP-WROOM-02
(Arduino)

GR-PEACH   HiKey Board
(96Boards)

보통 사물인터넷 기기에서 이용하는 CPU는 PC나 서버에 사용하는 CPU와 비교했을 때 컴퓨팅 성능이 낮고 탑재된 RAM 용량도 작습니다. 그러므로 사물인터넷 기기에서 데이터를 가공해야 한다면 사물인터넷 기기에서 처리할 내용과 데이터를 송신할 때 처리할 내용을 나누는 것이 좋습니다.

예를 들어 mbed[4]라는 마이크로 컨트롤러 보드에 음성 인식 시스템을 포함할 때를 생각해보겠습니다. 음성 인식 처리를 클라우드 서비스에서 하더라도 파형을 골라내는 시간이나 품질 등을 마이크로 컨트롤러 보드에서 다룰 수 있게 맞추지 않으면 사양상 처리가 불가능할 수 있다는 점에 주의해야 할 필요가 있습니다.

사물인터넷 로봇을 이용한 분산 인공지능

사물 인터넷 기기에서 얻은 센서 데이터 등은 네트워크를 통해 다른 기계가 처리합니다. 데이터 처리 자체는 전혀 다른 원격지에 존재하는 클라우드 환경에서 이뤄질 때도 있지만 최종적으로는 동작 주체가 되는 사람과 기계에 처리 결과 정보가 들어갑니다.

----

4 CodeZine「IoT를 알아 보자 (7) – mbed를 이용해 음성 인식으로 기기 제어하기」(http://codezine.jp/article/detail/9568, 구글 번역 링크 https://goo.gl/dlv68i)

대상이 사람이면 정보를 직접 조작할 수 없으므로 정보를 제공하는 데 그칩니다. 하지만 대상이 기계, 즉 로봇이면 직접 행동을 조작할 수 있으므로 이동이나 소리의 발생 등 주변에 영향을 주는 행동으로 나타낼 수 있습니다. 이렇게 주변 환경에 직접 작용하는 로봇을 액추에이터 actuator[5]라고 합니다.

그림 14-4 사물인터넷 로봇과의 상관관계

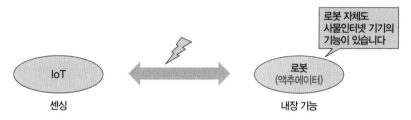

지금까지는 로봇 자체에 센서를 내장해 네트워크를 이용하지 않고도 이미지나 음성을 인식하는 시스템 개발을 진행해왔습니다. 그런데 딥러닝을 비롯한 고성능의 분류기가 등장하면서 인식 정확도가 중요한 시스템은 인터넷과 같은 무선 통신을 이용하는 시스템을 내장하려는 노력을 하고 있습니다.

특히 이미지 인식이 필요한 시스템이면 구글 클라우드 비전Google Cloud Vision 등을 이용해 사물을 인식하도록 하는 것이 간편하고 저렴하게 시스템을 구축하는 방법입니다.

그림 14-5 카메라를 이용한 간단한 로봇 예

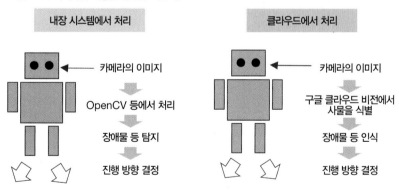

---

5 역자주_ https://ko.wikipedia.org/wiki/액추에이터

이에 따라 동작 주체가 되는 로봇 이외의 위치에도 각종 센서를 설치해 센서가 각각 수집하는 센서 데이터를 효율적으로 통합해 다음 행동을 결정하는 로봇도 향후 확산할 것으로 생각합니다.

무선 통신을 통한 고도의 정보 처리를 분담하면 궁극적으로 로봇 자체가 센서인 사물인터넷 기기를 자유자재로 활용할 것입니다. 또한 로봇끼리 협업하면서 과제를 해결하는 분산 인공지능의 세계로 발전할 것으로 전망합니다.

그림 14-6 여러 개의 사물인터넷 기기와 로봇과의 협업

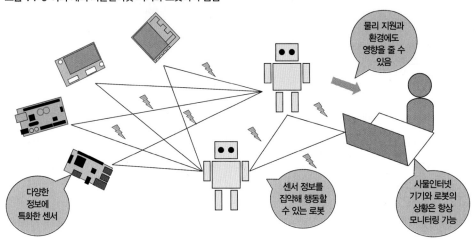

03 뇌 기능과 로봇

뇌 기능과 로봇의 관계를 설명합니다.

Point · 뇌 기능 탐구
· 소뇌의 모델링

뇌 기능 탐구

로봇의 연구와 함께 진행되는 연구로 뇌 기능의 탐구가 있습니다. 뇌를 구성하는 뇌 세포와 복잡한 신경망이 어떻게 순식간에 상호작용해 기능하는지를 밝히는 기술을 개발하고 응용해서 뇌의 기능과 행동의 복잡한 연관성을 밝히는 것입니다.

미국에서는 2013년에 오바마 대통령의 방침에 따라 미국 국립보건원[NIH]에서 시작된 'Brain Research through Advancing Innovative Neurotechnologies Initiative'(https://www.braininitiative.nih.gov/)가 뇌 기능 연구를 주도하고 있습니다. 일본에서도 2014년에 이화학연구소의 뇌 과학 종합 연구 센터에서 뇌 기능의 모든 것을 밝혀 내겠다는 프로젝트인 'Brain/MINDS'(http://brainminds.jp/)가 설치되었습니다. 한국에서는 한국뇌연구원(http://www.kbri.re.kr/)에서 많은 연구 활동을 진행 중입니다.

생물 내부에서 일어나는 작용과 기능을 측정해 조사하고 해명한 후 인공물에 응용하는 방법은 예전부터 하고 있습니다. 특히 "전구 1개와 같은 30W의 에너지로 슈퍼 컴퓨터에 필적"하는 사람의 뇌 활동을 이해하는 것은 저전력 연산 처리 장치의 개발에 중요한 단서가 된다고 생각합니다.

그림 14-7 로봇과 뇌 신경 연구

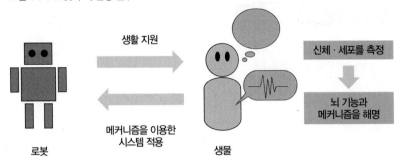

뇌 연구라고 하면 아마도 많은 사람이 의식이나 기억, 사고 등을 연상하므로 대뇌 연구를 상상할 것입니다. 그러나 소뇌는 대뇌보다도 이해가 필요한 영역으로 뇌 연구의 주 대상입니다.

소뇌는 손상되면 운동 장애나 운동 학습의 손실이 관찰되므로 운동 제어와 운동 학습 등의 능을 맡는 것으로 알려져 있습니다. 예를 들어 처음 하는 운동이나 신중한 동작은 대뇌의 지시를 소뇌가 받아서 한다면, 단순 작업 같은 반복 운동은 소뇌가 자율적으로 신체를 제어합니다. 따라서 소뇌 안에 신체 내부 모델이 존재하며, 뇌와 외부의 입력을 받으면 내부 모델이 피드백 메커니즘을 통해 업데이트한다는 가설을 지지하고 있습니다.

그림 14-8 소뇌의 내부 모델 가설[6]

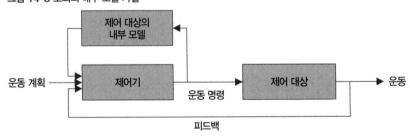

소뇌의 모델링

사람의 소뇌 크기는 뇌의 10% 정도지만 신경 세포 수는 80%를 차지한다고 알려져 있습니다.

---

6 출처: 『인공지능 Vol.30 No.5』(옴사, 2015), 639페이지

신경 세포들은 복잡한 신경 회로를 구성하는 것은 아니고, 문맥 신호와 지도 신호라는 2개의 입력과 하나의 출력이 있습니다.

문맥 신호는 교핵에서 태상 섬유를 통과해 과립 세포와 소뇌 핵에 흥분성 자극으로 전해집니다. 지도 신호는 아래 올리브 핵에서 등상 섬유를 지나 푸르키네 세포로 투사되어 매우 강한 흥분을 전합니다. 그 후 소뇌 핵에서 출력이 발생합니다.

이러한 구성의 네트워크를 컴퓨터상에서 시뮬레이션하면 실제 동물의 안구 운동을 재현할 수 있다고 합니다.

그림 14-9 고양이의 소뇌를 슈퍼 컴퓨터로 재현 ①[7]

GPU를 이용한 인공 소뇌의 응용 사례 (1/2)
운동 기억의 정착 과정 시뮬레이션

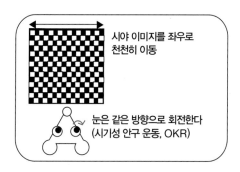

시야 이미지를 좌우로 천천히 이동

눈은 같은 방향으로 회전한다 (시기성 안구 운동, OKR)

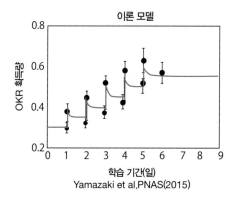

이론 모델
OKR 획득량 / 학습 기간(일)
Yamazaki et al.PNAS(2015)

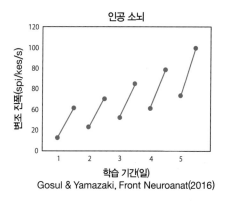

인공 소뇌
변조 진폭(spi/kes/s) / 학습 기간(일)
Gosul & Yamazaki, Front Neuroanat(2016)

---

7 출처: 「Shoubu로 실현하는 고양이 한 마리의 인공 소뇌」(http://accc.riken.jp/wp-content/uploads/2016/04/yamazaki.pdf)

그림 14-10 고양이 소뇌를 슈퍼 컴퓨터로 재현 ②

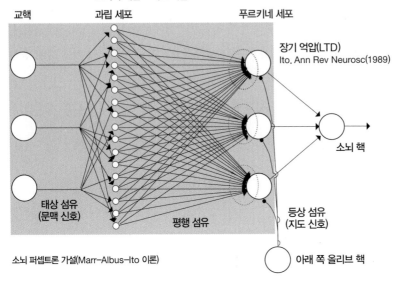

소뇌의 계산 = 지도 학습

교핵　　　　과립 세포　　　　　　푸르키네 세포

장기 억압(LTD)
Ito, Ann Rev Neurosc(1989)

소뇌 핵

태상 섬유
(문맥 신호)

평행 섬유

등상 섬유
(지도 신호)

소뇌 퍼셉트론 가설(Marr-Albus-Ito 이론)

아래 쪽 올리브 핵

GPU에서의 시뮬레이션 외에도 매니코어 CPU인 PEZY-SC 칩을 이용한 슈퍼컴퓨터 Shoubu 의 시뮬레이션에서는 신경 세포 수를 10억 개로 설정해 시뮬레이션했습니다(10억 개 규모의 신경 세포 수는 고양이 한 마리에 해당합니다). 1초 동안 소뇌의 신경 활동을 1초 안에서 시뮬레이션할 수 있으므로 실시간으로 움직임을 볼 수 있습니다.

그림 14-11 ZettaScaler-1.6 침수조 5대를 이용하는 침수 냉각 슈퍼 컴퓨터 'Shoubu'[8]

1,008 PEZY-SC 칩(252/320 노드)를 이용

- 4월 초 시점에 정밀도 피크 성능
- 실행 효율 2.6%

10억 뉴런의 소뇌 회로를 탑재

- 뉴런 수로 고양이 한 마리 소뇌에 해당
- 면적 환산으로는 $62 \times 64mm^2$

실시간 시뮬레이션

- 1초간 소뇌의 신경 활동을 1초 안에 시뮬레이션
- $\Delta t = 1ms$

세계 최대/최고속/가장 정확

8 출처: http://www.riken.jp/pr/topics/2016/20160620_2

미래에는 소뇌 기능에 장애가 발생해서 거동이 부자유스럽더라도 인공 신경 회로 장치를 이용해 부자유스러움을 해소할 수도 있을 것으로 전망합니다.

메타 인지

자율적인 학습으로 이해도를 높이는 메타 인지를 설명합니다.

Point
- 메타 인지 = 자신의 사고와 행동을 객관적으로 파악하고 인식해서 상황에 맞게 설명하거나 조절하는 것
- 메타 인지 기능을 인공지능에 탑재하려는 시도

기계에게 말의 의미를 이해시키려는 인간의 노력은 12장에서 설명한 온톨로지와 시맨틱 웹에서 설명했습니다. 즉, 의미 네트워크의 개발로 얻은 데이터를 기반에 두고 기호 접지 문제 해결을 향한 움직임으로 이어지고 있습니다.

그런데 아직도 순환적 정의의 이해라는 문제가 남아 있습니다. 예를 들어 '돌'은 '돌' 그 자체를 설명하는 표현이 없습니다. 물론 광물의 조성 등 넓은 의미로 설명할 수 있지만 그렇게 설명하다 보면 돌은 지구 그 자체로 해석할 수도 있습니다. 따라서 '돌'이라는 사물을 자신의 사고로 무엇인지 인지해서 상황에 맞게 하위 개념인 '바위'나 '모래' 등으로 명칭을 적절히 바꿔서 표현해야 합니다.

이러한 순환적 정의를 기계에 이해시키려면 기계가 사람처럼 자율적인 학습을 통해 의미를 습득하는 프로세스를 갖는 것이 중요합니다. 방금 설명한 예처럼 자신의 사고와 행동을 객관적으로 파악하고 인식해서 상황에 맞게 설명하거나 조절하는 것을 메타 인지[9]라고 합니다.

2010년대 안에 기계가 어느 정도의 메타 인지 능력을 갖게 될지는 불분명합니다. 하지만 메타 인지 능력을 심으려는 노력은 진행 중입니다. 예를 들어 조립해야 하는 부품을 효율적인 잡는 방법을 습득시키려고 딥러닝을 이용한 산업용 로봇 프로그램을 개발 중입니다.[10] 사전 정보가

---

9 역자주_ https://namu.wiki/w/메타인지

10 파낙(Fanuc), 시스코(Cisco), PFN(Preferred Networks) 등은 제조업용 사물인터넷 플랫폼을 공동으로 개발하고 있습니다(http://ascii.jp/elem/000/001/152/1152084/, 구글 번역 링크 https://goo.gl/WA0PRI).

없는 상태에서 8시간 정도 학습하면 사람이 로봇을 직접 튜닝했을 때와 같은 효율을 보인다고 알려졌습니다.

미래에는 더 많은 뇌 기능을 이해하는 인공지능이 탄생해 지능과 의식을 갖게 될 가능성이 있습니다. 물론 인공지능에 '지능'이나 '의식'이 있더라도 '사람과 같은 수준'일지는 알 수 없습니다.

05 일본 인공지능 기술 동향

일본의 인공지능 기술 동향을 설명합니다.

Point
- 일본 정부의 인공지능 연구 지원
- 인공지능 수준 분류

기관과 산업 분야의 인공지능 기술 동향

일본 정부는 세계의 인공지능 선진국에게 기술을 배우려는 시도나 과거의 연구 내용을 토대로 한 새로운 연구 개발을 후원하고 있습니다. NEDO[11]의 AI 포털[12]에는 인공지능 연구에 관한 정부 산하 기관의 향후 연구 계획이 있습니다.

표 14-2 관민 · 부처 통합 체제 구축[13]

	최근 동향	경제 산업부 동향
검토회	• 관저 '로봇 혁명 실현 의회 • 총무성 '지능화가 가속되는 ICT의 미래상 연구회'	• '버는 힘' 창출 연구회 • 산업구조 심의회 정보 경제 소위원회 • 자동 주행 비즈니스 검토회
인공지능 분석과 보고 서류	• 총무성 「지능화가 가속되는 ICT의 미래상 연구회 보고서 2015」	• 「AI의 '버는 힘' 창출연구회 정리」 • 「조우(紹鷗) 게재 소위원회 중간 정리」 • 「2015년판 제조 백서」 • 「자동 주행 비즈니스 지침회 중간 정리 보고서」
연구 기관	• 도운고 인공지능 연구소 • Recruit Institute of Technology	• AIST: 산업 기술 종합 연구소 • '인공지능 연구 센터' 설치

---

11 국립 연구 개발 법인 신 에너지 · 산업 기술 종합 개발 기구

12 http://www.nedo.go.jp/activities/ZZJP2_100064.html, 구글 번역 링크 https://goo.gl/aHxcP2

13 출처: 「인공지능과 산업 · 사회」(경제산업조사회, 2015), 176 페이지, 그림 26

	최근 동향	경제 산업부 동향
추진 단체 현황	• 로봇 혁명 이니셔티브 협의회 • Industrial Value Chain Institute(IVI)	• 로봇 혁명 이니셔티브 협의회 • IoT 추진 랩
연구 개발 지원 및 도입 지원	• 종합 화학 기술 · 이노베이션 회의 • SIP(전략적 이노베이션 창조 프로그램)" • 자동 주행 시스템 추진 위원회(각 성 연계 프로젝트) 　– 총무선 통신 기술 개발 　– 경제 산업성 주행 영상 데이터베이스 구축 　– 내각부 지도 정보 고압축화 등	• 차세대 로봇 핵심 기술 개발(2015년, 10억엔) • 로봇 간호 기구 개발 · 도입 촉진 사업 　(2010년, 255억엔) • 로봇 활용형 시장화 개발 프로젝트 　(2015년, 15억엔) • 차세대 스마트 기기 개발 프로젝트 　(2015년, 18억엔)
인재 육성	• 교정 노동성 및 고령, 장해 • 대장성 고용 지원 기구(JEED)와 경제 산업성의 제휴	• 이공계 인재 육성에 관한 산학관 원탁 의회 　(문부 과학성과 경제 산업성 제휴)

한편 산업 분야는 주요 영역으로 자동차 산업, 제조업, 의료 간호, 유통, 물류 등이 출구 분야로 힘을 쏟고 있습니다. 특히 이미지 인식을 이용한 기술인 자동 운전 기술, 의료 이미지 진단 기술, 수술 지원 시스템 등이 주목 받고 있습니다.[14][15]

그림 14-12 산업 분야 기술 동향

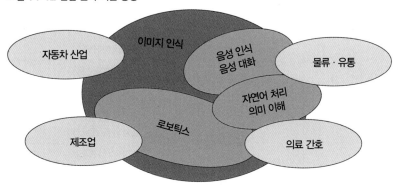

---

14 「기술 전략 연구 센터 보고서 TSC Foresight Vol.8」(http://www.nedo.go.jp/content/100764487.pdf)

15 「차세대 인공지능 기술 사회 구현 비전 워크샵」과 「차세대 인공지능 기술 사회 구현 비전의 개요」(http://www.nedo.go.jp/content/100795700.pdf)

인공지능의 기술 발전 수준 예측

미래의 인공지능 기술 발달 과정은 실생활에 반영되는 측면으로 레벨을 나눌 수 있습니다.

표 14-3 인공지능 레벨[16]

	특징	개요	사례
레벨 1	단순 처리 문제(Toy Problem) 해결	• 한정 업무의 단순 처리 및 제어를 이용한 최적화 도출	컴퓨터 장기, 리버스, 체스, 바둑 등
지식의 벽			
레벨 2	정보 활용	• 특정 분야의 지식 기반을 이용한 전문가 시스템 구축 • 각 주체의 생활 및 행동 로그에 세밀하게 대응 • 데이터 마이닝을 이용한 규칙 발견 등	IBM 왓슨(의료 진단)
	전문가		소송 시 서류 리뷰 시스템(UBIC)
	전문가 대상의 사용자화		공장의 장애 가능성 진단
	발견 학습 등		
레벨 3	액츄에이션	• 계획자가 주어진 정보 처리 모델을 통해 환경을 수정해서 실세계를 변화시키는 에이전트	CNN 기기 공장 자동화 청소 로봇 애플 시리(Siri) 안전 운전 지원 기능
프레임 문제의 벽			
레벨 4	지능의 자기 발견적 진화	• 센서 정보를 이용하는 딥러닝으로 환경을 자율적으로 이해하고 개념화해 목적을 달성하는 에이전트	창발 로봇 홈 오토메이션 커뮤니케이션 로봇 어댑티브 러닝 인터넷 광고의 AdTech 금융의 FinTech
레벨 5	지능의 협조 자립 분산	• 각 인공지능이 네트워크로 묶여 상호작용하면서 폭 넓은 문제를 자율적/협동적으로 해결	스마트 커뮤니티 4차 산업 혁명 자동 운행차 협업 도로 교통 시스템

---

16 출처: 「인공지능과 산업·사회」(경제산업조사회, 2015), 74페이지 그림 18, 156페이지 그림 24

표 14-4 딥러닝의 영향

	단계	주요 기능	직접 영향	간접 영향
레벨 2	정보 활용	• 발견 학습(통계 기반 • 머신러닝) • 예조 진단 • 생물정보학 • 머티리얼 · 인포매틱스 • 전문 지식의 지식 기반화	• 전문가의 판단 지원 • 연구 개발의 시간 단축 • 전문 지식의 승계 및 보존	• 표준화(어휘/작업 단위 등)
레벨 3	액추에이션	• 최적 제어 • 스마트 하우스 • 스마트 가전 • 드론 • 공장 자동화 • 작업 지원 • AIDAS • 의료/간호용 로봇	• 중노동이나 위험한 작업에서 노동자 해방 • 인력 부족 해소 • 작업 정확도 향상	• 정보 시스템 계통 지식과 기계 공학 계통 지식의 융합
레벨 4	지능의 자기 발견적 진화	• 매스 커스토마이제이션 • 적응형 커뮤니케이션 로봇 • 어댑티브 러닝 • 완전 자율 동작 • 자동 운전차	• 스마일 곡선의 L화(제조 소매화) • 리스크를 사업 기회로 삼는 산업의 축소 • 기계 제어/운전사의 고용 기회 감소	• '모노'의 서비스화(개인화) • 하드웨어의 개성 상실 • 거대 플랫폼의 출현 • 빅데이터와 딥러닝에 의한 감금(lock in) 효과 • 인공지능의 모듈화
레벨 5	지능의 협조 자율 분산	• 멀티 에이전트 시스템 • 스마트 시티 • 스마트 산업	• 경제 활동에서 '비효율'(재고 등) 감소 • 정보량과 자문업의 몰락 • 시간적 여유 확대	• 모듈화를 이용한 시스템 전체의 성능 향상 가속 • 각 모듈 시장의 과점화

2016년 기준 레벨 2~3의 기술이 생활에 스며드는 단계며, 최근 연구를 통해 레벨 4를 진행하고 있습니다. 레벨 4에서 실현될 것으로 기대하는 것은 다음과 같습니다.

• 사물인터넷을 활용한 홈 오토메이션, 쌍방향 커뮤니케이션 로봇
• 개인에 최적화된 교육 커리큘럼의 자동 구성과 제안에 의한 e−러닝 시스템(어댑티브 러닝)
• 자동 운전의 일부 실현
• 금융 공학 및 인공지능 기술과 융합한 핀테크 발전

'스마트(서비스 및 시스템 이름)' 서비스와 시스템은 레벨 3에서도 실현한 부분이지만 레벨 4에서는 더 자율적으로 동작하면서 사람이 인식할 수 없을 정도로 자연스러워질 것으로 예상합니다.

인공지능 서비스 개발 방향

앞으로 인공지능 기술을 이용한 제품이나 서비스는 대량의 데이터를 보유하는 데 중점을 두면서 다음처럼 분리해서 개발하는 것이 좋다고 생각합니다.

- 최첨단 머신러닝 알고리즘을 개발하는 분야
- 머신러닝 알고리즘을 이용하는 분야

물론 이미 이런 방향으로 움직이고 있지만 더 확실히 나눠야 한다고 생각합니다.

머신러닝 기술을 개발하려면 어쨌든 대량의 실제 데이터를 도입해야 합니다. 이러한 흐름은 점점 더 중요해질 것이므로 앞으로는 데이터 확보가 불가능하면 머신러닝과 해석 기술이 있더라도 활용할 수 없을지도 모릅니다.

또한 데이터에 따라 딥러닝이나 머신러닝의 접근 방법이 달라지므로 표준으로 제공하는 데이터뿐만 아니라 워드넷이나 이미지넷 등 다양한 데이터가 있는 거대 데이터베이스를 손에 넣을 수 환경을 구축해야 합니다.

그림 14-13 인공지능 서비스 개발 경향

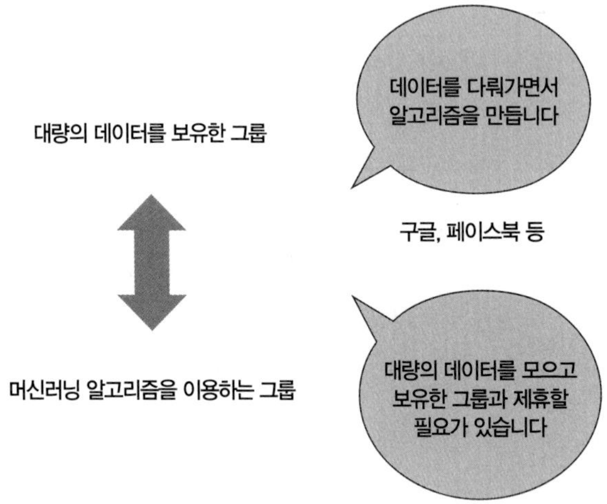

대량의 데이터를 보유한 그룹

데이터를 다뤄가면서 알고리즘을 만듭니다

구글, 페이스북 등

머신러닝 알고리즘을 이용하는 그룹

대량의 데이터를 모으고 보유한 그룹과 제휴할 필요가 있습니다

INDEX

INDEX

INDEX